# 膨胀土地区
# 地铁结构灾变机理研究

欧孝夺　唐迎春
黄绍铿　江　杰　著

科学出版社
北　京

## 内 容 简 介

本书介绍了膨胀土地区地铁建设的工程问题。本书以南宁地铁为依托工程，通过膨胀土地区地铁车站、区间隧道结构与膨胀土相互作用的大型模拟试验研究，剖析胀缩性岩土区地铁隧道的膨胀作用机理；以大型有限元软件为手段，对膨胀土吸水膨胀作用下地铁隧道衬砌结构的变形破坏机制、变形与力学行为进行研究。在上述基础上，提出膨胀土地区地铁工程病害的控制措施，为膨胀土地区地铁建设提供理论依据和参考。

本书可供土木、隧道、水利等领域的管理及技术人员参考，也可作为高等院校相关专业的教师、研究生的教材。

**图书在版编目(CIP)数据**

膨胀土地区地铁结构灾变机理研究/欧孝夺等著. —北京：科学出版社，2020.11

ISBN 978-7-03-057951-5

Ⅰ. ①膨… Ⅱ. ①欧… Ⅲ. ①地下铁道-铁路工程-工程结构-研究 Ⅳ. ①U231

中国版本图书馆 CIP 数据核字（2018）第 131557 号

责任编辑：王 钰 / 责任校对：王 颖
责任印制：吕春珉 / 封面设计：东方人华平面设计部

科学出版社 出版
北京东黄城根北街 16 号
邮政编码：100717
http://www.sciencep.com

北京中科印刷有限公司 印刷

科学出版社发行 各地新华书店经销

*

2020 年 11 月第 一 版 开本：B5（720×1000）
2020 年 11 月第一次印刷 印张：12 1/4
字数：236 000

**定价：98.00 元**

（如有印装质量问题，我社负责调换〈中科〉）

销售部电话 010-62136230 编辑部电话 010-62137026

# 前言

膨胀土地区地铁工程问题的研究鲜见报道，国内相关地区已建的合肥地铁、成都地铁等工程的建设工作者积累了一些经验。由于水文地质及工程地质条件不同，膨胀土的成因类型也不一样，不同地区地铁工程问题差异较大。众多地铁及隧道工程的病害实例研究表明，地铁和隧道病害应重在预防，开展膨胀土对地铁工程影响的研究，是做好隧道病害控制与防治的基础。目前国内外有关膨胀土隧道方面的资料较少，且主要集中于公路隧道、铁路隧道、巷道等工程的破坏及其问题处理方面，而关于在膨胀土中地铁建设的研究较少，国内尚缺少关于膨胀土与地铁工程问题方面的专著。

广西膨胀土分布比较广泛，成因类型有多种，分布最广的是新近系和古近系湖相沉积的含煤砂泥岩系，其次是胀缩性红黏土，此外还有部分河流沉积成因的高塑性黏性土。本书所涉及的膨胀土主要是指上述第一种类型，其成岩时间短且泥质胶结弱，具有明显的胀缩性、多裂隙性、超固结性和强度衰减特性，加上具有胀缩性的泥岩与不具胀缩性但有一定渗透性的粉砂岩共生，使得上述岩系呈现复杂多变的工程性质。本书主要针对南宁地区大量地铁建筑物穿越膨胀土所遇到的工程问题进行研究和总结。

广西大学在膨胀土方面的研究成果丰硕，本书是作者及其课题组近 30 年科研成果的总结，同时借鉴了前人的相关资料。感谢为本书课题做出努力的研究生，他们参与了本书课题的大量野外调研、资料收集和整理工作。

本书以实际工程为依托，获得国家自然科学基金及南宁市科学研究与技术开发计划项目的资助。目前有关膨胀土工程的研究是一项复杂课题，许多问题尚待进一步探讨，书中所阐述的内容如有不足之处，恳请读者批评指正。

作　者

2018 年 3 月 22 日于南宁

# 目　录

# 第1章 绪　　论

## 1.1 膨胀土的定义与分布

关于膨胀土的概念，见《岩土工程勘察规范（2009年版）》（GB 50021—2001）中对膨胀岩土的判定，即含有大量亲水矿物，湿度变化时有较大体积变化，变形受约束时产生较大内应力的岩土。《膨胀土地区建筑技术规范》（GB 50112—2013）中膨胀土定义：土中黏粒成分主要由亲水性矿物组成，同时具有显著的吸水膨胀和失水收缩两种变形特性的黏性土。也就是说，膨胀土是一种矿物成分特殊，对湿度状态反应敏感，遇水膨胀变形、失水收缩开裂，且产生较大膨胀压力的黏性土。在多年的研究中，岩土界逐渐认识并归纳出膨胀土的重要特性[1]：①主要由蒙脱石或伊利石等黏土矿物组成；②多裂隙且有各种形态裂隙组合；③具有膨胀性结构（包括晶格膨胀）；④具有较强烈的胀缩性，并且膨胀时产生膨胀压力；⑤具有强度衰减性；⑥具有超固结性；⑦对气候和水文因素敏感；⑧具有对工程建筑物的破坏性等。

膨胀土分布十分广泛，它在六大洲中的40多个国家有分布。众多的研究资料表明，膨胀土的分布具有明显的气候分带性和地理分带性。以气候分带划分，膨胀土主要分布在热带和温带气候区域的半干旱地区。从地理分带上看，其地理位置从北纬60°至南纬50°，尤其在欧亚、非洲和美洲大陆分布较广。

我国是世界上膨胀土分布较广、面积较大的国家之一，先后发现膨胀土危害的地区已达20多个省、直辖市、自治区，遍及西南、中南、华东，以及华北、西北和东北的部分地区。在我国从黄海之滨到川西平原，从雷州半岛到华北平原之间的广阔地带内，膨胀土的分布较为广泛，其中尤以珠江流域的东江、桂江、郁江和南盘江水系，长江流域的长江、汉水、嘉陵江、岷江、乌江水系，淮河流域、黄河流域及海河流域的各干支流水系等地区的分布较为集中。

广西膨胀土具有种类多与分布广的特点[2]，主要分布于南宁盆地、宁明盆地、百色盆地和桂中岩溶平原等7个市、27个县。南宁盆地位于广西西南部，大致呈北东向，略呈北东东至南西西的纺锤形，周围有低山丘陵环绕，盆地内地势基本平坦，邕江自西向东穿越盆地腹部，两岸发育有六级阶地；盆地内膨胀土分布的地区主要有南宁、武鸣、邕宁、横县等。宁明盆地位于广西西南部，为东西向构造断陷盆地，明江自东向西流过，两岸发育有二级阶地；膨胀土主要分布在宁明、上思、大新、扶绥、崇左、凭样等地。百色盆地位于广西西部，呈北西至南东向长条形分布，右江横贯整个盆地；盆地内分布有膨胀土的地区主要包括百色、平果、田东、田阳等。桂中岩溶平原的膨胀土分布于贵港、柳州和桂林 3 个区域，由碳酸盐岩风化残积物演化而来，以胀缩性红黏土形式存在；膨胀土广泛分布于岩溶准平原、洼地、谷地，主要地区包括贵港、平南、桂平、柳州、来宾、武宣、桂林等。

我国的膨胀土大部分是由各种火成岩建造（尤其是基性火山岩）、变质岩建造，以及沉积岩建造中的黏土岩、泥灰岩和碳酸盐岩等经过长时间的风化、淋滤和堆积而形成的。膨胀土按其堆积和富集的方式不同，可划分为下列几种类型。

1）湖相沉积膨胀土。这类膨胀土广泛分布在我国云南、广西，以及湖北、河南、山西、陕西一系列盆地中。其岩性为一套以灰绿、灰白色为主，夹棕、黄等色的斑状黏土，或与粉细砂或砂砾层互层，含有钙质团块及铁锰结核和胶膜，黏土裂隙很发育，有的地方层理清晰。在盆地边缘膨胀土的分选较差，所夹砂质黏土较多；越往盆地中心，膨胀土的厚度越大，韵律增多，粒度变细，所夹黏土增多并伴有泥灰岩。有的膨胀土地层已经轻度构造变动，但倾角一般小于 10°。

2）冲积膨胀土。这类膨胀土广泛分布在我国所有的河谷阶地与一部分盆地和平原，以深色物质为主，具有褐、黄、红、棕等色，有序或无序结构，膨胀土地层底部常有砂砾层。各种颜色的膨胀土层常以互层出现，许多地方在红、黄层之间还夹有 1、2 层灰白色透镜体，但各层之间无明显分界线。膨胀土裂隙面大多有灰白色黏土条带或薄膜，呈蜡状光泽，含有钙质结核，有时钙质结核富集成层形成钙盘，还可见铁锰结核。膨胀土地层厚度较大，如汉江阶地的膨胀土层厚度一般为 20～30m，南襄盆地则为 40～80m。

3）残积、坡积膨胀土。这类膨胀土主要分布在膨胀土丘陵和山麓斜坡地带，其中尤以云南、贵州、广西、广东、湖北、山东等岩溶地区及黏土岩地区分布较普遍。膨胀土地层的岩性主要与风化母岩有密切关系，一般由棕、红、黄等色的膨胀土夹少量基岩碎屑组成。这类膨胀土多由石灰岩、玄武岩、花岗岩、砂页岩及泥灰岩的残积风化壳形成，土中的碎屑成分也依母岩而定，大小不一、数量不等。由于母岩成分的差别，所形成的膨胀土粒度也有所不同，如泥灰岩、石灰岩风化残积、坡积膨胀土质地较细；砂页岩与花岗岩类的残积、坡积膨胀土则质地较粗，且含有棱角状碎屑物。

4）洪积膨胀土。这类膨胀土常分布在山麓与山间盆地边缘，有时组成阶地垄岗的一部分，但分布范围有限。我国在伏牛山北麓及襄樊至安福寺的山前地带与山间盆地边缘、淮河坡积裙等地区洪积膨胀土较发育。膨胀土地层岩性常因地区不同和地貌部位的差别而有所变化，一般为棕黄、褐等色膨胀土或含砾膨胀土，膨胀土地层底部常有砂砾层。

5）冰水沉积膨胀土。这类膨胀土在我国分布不多，在成都平原二、三级阶地分布的成都黏土是比较典型的冰水沉积膨胀土，其次太行山麓平原的邯郸膨胀土也被认为是与冰水有关的湖相沉积物。

文献［3］研究了我国膨胀土的主要成因，并归纳出我国部分地区膨胀土的成因类型，见表1.1。

**表1.1 我国部分地区膨胀土的成因类型**

| 地区 | | 膨胀土成因类型 | 母岩或物质来源 | 地质时代 | 膨胀土分布地貌单元 |
|---|---|---|---|---|---|
| 广西 | 南宁 | 冲积、洪积 | 泥灰岩、黏土岩风化物 | $Q_3$～$Q_4$ | 一、二级阶地 |
| | 宁明 | 残坡积 | 泥岩、泥灰岩风化物 | N～$Q_1$ | 盆地中波状残丘 |
| | 贵港 | 残坡积 | 石灰岩风化物 | Q | 岩溶平原与阶地 |
| 广东 | 琼北 | 残坡积 | 第四纪玄武岩风化物 | $Q_2$～$Q_4$ | 残丘、垄岗 |
| 云南 | 鸡街 | 冲积、湖积 | 泥岩、泥灰岩风化物 | $N_2$～$Q_1$ | 二级阶地及残丘 |
| | 曲靖 | 残坡积、湖积 | 泥岩、泥灰岩风化物 | $N_2$～$Q_1$ | 山间盆地及残丘 |
| 贵州 | 贵阳 | 残坡积 | 石灰岩风化残积物 | Q | 低丘缓坡 |
| 四川 | 成都、南充 | 冲积、洪积、冰水沉积 | 黏土岩、泥灰岩风化物 | $Q_2$～$Q_3$ | 二、三级阶地 |
| | 西昌 | 残积 | 黏土岩风化物 | Q | 低丘缓坡 |
| 陕西 | 安康、汉中 | 冲积、洪积 | 各类变质岩和火成岩风化物 | $Q_1$～$Q_2$ | 盆地和阶地垄岗 |
| 湖北 | 襄樊、郧县、枝江 | 冲洪积、湖积 | 变质岩、火成岩风化物 | $Q_2$ | 盆地和阶地垄岗 |
| | 荆门 | 残坡积 | 黏土岩风化物 | $Q_2$ | 低丘、垄岗 |
| 河南 | 南阳 | 河湖相沉积、冲积、洪积、残坡积、冰水沉积 | 玄武岩、泥灰岩、黏土岩风化物 | $Q_2$ | 盆地内垄岗 |
| | 平顶山 | 湖积 | | $Q_1$ | 山前缓坡 |
| 安徽 | 合肥、淮南 | 冲积、洪积 | 玄武岩、泥灰岩、黏土岩风化物 | $Q_3$ | 二级阶地垄岗 |
| | | 洪积 | 黏土岩、页岩、玄武岩风化物 | Q | 山前洪积扇 |
| 山东 | 临沂 | 洪积 | 黏土岩风化物 | $Q_3$ | 一级阶地 |
| | 泰安 | 冲积、湖积、冲洪积 | 泥灰岩、玄武岩、泥岩风化物 | $Q_2$～$Q_3$ | 河谷平原阶地、山前缓坡 |
| 山西 | 太古 | 湖积、冲积 | 泥灰岩、砂页岩风化物 | $N_2$～$Q_1$ | 盆地内缓坡 |
| 河北 | 邯郸 | 湖积 | 玄武岩、泥灰岩风化物 | $Q_1$ | 山前平原、丘陵岗地 |

## 1.2 膨胀土的研究进展

### 1.2.1 膨胀土特性的研究

自1938年美国垦务局在修建俄勒冈州一座虹吸管的基础工程中首次提出了膨胀土工程问题以来[4]，膨胀土和页岩已经引起世界范围的关注，加拿大、澳大利亚、南非、以色列及美国的工程人员对膨胀土的工程认识和研究做了大量的工作。我国20世纪50年代初，在修建成渝铁路工程中，首次遇到成都黏土膨胀危害问题，从而拉开了我国膨胀土研究的序幕；70年代初，建筑、水利、交通等部门对膨胀土进行了系统试验研究；80年代以来，对膨胀土的膨胀机理和应变关系展开了深入研究，在工程应用方面制定了膨胀土地区建筑技术规范[5]；90年代以来膨胀土微结构及非饱和膨胀土吸力理论成为主要研究热点[6]，1994年在武汉召开了“中加非饱和土学术研讨会”，至今已经先后召开了7届国际膨胀土研究与工程会议[7]。

1. 膨胀土膨胀机理研究

膨胀土具有吸水体积增大、失水体积收缩的重要特性，关于其胀缩机理一直是膨胀土研究领域最为复杂的理论课题，国内外学者对此进行了众多研究。Tariq和Durnford[8]对膨胀土的体积改变进行建模分析；Lin和Cerato[9]从微观的4个重塑膨胀土参数（基质吸力、pH、表面电导和蒙脱石含量）对膨胀力的影响进行机理研究；Thyagaraj和Rao[10]研究基质吸力、渗透力对膨胀力的影响，对重塑膨胀土的渗透和固结机理进行方程推导；Chertkov[11]对膨胀土的膨胀和收缩机理进行了公式推导，并完成物理建模。

当前膨胀土胀缩机理研究取得的3个主要成果如下：①以矿物晶格化学成分理论、颗粒表面交换阳离子理论为代表的晶格扩展理论；②以渗透理论、双电层理论、热渗透理论为基础的物理化学理论；③以有效应力理论和毛细管理论为基础的物理力学理论。其中Oldecop和Alonso[12]从矿物晶体角度研究了膨胀土的膨胀时程机理；Ikizler等[13]进行室内三维方向膨胀力实测，并利用人工神经网络预测膨胀力；廖世文[3]、高国瑞[14]、施斌[15]等采用微结构解释了膨胀土产生胀缩变形的原因与机理；李生林等[16]、谭罗荣和孔令伟[17]对膨胀土微观结构及矿物成分进行了研究。

2. 膨胀力及变形性能研究

膨胀力及变形是应用于工程的直接参数，作为反映膨胀土特性的重要指标，国内外对其影响因素分析和测试手段进行过许多研究。Chen[18]对膨胀土上的地基及其他工程问题进系统性论述和总结；Dafalla[19]对沙特阿拉伯 Tabuk 膨胀土的膨胀性能进行研究，认为初始含水率、干密度及黏土矿物成分所占分量为影响膨胀力的主要因素；Erzin 和 Gunes[20]通过建立重塑土的自由膨胀率与膨胀岩土的含水量、干容重、塑性指数、流动性指数和阳离子交换容量等多个参数的回归分析，研究膨胀力与膨胀率的关系。

众多学者也对膨胀力进行过研究和探索，研究表明影响膨胀力的主要指标为干密度和初始含水率。例如，谭罗荣和孔令伟[21]对湖北荆门的击实样进行试验研究，提出饱和度与含水率、干密度与膨胀力的相互影响及关系；李献民等[22]对湖南邵阳的击实膨胀土工程变形特征进行试验研究；谢云等[23]通过自制三向胀缩仪对南水北调中线陶岔膨胀土进行膨胀力试验，实测 9 个试样的应变-膨胀力关系，提出控制变形的膨胀力关系式。索洛昌[24]、Clyaton 等[25]通过野外试验得到作用于挡土墙上的膨胀土压力与挡土墙相对位移之间的关系。张颖钧[26]通过模型试验表明，在挡土墙背面设置一定缓冲层可降低膨胀岩土对挡土墙的侧压力。王年香等[27]通过模型试验研究，揭示了侧向膨胀力的计算方法和垂向分布模式。

3. 膨胀岩土强度特性研究

国内外学者对膨胀土强度影响因素进行过大量研究，取得了丰富的研究成果。缪林昌等[28]、杨庆等[29]通过大量试验证实膨胀土抗剪强度与含水率的关系密切，并且推导出了膨胀土抗剪强度与含水率的拟合公式。膨胀土还受季节及气候的影响，尤其是在干湿循环影响下，其抗剪强度具有明显的衰减特性。刘特洪[30]、杨和平和肖夺[31]、韩华强和陈生水[32]等国内学者均对此进行了研究，提出了膨胀土的强度与干湿循环次数的关系式。

近年来，非饱和土力学理论的引进为膨胀岩土强度的研究开辟了另一种思路，其中影响较大的如下：弗雷德隆德和拉哈尔佐[33]提出非饱和土抗剪强度理论。Lu 和 Likeos[34]以热力学、力学与水文学为基础，介绍了非饱和土力学的基本原理。Mokni 等[35]对土体多孔介质中矿物盐晶体对膨胀性能的影响进行了研究，完成数值模拟和试验测试，提出反映膨胀变形和溶解盐关系的公式。Yitagesu 等[36]对膨胀土的塑性和光谱特性关系进行研究，通过膨胀土矿物分类主要分布在光谱 3～5μm 波长区域的特性测定土壤矿物成分，进行塑性分类。Dominijanni 和 Manassero[37]以现象学方法对膨胀土的渗透性和膨胀性进行机理与公式推导。Bharat 等[38]提出了基于漫射双层（diffuse double layer，DDL）理论，可快速预测压实膨胀土的膨胀力。

### 1.2.2 膨胀土地区车站及隧道的研究

在国外文献中，在膨胀土地层中埋置管道（线管、引水管道等）的研究较多，其中 Bjørge Brattli 于 1995 年对挪威处于新近系和古近系泥岩的 Chingaza 引水隧洞破坏进行分析和研究。Rajeev 和 Kodikara[39]对澳大利亚某膨胀土地层埋管进行室内模拟试验，并以 FLAC$^{3D}$ 进行数值模拟计算，考虑渗流耦合，研究在水分增加时膨胀围岩对埋管的不利影响。Mao 等[40]对挪威 Finnfast 公路隧道膨胀性围岩在喷射混凝土后的围岩应力状态进行原位测试研究。

在膨胀围岩隧道的数值研究方面有较大发展，其中 Barla[41]对位于意大利的 Caneva-Stevena 膨胀性围岩采矿隧道进行了数值模拟。S.B.Tang 和 C.A.Tang[42]对在潮湿环境下膨胀围岩隧道的底鼓现象进行了数值研究。Yoo 和 Shin[43]针对韩国某隧道掘进过程中地层环境影响和变化，进行了室内缩小比例模型试验和数值计算研究。

膨胀土隧道工程设计方面，一些学者给出了建议，Wahlstrom[44]针对德国斯图加特区域地铁，对位于膨胀岩土区域地铁隧道路基设计和建设给出建议。常见的对膨胀围岩隧道的病害防治措施有两种：一种是通过机械阻力限制膨胀变形，如岩石锚杆、增强衬砌；另一种是允许隧道发生变形，以减少膨胀力。Madsen[45]对瑞士的 Chienberg 隧道膨胀大变形破坏与水文地质关系进行研究，并提出工程解决方法。该隧道施工期 3 个月内底鼓超过 1.5m，变形量较大，建议采用锚杆与允许一定变形相结合的工程措施。Sato 等[46]对日本中部处于新近系和古近系泥岩的 Tono 矿山隧道进行现场实验，研究在开挖扰动时隧道围岩的内力变化情况。Pérez-Romero 等[47]对西班牙某废弃 25 年的膨胀性围岩隧道进行修复，对 3 种典型设计截面进行优化对比，论证了在膨胀围岩条件下类圆形截面的受力性能较好。Hamza 等[48]对位于泥岩层的开罗地铁盾构隧道的地面变形随开挖和注浆而改变的公式机理进行推导。Abu-Krisha[49]对埃及膨胀土地区的 TBM（tunnel boring machine，隧道掘进机）隧道施工进行理论研究和分析。

我国在膨胀土中修建了不少公路隧道、铁路隧道、引水管道、煤矿巷道等，如襄渝线的董家沟隧道和七里沟隧道、梅七线的崔家沟隧道、大秦线的西坪隧道、陇海线的吴庄隧道等，在这些隧道在修建过程中都遇到过膨胀土施工难题。谢磊[50]对富水膨胀土地质条件下柳城隧道的施工技术进行了优化；赵云峰等[51]探讨了膨胀土隧道施工要点及特别注意事项；郝中海和李文杰[52]通过祁临高速公路陈家山隧道施工实践，提出膨胀土隧道施工要点及特别注意事项。

葛家良和赵国堂[53]研究了膨胀土的基本特征，总结膨胀土对巷道稳定性的影响，提出了膨胀土条件下巷道的维护措施。吴顺川和高永涛[54]对膨胀土巷道的失稳破坏过程进行了研究，在膨胀土膨胀应变与吸水量、膨胀应力关系的基础上，证明了圆形膨胀岩巷道的注浆效果，得出了各主要注浆参数的计算公式。靳丽川[55]研讨了膨胀性围岩的性质、特征、判别方法及对铁路隧道的破坏情况，并结合工程实例探讨膨胀性围岩隧道的设计注意事项及施工措施。王子忠和张良喜[56]以四川升钟灌区某隧洞衬砌的变形破坏为例进行分析，研究了该膨胀围岩变形机制及隧洞围岩的膨胀特性，分析了该类膨胀土围岩的膨胀机制，提出了水-岩耦合作用的概念及环境对膨胀的影响，阐述了该隧洞衬砌变形破坏的原因及膨胀围岩隧洞的施工和设计要点。陶西贵和张耀[57]基于湿度应力场理论，采用三维非线性有限元方法，模拟了膨胀岩洞室开挖及支护过程中遇水膨胀的现象。周坤[58]对襄渝线新七里沟隧道工程进行数值模拟，利用有限元分析软件 ANSYS 的热分析模块，采用热-应力双场耦合分析方法模拟隧道周围膨胀围岩的膨胀过程。Kálin 和王彬[59]认为隧道中的膨胀现象以应力变化为前提，提出以减压—松动—软化来描述隧道开挖中的塑变过程，在主应力平均值或者剪切应力显著增大时即产生松动带，隧道断面形状和施工方法的选择应考虑该影响，并应尽量减小应力变化值。

综上，目前国内外对膨胀土隧道的研究成果较多，但主要集中在膨胀土公路隧道、铁路隧道及巷道工程方面的施工技术总结和研究，对膨胀土条件下地铁隧道的研究成果非常少。国外仅在德国的斯图加特区域地铁和埃及的开罗地铁建设中有过报道。国内周伟天等[60]以成都地铁 2 号线中穿越膨胀土地层的盾构隧道为研究对象（该区域黏性土具有弱-中等膨胀性），考虑膨胀地层分布厚度大小、盾构管片周围膨胀土分布的差异，得到盾构管片的受力变形情况；但未能考虑膨胀土的膨胀力机理，仅单纯考虑外加一个假设的膨胀接触力。因此，对膨胀土地层条件下盾构管片的研究尚处于起步阶段。

### 1.2.3　膨胀土的研究热点

1. 温度、湿度对膨胀土工程性质的影响

各种实际工程及室内试验表明，对膨胀土工程特性的影响，除了成因类型外，还有温度、湿度的联合影响[61]。

Klute 通过将 Rihards 等温方程改进为非等温扩散流方程，来考虑温差下液态水分扩散[62]。在此基础上，Thomas 和 Rees[63]、de Vrise[64]建立在质量和能量平衡基础上的水-气-热耦合运移理论，提出土中液、气两相水流在水热梯度共同作用下的运动模型。该方程经 Milly[65]修改以考虑层状土的热湿耦合运移。de Silan[66]采用由 Thomas 和 Rees[63]提出并由 Milly[65]修改的方程来描述热湿耦合运移，以 Prandtl 方法与 Monin 和 Obukhov[67]方法描述在大气低层的动量、热和质量迁移，建立了一个大气边界层耦合的非饱和土的水热迁移方程。

Wilson 等[68,69]采用达西定律、菲克定律和傅里叶定律来描述液态水、气态水和热量的运移，建立了热湿耦合的控制方程，土体与大气的耦合采用修正的 Penman-Wilson 公式来连接，通过对在室内可控制气候条件下一维土柱蒸发试验的模拟，证实该模型的正确性，并建立了实际蒸发率和土体吸力的关系。采用该理论具有代表性的是一维瞬态热质迁移有限元程序——SoilCover。Swanson 等[70]采用该程序对土层的水力参数进行现场标定，并模拟了大气降雨和蒸腾作用下某银矿废弃场上覆盖土层的液态水和气态水的运动过程，预测结果和实测结果十分吻合。Alonso 等[71]采用热-湿-力耦合的分析程序对路堤在不同气候条件下的变形、含水量和温度进行数值模拟，土体本构模型采用线弹性应力应变关系，并考虑热的扩散效应和热膨胀造成的变形，通过数值模拟分析了路堤工程中径向排水沟的最优位置及合理深度。

Sammori 和 Tsnboyanma[72]、Garrielsson 等[73]用有限元法进行了非饱和渗流计算。Sun 等[74]认为空气压力对非饱和土的渗流有明显的影响，并发展了应力-两相流的耦合理论用于分析降雨引起的土坡浅层破坏，推导了将多相流与多孔介质固相耦合的控制方程，并用一个把吸力、饱和度和孔隙比联系在一起的状态方程作为附加方程。Thomas 和 Zhou[75]提出了可变形的非饱和土热、水和气转化的理论表达式。

陈建斌[76]在由 Milly[65]提出的土中液、气两相水流在水热梯度共同作用下的运动模型的基础上，从非饱和土力学和热力学方程入手，推导了液-气-热耦合流动方程，并通过降雨和蒸发与外部大气建立桥梁，将求得的吸力代入非饱和土应力应变方程中，求解在气候变化影响下土体的力学响应。

卢应发等[77]采用 Wilson[68]提出的理论描述土体的温度和吸力变化特征，考虑了降雨、温度和风速等因素对岩土孔隙介质力学性质的影响，并利用 Penman（彭曼）方程估算水的蒸发量。

贺再球等[78]基于非饱和土气态水迁移引起的含水量变化方程，结合非饱和土液态水迁移引起的含水量变化方程，提出了实现两者耦合计算的方法，并对试验土样的水分迁移进行了计算，计算结果与试验结果吻合较好。

武文华和李锡夔[79]在 CAP 模型的基础上提出了一个非饱和土的热-水力-力学本构模型，着重考虑温度对于非饱和土的水力-力学性质的影响，基于试验结果和前人的工作，在模型中重现了热软化现象，计算了温度升高导致土体前期固结压力的降低和非饱和土吸力增加屈服线中临界吸力值的降低，并应用该模型进行了数值模拟计算。通过模拟结果和试验结果的比较，验证了该模型的适用性和可靠性。

杨代泉和沈珠江[80]提出了一个非饱和土孔隙气-水-汽-热耦合运动的理论模型。该模型假定孔隙气和孔隙水运动分别遵循达西定律，而影响水蒸气运动的两种主要因素是分子扩散和孔隙气运动。其中受分子扩散影响的孔隙水蒸气运动可以用菲克定律描述。利用有限元编制了一个三维计算程序，用以模拟非饱和土孔隙气-水-汽-热耦合运动，通过数值分析与干砂试验结果比较，验证了理论模型和计算程序的可靠性。

欧孝夺主持广西自然科学基金项目“城市环境下粘性土结构的热稳定性研究”，对黏性土土体的温度场、湿度场耦合规律进行了研究，揭示了温度场-热稳定性-结构强度的关系[81]。

魏金[61]通过数值模拟和室内模型实验，验证了热力学及非饱和渗流模型的合理性，并重点对石灰处治膨胀土路堤边坡在湿热环境下的内部温度场及湿度场分布情况进行了研究，得出结论：室内模型试验中，环境温湿度对边坡土体温度的影响深度约为 2m，土体表面 0.5m 深度范围内温度变化幅度较大。在南方湿热的环境下，虽然有时温差较大，但土体内部温度变化不大，尤其在表面 2m 以下，可以常年维持在 20℃左右，波动幅度为±2℃。

2. 膨胀土剪切特性研究

实际工程中，因膨胀土剪切蠕变而导致的工程事故时有发生。根据流变理论，当土体开挖时，会引起瞬间变形，这种变形包括弹性和塑性两部分。由于边界条件不同，部分土体在变形受到约束时发生应力松弛，一部分荷载将转移到附近的区域引起土体的蠕变，而蠕变的发展也将进一步引起土体内部的应力松弛。膨胀土表现则更明显，因为膨胀土具有吸水膨胀和失水收缩的特性，在干湿循环变化情况下，其内部结构破坏及损伤相对更大，使得在长期荷载作用下膨胀土次固结变形显著，直接影响到土体的流变过程（包括蠕变、应力松弛、应变率效应、长期强度）。另外，在结构物与土共同作用方面，因膨胀土流变而产生的对结构物的作用也势必与一般土体有所不同。国内外对软土的固结和流变研究已成为热门课题，但专门针对膨胀土剪切蠕变特性的研究还未见公开的报道。

对于膨胀土的剪切蠕变特性，范志强和肖宏彬[82]通过改装的剪应力控制式直剪仪对南宁非饱和膨胀土进行系列室内试验研究，探讨非饱和膨胀土的非线性流变特性。试验结果表明：当剪应力小于或等于 25.5kPa 时，土体表现为衰减蠕变；当剪应力大于 25.5kPa 时，土体具有明显的非线性流变特性，并且含水量越高，土体流变特征越明显。随着含水量的增加，土体的剪切流变特性从线性流变转变为非线性流变。在等速蠕变阶段，应变-时间曲线可以拟合成直线函数形式，拟合度很高；而在加速蠕变阶段，部分应变-时间曲线可以拟合成二次函数形式。

3. 膨胀土的膨胀机理研究[17]

膨胀土的膨胀特性与所含的黏土矿物及水之间的物理化学作用密切相关，黏土矿物由于高度分散，具有较大的比表面积和表面自由能，再加上晶格置换作用等引起电荷不平衡，使表面带有大量负电荷，因而具有较强的吸附周围水分和阳离子而水化的能力，即亲水性。

黏土质岩石的吸水膨胀，首先是由黏土矿物颗粒表面及其所吸附的阳离子的水化作用，形成较发育的表面溶剂化层，从而增大了相互间的斥力，因颗粒间距增大而膨胀，即“粒间膨胀”。对于亲水性较强的黏土矿物，如蒙脱石，其晶格间距（$c$ 轴和 $b$ 轴）随吸附水分子而扩展，因此它们除了粒间膨胀外，还有“晶格膨胀”，故蒙脱石含量多的岩石膨胀性强。当黏土矿物表面溶剂化层内的离子浓度大于周围水溶液时，这种浓度差使表面溶剂化层内的离子向外扩散，而水分子则向里渗透，引起“渗透膨胀”。黏土类岩石的膨胀由以上几种作用共同引起，其过程复杂，多学科交叉，研究难度较大。

对于膨胀土的膨胀力学机理，目前研究成果不多，主要原因是膨胀过程是较复杂的物理化学过程，难以找到合适的力学参量反映这一过程。Fendlund 和 Rahardio[83]提出的吸力理论，能够较好地解决和论述这一膨胀力学机理。范秋雁[84]利用国外引进的吸力测试仪器（压力吸力板、热传导吸力探头）进行泥岩的室内吸力试验，得到泥岩的滞回曲线及吸力与含水量关系曲线。

岩石的矿物成分对膨胀土工程力学性质的影响极其明显，对其矿物成分的准确鉴定和量化分析十分重要。在研究矿物微观结构时，目前常用的方法主要包括 X 射线衍射法、差热分析法、显微镜形貌观测法。

## 1.3　膨胀土地区的地铁建设工程问题

随着我国国民经济的迅速发展，城市人口高度集中，城市建设规模不断扩大，全国各大城市掀起地铁建设的高潮。截至 2017 年 12 月 31 日，我国北京、上海、广州等 35 座城市开通轨道交通线路共 171 条，总里程为 5083.45km。随着地铁项目的不断开工，在建设过程中将产生和面临越来越多的工程问题。

纵观国内外关于膨胀土地区地下工程（地铁车站、隧道区间）建设的研究，膨胀土地区地铁建设工程案例非常少，但对公路隧道和铁路隧道已经有较长的研究历史，因此可借鉴膨胀土地区公路隧道、铁路隧道及巷道等工程的设计和施工经验。对湘桂线、南防线等工程资料调查结果显示，膨胀土的膨胀变形破坏并非在工程建成后马上发生，而要经历较长时间的干湿交替后才会发生。我国在云台山、小坪、西山等铁路和公路隧道修建过程中，均遇到过膨胀土的工程问题，其中围岩为强膨胀的襄渝线董家沟隧道和七里沟隧道出现了坍塌冒顶的严重破坏。现已修建的多座膨胀土隧道在工程后期或投入运营后，出现底鼓、衬砌开裂等病害，严重影响工程的按期竣工和正常运营。处于这种岩性的隧道，其维护往往很困难，特别是隧道底板为膨胀土时，底鼓现象更为严重，对隧道安全是一大威胁。病害产生的主要原因是工程界对膨胀土复杂的膨胀力学变形机理的认识还不够清楚，对其重视不够。

目前，我国地铁建设中已有一些城市地铁，如合肥地铁、成都地铁、昆明地铁，在修建中遇到了膨胀土工程问题。例如，成都地铁 2 号线中有部分线路穿越具有膨胀性的岩土层，该地区黏性土具有弱-中等膨胀性，在施工期间盾构刀盘形成泥饼，增加了盾构掘进所需的荷载，造成掘进困难、出土困难等问题。国内城市已建地铁的建设经验虽然可以借鉴，但是存在外界条件、水文地质和工程地质条件的差异，尤其是各地膨胀土的成因类型各不相同，其工程性质差异非常大，难以直接套用。

南宁盆地的膨胀土为湖相沉积成因，处于由岩石向黏土风化过渡阶段，描述其为“非岩非土”更为贴切，即介于岩石与土之间，本书统一简称为南宁膨胀土。广西是膨胀土分布的典型地区，其中以南宁膨胀土分布最为广泛。本书主要以南宁膨胀土地区的地铁建设为研究对象。

南宁地铁 1 号线穿越的膨胀土层为沉积型新近系和古近系泥岩，母岩物质来源为泥灰岩，具有吸水膨胀和失水收缩的典型膨胀土特性，还同时具有胀缩性、裂隙性和超固结性，给工程建设带来了许多困难。地铁建设施工开挖改变了周边的围岩压力，导致裂隙张开，细小的裂隙增大，裂隙发育成为水流通道，使泥岩吸水膨胀并破坏了原有结构。又因南宁盆地膨胀土层里常夹有粉砂岩，在粉砂岩贯通岩体后，泥岩能够充分吸水膨胀。以上几种效应叠加而加速恶化膨胀土的工程性质，使其表现出复合型的力学变形机制。同时，南宁气候具有亚热带湿热环境的显著特点，地铁在运营过程中，地铁隧道的临空面受到湿热环境的持续影响，在温度作用下引起围岩的水分迁移。因此，膨胀土对湿热变化极为敏感。

围岩周边环境（如温度、湿度、地应力、地下水）改变时，膨胀性泥岩对其极为敏感，对隧道工程安全不利。隧道在开挖后，膨胀土在应力重分布与水的作用下，反复遇水膨胀、失水收缩，使隧道出现向内挤压和位移的现象，造成岩体恶性变形，渗水、漏水等。岩土胀缩问题是当今工程地质学和岩石力学领域中较复杂的世界性研究课题之一，而地铁隧道作为地下工程具有特殊性，两者的结合是工程界的难题，对此研究还处于起步阶段。在膨胀土如此发育的地区进行城市轨道交通建设，国内外尚无先例。众多地铁及隧道工程的病害实例表明，地铁和隧道病害重在预防，开展膨胀土对地铁结构的影响研究，是做好隧道病害控制与防治的基础。

本书以广西南宁膨胀土作为研究对象，对在 南宁地铁建设过程中遇到的大量膨胀土环境下的特殊工程问题进行研究和总结。主要内容包括：①南宁膨胀土的工程特性；②膨胀土隧道的接触压力与位移变化机理研究；③地铁盾构管片与膨胀土相互作用的数值研究；④地铁盾构管片的大型模型试验；⑤地铁车站与膨胀土的相互作用研究；⑥膨胀土地铁基坑中排桩的桩-土相互作用研究；⑦地铁盾构壁后注浆材料的研究。

## 参 考 文 献

[1] 陈孚华. 膨胀土上的基础[M]. 北京：中国建筑工业出版社，1979.

[2] 王保田，张福海. 膨胀土的改良技术与工程应用[M]. 北京：科学出版社，2008.

[3] 廖世文. 膨胀土与铁路工程[M]. 北京：地质出版社，1984.

[4] HOLTZ W G, GIBBS H J. Engineering properties of expansive clays[J]. Theoretical biology & medical modelling, 1956, 8(1): 269-276.

[5] 中华人民共和国住房和城乡建设部. 膨胀土地区建筑技术规范：GB 500112—2013[S]. 北京：中国建筑工业出版社，2013.

[6] 高大钊. 岩土工程的回顾与前瞻[M]. 北京：人民交通出版社，2001.

[7] 徐永福，龚友平，殷宗泽. 宁夏膨胀土膨胀变形特性的试验研究[J]. 水利学报，1997（9）：27-30.

[8] TARIQ A U R, DURNFORD D S. Analytical volume change model for swelling clay soils[J]. Soil science society of America journal, 1993, 57(5): 1183-1187.

[9] LIN B T, CERATO A B. Prediction of expansive soil swelling based on four micro-scale properties[J]. Bulletin of engineering geology and the environment, 2012, 71(1): 71-78.

[10] THYAGARAJ T, RAO S M. Osmotic swelling and osmotic consolidation behaviour of compacted expansive clay[J]. Geotechnical and geological engineering, 2012, 31(2): 435-445.

[11] CHERTKOV V Y. Physical modeling of the soil swelling curve vs. the shrinkage curve[J]. Advances in water resources, 2012, 44: 66-84.

[12] OLDECOP L, ALONSO E. Modelling the degradation and swelling of clayey rocks bearing calcium-sulphate[J]. International journal of rock mechanics and mining sciences, 2012, 54: 90-102.

[13] IKIZLER S B, AYTEKIN M, VEKLI M, et al. Prediction of swelling pressures of expansive soils using artificial neural networks[J]. Advances in engineering software, 2010, 4(41): 647-655.

[14] 高国瑞. 膨胀土的微结构和膨胀势[J]. 岩土工程学报，1984，6（2）：40-48.

[15] 施斌. 黏性土微观结构的定量技术与微观力学模型[D]. 南京：南京大学，1995.

[16] 李生林，施斌，杜延军. 中国膨胀土工程地质研究[J]. 科技进展，1997，19（2）：82-86.

[17] 谭罗荣，孔令伟. 特殊岩土工程土质学[M]. 北京：科学出版社，2006.

[18] CHEN F H. Foundations on expansive soils[M]. Amsterdam: Elsevier, 1988.

[19] DAFALLA M A. The influence of placement conditions on the swelling of variable clays [J]. Geotechnical and geological engineering, 2012, 30(6): 1311-1321.

[20] ERZIN Y, GUNES N. The unique relationship between swell percent and swell pressure of compacted clays[J]. Bulletin of engineering geology and the environment, 2013, 72(1): 71-80.

[21] 谭罗荣，孔令伟. 膨胀土膨胀特性的变化规律研究[J]. 岩土力学，2004，25（10）：1555-1559.
[22] 李献民，王永和，杨果林，等. 击实膨胀土工程变形特征的试验研究[J]. 岩土力学，2003，24（5）：826-830.
[23] 谢云，陈正汉，孙树国，等. 重塑膨胀土的三向膨胀力试验研究[J]. 岩土力学，2007，28（8）：1636-1642.
[24] 索洛昌 E A. 膨胀土上建筑物的设计与施工[M]. 徐祖森，等译. 北京：中国建筑工业出版社，1982.
[25] CLYATON C R I, SYMONS I F, HIEDRA-COBO J C. The pressure of clay backfill against retaining structure[J]. Canadian geotechnical journal，1991, 28(2): 282-297.
[26] 张颖钧. 裂土挡土墙模型试验缓冲层设置的研究[J]. 岩土工程学报，1995，17（1）：38-45.
[27] 王年香，章为民，顾行文，等. 膨胀土挡墙侧向膨胀压力研究[J]. 水利学报，2008，39（5）：580-587
[28] 缪林昌，仲晓晨，殷宗泽. 膨胀土的强度与含水量的关系[J]. 岩土力学，1999，20（2）：71-75.
[29] 杨庆，张慧珍，栗茂田. 非饱和膨胀土抗剪强度的试验研究[J]. 岩石力学与工程学报，2004，23（3）：420-425.
[30] 刘特洪. 工程建设中的膨胀土问题[M]. 北京：中国建筑工业出版社，1997.
[31] 杨和平，肖夺. 干湿循环效应对膨胀土抗剪强度的影响[J]. 长沙理工大学学报(自然科学版)，2005，2（2）：1-5.
[32] 韩华强，陈生水. 膨胀土的强度和变形特性研究[J]. 岩土工程学报，2004，26（3）：422-424.
[33] 弗雷德隆德 D G，拉哈尔佐 H. 非饱和土土力学[M]. 陈仲颐，张在明，陈愈炯，等译. 北京：中国建筑工业出版社，1999.
[34] LU N, LIKEOS W J. 非饱和土力学[M]. 韦昌富，侯龙，简文星，译. 北京：高等教育出版社，2012.
[35] MOKNI N, OLIVELLA S, ALONSO E E. Swelling in clayey soils induced by the presence of salt crystals[J]. Applied clay science, 2010, 47(1-2): 105-112.
[36] YITAGESU F A, VAN DER WERFF H, VAN DER MEER F, et al. On the relationship between plasticity and spectral characteristics of swelling soils: the 3-5μm wavelength region[J]. Applied clay science, 2012, 69: 67-78.
[37] DOMINIJANNI A, MANASSERO M. Modelling the swelling and osmotic properties of clay soils. Part II: the physical approach[J]. International journal of engineering science, 2012, 51: 51-73.
[38] BHARAT T V, SIVAPULLAIAH P V, ALLAM M M. Novel procedure for the estimation of swelling pressures of compacted bentonites based on diffuse double layer theory[J]. Environmental earth sciences, 2013, 70(1): 303-314.
[39] RAJEEV P, KODIKARA J. Numerical analysis of an experimental pipe buried in swelling soil[J]. Computers and geotechnics, 2011, 38(7)：897-904.
[40] MAO D W, NILSEN B, LU M. Analysis of loading effects on reinforced shotcrete ribs caused by weakness zone containing swelling clay[J]. Tunnelling and underground space technology, 2011, 26(3): 472-480.
[41] BARLA M. Numerical simulation of the swelling behaviour around tunnels based on special triaxial tests[J]. Tunnelling and underground space technology, 2008, 23(5): 508-521.
[42] TANG S B, TANG C A. Numerical studies on tunnel floor heave in swelling ground under humid conditions[J]. International journal of rock mechanics and mining sciences, 2012(55):139-150.
[43] YOO C, SHIN H K. Deformation behaviour of tunnel face reinforced with longitudinal pipes：laboratory and numerical investigation[J]. Tunnelling and underground space technology, 2003, 18(4): 303-319.
[44] WAHLSTROM E E. Fundamentals for the design and construction of tunnels located in swelling rock and their use during construction of the turning loop of the subway Stuttgart[J]. Engineering geology, 1981, 17(1-2): 64-65.
[45] MADSEN F T. Suggested methods for laboratory testing of swelling rocks[J]. International journal of rock mechanics and mining sciences, 1999, 36(3): 291-306.
[46] SATO T, KIKUCHI T, SUGIHARA K. In-situ experiments on an excavation disturbed zone induced by mechanical excavation in Neogene sedimentary rock at Tono mine, central Japan[J]. Engineering geology, 2000, 56(1-2): 97-108.

[47] PÉREZ-ROMERO J, OTEO C S, DE LA FUENTE P. Design and optimisation of the lining of a tunnel in the presence of expansive clay level[J]. Tunnelling and underground space technology, 2007, 22 (1): 10-22.

[48] HAMZA M, ATA A, ROUSSIN A. Ground movements due to the construction of cut-and-cover structures and slurry shield tunnel of the Cairo Metro[J]. Tunnelling and underground space technology, 1999, 14(3): 281-289.

[49] ABU-KRISHA A. Analysis of TBM tunnelling in swelling soils[J]. Tunnelling and underground space technology, 2006, 21(3-4): 252.

[50] 谢磊. 富水膨胀土地质条件下柳城隧道的施工技术[D]. 成都：西南交通大学，2009.

[51] 赵云峰，白先祥，吴汉雄. 膨胀土地区隧道施工的几点经验[J]. 西部探矿工程，2009（4）：163-164.

[52] 郝中海，李文杰. 膨胀土隧道施工技术要点[J]. 公路交通科技，2002，19（6）：102-104.

[53] 葛家良，赵国堂. 膨胀岩的特征及其对巷道稳定性影响[J]. 江苏煤炭，1994（4）：34-36.

[54] 吴顺川，高永涛. 膨胀岩巷道膨胀失稳破坏过程分析及注浆支护参数确定[J]. 有色金属，1998，50（4）：4-9.

[55] 靳丽川. 膨胀岩对铁路隧道的影响及工程措施[J]. 铁道标准设计，1998（8-9）：45-46.

[56] 王子忠，张良喜. 膨胀岩水-岩耦合作用对隧洞衬砌变形破坏的机制分析及施工设计要点[J]. 四川水力，2003，22（2）：21-23.

[57] 陶西贵，张耀. 膨胀性软岩洞室支护效应二维有限元分析[J]. 岩土工程技术，2004，18（18）：303-306.

[58] 周坤. 膨胀土隧道衬砌膨胀力数值模拟研究[D]. 成都：西南交通大学，2007.

[59] KÁLIN J J，王彬. 隧道工程中的膨胀现象：理论与实践的比较[J]. 隧道翻译丛书，1993（10）：36-42.

[60] 周伟天，何川，晏启祥，等. 膨胀土地层中盾构管片内力探讨[C]//史佩栋. 海峡两岸轨道交通建设与环境工程高级技术论坛. 北京：人民交通出版社，2008：244-247.

[61] 魏金. 环境温湿度对石灰处治膨胀土路堤边坡稳定性影响的数值模拟研究[D]. 南宁：广西大学，2008.

[62] 雷志栋，杨诗秀，谢森传. 土壤水动力学[M]. 北京：清华大学出版社，1988.

[63] THOMAS H R, REES S W. The numerical simulation of seasonal soil drying in an unsaturated clay soil[J]. International journal for numerical & analytical methods in geomechanics, 2010, 17(2): 119-132.

[64] DE VRIES D A. Simultaneous transfer of heat and moisture in porous media[J]. Transactions, American geophysical union, 1958, 39: 909-916.

[65] MILLY P C D. Moisture and heat transport in hysteretic, inhomogeneous porous media: a matric head-based formulation and a numerical model [J]. Water resource research, 1982, 18: 489-498.

[66] DE SILANS A P, BRUCKLER L, THONY J L, et al. Numerical modeling of coupled heat and water flows during in a stratified bare soil-comparison with field observations [J]. Journal of hydrology, 1989,105(1-2): 109-138.

[67] MONIN A S，OBUKHOV A M. Basic laws of turbulent mixing in the surface layer of the atmosphere[J]. Contributions of the geophysical institute of the Slovak academy of sciences, 1954, 24(151): 163-187.

[68] WILSON G W. Soil evaporation fluxes for geotechnical engineering problems[D]. Saskatoon: University of Saskatchewan, 1990.

[69] WILSON G W, FREDLUND D G, BARBOUR S L. The effect of soil suction of evaporative fluxes from soil surfaces [J]. Candia geotechnical journal, 1997, 34:145-155.

[70] SWANSON D A, BARBOUR S L, WILSON G W, et al. Soil-atmosphere modeling of an engineered soil cover for acid generating mine waste in a humid, alpine climate[J]. Candia geotechnical journal, 2003, 40(2): 276-292.

[71] ALONSO E E, CANETE A, OLIVELLA S. Moisture transfer and deformation behavior of pavements: effect of climate, material and drainage[C].Proceedings of the 3rd International Conference on Unsaturated Soils, 2002: 671-677.

[72] SAMMORI T, TSUBOYAMA Y. Parametric study on slope stability with numerical simulation in consideration of seepage process[C]. Proceedings of the International Symposium on Landslides, 1991: 539-544.

[73] GARRIELSSON A, BERGDAHL U, MORITZ L. Thermal energy storage in soils at temperatures reaching 90℃[J]. Journal of solar energy engineering, 2000, 122(1): 3-8.

[74] SUN Y , et al. A study on stability analysis of shallow lager slope due to raining permeation[C]. Proceeding 1st.ICUS. Paris: International Academic Publisher, 1995: 315-320.

[75] THOMAS H R, ZHOU Z. A comparison of field measured and numerically simulated seasonal ground movement in unsaturated clay[J]. International journal for numerical and analytical methods in geomechanics, 1995, 19(4): 249-265.

[76] 陈建斌. 大气作用下膨胀土边坡的响应试验与灾变机理研究[D]. 武汉：中国科学院武汉岩土力学研究所，2006.

[77] 卢应发，崔玉军，郑俊杰. 土体在大气作用下吸力变化特征[J]. 岩土工程学报，2005，27（10）：1111-1115.

[78] 贺再球，王铁行，赵树德. 非饱和土体气态水和液态水混合迁移的耦合计算[J]. 西安建筑科技大学学报，2004，36（3）：285-287，298.

[79] 武文华，李锡夔. 热-水力-力学-传质耦合过程模型及工程土障数值模拟[J]. 岩土工程学报，2003，25（2）：188-192.

[80] 杨代泉，沈珠江. 非饱和土孔隙气、水、汽、热耦合运动之模拟[J]. 岩土工程学报，2000，22（3）：357-361.

[81] 欧孝夺. 城市环境下黏性土细观结构的热力学行为研究[D]. 南宁：广西大学，2004.

[82] 范志强，肖宏彬. 南宁非饱和膨胀土剪切蠕变特性试验研究[J]. 工业建筑，2009，39（11）：71-75.

[83] FREDLUND D G, RAHARDIO H. Soil Mechanics for unsaturated soil [M]. New York: Willy-Interscience, 1993.

[84] 范秋雁. 膨胀土与工程[M]. 北京：科学出版社，2008.

# 第 2 章　南宁膨胀土的工程特性

## 2.1　南宁膨胀土的概况

南宁盆地广泛分布的膨胀土也称新近系和古近系泥岩，岩性主要为新近系和古近系地层半成岩的湖相沉积泥岩、粉砂质泥岩等，其固结成岩的程度差，为软质岩，如浸水极易软化，强度大幅降低；主要分布在南宁盆地南部及东部区域，属于低缓丘陵地貌，为剥蚀堆积而成；丘陵呈馒头状、垄状，主要形状为垄状低丘区及高丘区，局部地段分布于邕江高阶地；丘陵区域地面标高为 90～150m，其相对高差为 10～40m。南宁膨胀土分布情况如图 2.1 所示。

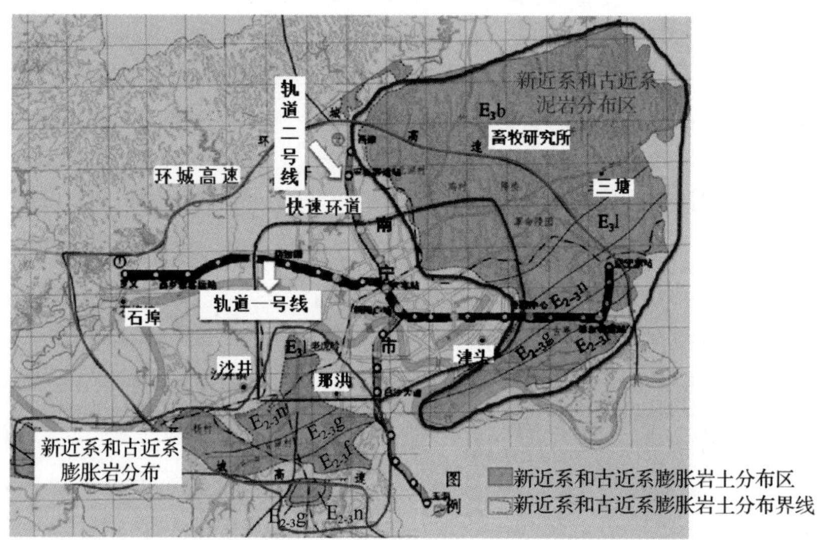


图 2.1　南宁膨胀土分布情况

南宁地铁 1 号线穿越的膨胀土主要为沉积岩层，是介于岩石和黏土之间的半胶结、半坚硬状态的多相介质，其强度低，水化能力强。部分膨胀土现场照片如图 2.2 所示。

图 2.2　南宁地铁 1 号线沿线部分膨胀土照片

南宁新近系和古近系泥岩以湖相沉积泥岩、粉砂质泥岩为主，多为半成岩，属软质岩。南宁盆地的主要地质构造为纺锤状不对称向斜，走向为北东东向，其轴线在西乡塘附近与南宁地铁 1 号线相交，南翼走向较完整，北翼大部缺失。自轴部往南翼，由新到老出露新近系和古近系渐新统含煤碎屑岩，膨胀性由强到弱依次为北湖组（$E_3b$）、里彩组（$E_3l$）、南湖组（$E_3n$）、底部岩组（$E_3I$），再往下则为古新-始新统的 a、b、c、d 组。其中南宁地铁 1 号线沿线基岩包含膨胀性较强的里彩组和南湖组，其岩组分布如图 2.3 所示。

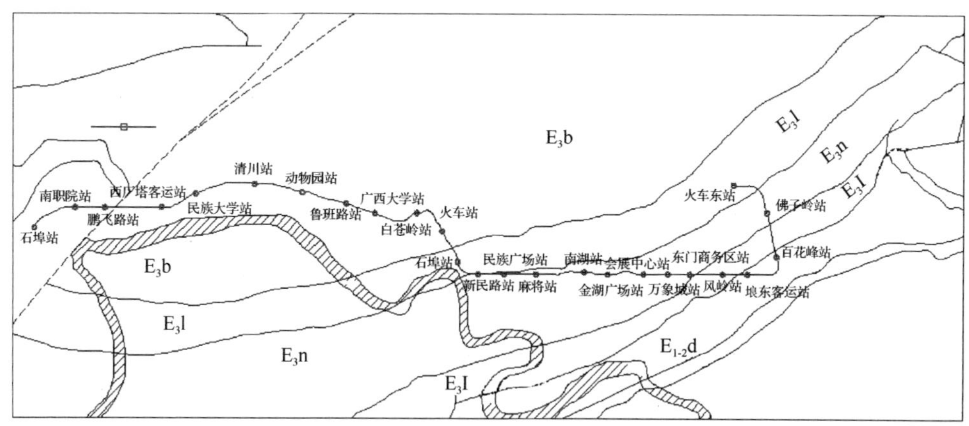


图 2.3　南宁地铁 1 号线沿线基岩的岩组分布图

各组岩性的描述如下：北湖组（$E_3b$），灰色、灰绿、浅灰的中厚层粉砂质泥岩；里彩组（$E_3l$），黄色、灰黄、灰白的中厚层泥质砂岩、泥岩；南湖组（$E_3n$），灰绿、灰、浅灰的泥质粉砂岩、粉砂质泥岩，下部钙质泥岩；底部岩组（$E_3I$），灰黄、灰白的厚层细砂岩、粉砂岩，底部含砾砂岩。

岩层组由新到老，泥岩占的比例渐少，北湖组为泥岩-砂岩互层，南湖组基本为砂岩，间有少量泥岩夹层，到底部岩组则全为砂岩、砾岩；胶结物质从弱到强，即从泥质胶结逐渐过渡为较多的钙质胶结。

南宁地铁 1 号线沿线地层主要以新近系和古近系半成岩为主，沿线盾构区间穿越的岩层主要为泥岩、粉砂质泥岩（参考地质勘察报告将其土层编号为$⑦_1$）和粉砂岩、泥质粉砂岩（参考地质勘察报告将其土层编号为$⑦_2$）。在地铁结构物穿越区域内的岩层并非纯泥岩或纯粉砂岩，而是砂岩-泥岩互层状的产出或准透镜架叠状或鸡窝状构造。岩层间或出现煤线、煤层、铁锰富集的薄层，甚至是十分坚硬的铁锰“锅巴”。泥岩中常有原生的裂隙，在开挖暴露失水后，裂隙张开，裂隙面呈现油脂光泽、擦痕或铁锰质浸润，这种裂隙是泥岩沉积生成过程中的风干裂隙，分布无规律。岩层的胶结物质以泥质为主，也有钙质、铁锰质和硅质。它们的强度及胀缩性亦随胶结物质的不同而不同，胶结物质越强，强度越大，胀缩性越小，泡水崩解的可能性就越小。南宁膨胀土具有强度较低、易膨胀且易发生软化等典型膨胀土的工程特性，在实际工程中出现许多工程问题。本章对地铁 1 号线沿线的膨胀土分类区划，分析地铁建设中各种岩层组合，并对南宁多个涉及新近系和古近系泥岩工程的膨胀土参数进行统计研究。

## 2.2 南宁地铁 1 号线膨胀土工程特性

### 2.2.1 岩层组合特征

对南宁地铁勘察资料的分析表明，南宁地铁 1 号线沿线盾构隧道结构范围内岩层由老到新依次为新近系和古近系岩层及第四系覆盖层。其中新近系和古近系半成岩主要为泥岩、粉砂质泥岩层$⑦_1$ 和粉砂岩、泥质粉砂岩层$⑦_2$；第四系覆盖层主要为第四系填土层①、黏土层②。

盾构隧道结构范围内的岩层并不是单一的新近系、古近系或者第四系岩层，通常是隧道结构上部为第四系岩层，而下部的大部分结构接触岩层为新近系和古近系泥岩，或者上部结构处于第四系岩层，而下部结构位于新近系和古近系胀缩性岩层中，甚至还会出现几个岩层的互层状产出，或者某个岩层呈透镜体状、鸡窝状等产出。当盾构隧道结构穿越的岩层为透水性极强的第四系砂砾石层，以及对水较为敏感的膨胀土岩层时，极易引发一系列的工程问题。

盾构隧道围岩的岩层特性、围岩与隧道结构物相互接触的特征都对隧道结构的变形和受力有较大影响。周伟天等[1]以成都地铁 2 号线中穿越膨胀土地层区段的盾构隧道为研究对象，考虑膨胀土分布差异，如膨胀土地层厚度大小的不确定性，对膨胀土的分布形式对盾构管片的影响进行了研究，得出当膨胀土在盾构管片下部 1/4 圆范围作用时，盾构管片的变形和受力为最不利状态。因此，膨胀土和盾构隧道结构物的接触范围对隧道变形和受力有一定影响，特别是当盾构隧道围岩由强透水性岩层和对水敏感的胀缩性岩层组合而成时，对盾构隧道产生的变形和受力等不利影响将会被放大。

对南宁地铁 1 号线沿线涉及膨胀土的地层组合划分仅考虑岩层膨胀力特性差异，分为膨胀土层（即⑦$_1$ 泥岩、粉砂质泥岩）和非膨胀土层（①素填土，⑤$_3$ 含砾（卵）质黏性土，⑦$_2$ 粉砂岩、泥质粉砂岩）。综合考虑地层岩性及岩层组合特性等因素，研究得到盾构结构穿越土层的岩层组合模型分类见表 2.1。

**表 2.1　岩层组合模型分类**

| 序号 | 分类 | 示意图 |
| --- | --- | --- |
| Ⅰ | 隧道结构处于膨胀性土层⑦$_1$ 中 | 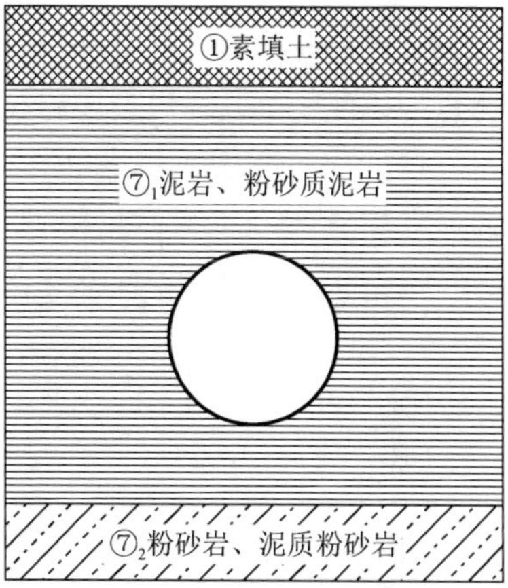 ①素填土<br>⑦$_1$泥岩、粉砂质泥岩<br>⑦$_2$粉砂岩、泥质粉砂岩 |
| Ⅱ | 隧道结构上部处于膨胀性土层⑦$_1$ 中，下部处于非膨胀性土层中 | 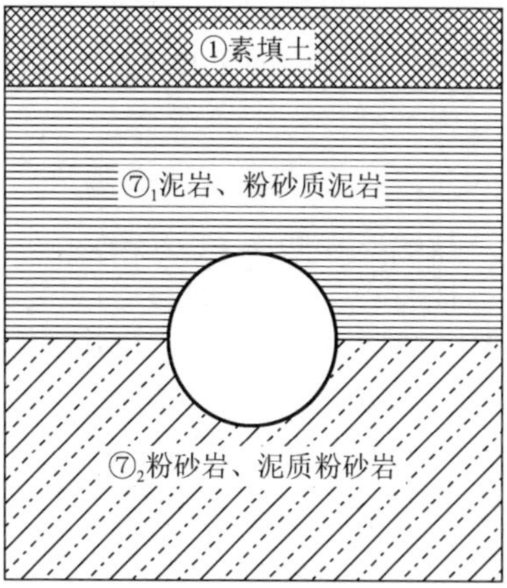 ①素填土<br>⑦$_1$泥岩、粉砂质泥岩<br>⑦$_2$粉砂岩、泥质粉砂岩 |

续表

| 序号 | 分类 | 示意图 |
|---|---|---|
| Ⅲ | 隧道结构下部处于膨胀性土层⑦$_1$中，上部处于非膨胀性土层中 | ①素填土<br>⑦$_2$（①、③、⑥等非膨胀性岩石）<br>⑦$_1$泥岩、粉砂质泥岩 |
| Ⅳ | 隧道结构全断面处于非膨胀性土层中，不与膨胀土层⑦$_1$接触 | |

表 2.1 中的岩层组合模型可以很形象地表达盾构隧道与其围岩各岩层之间的位置和组合关系。对南宁地铁 1 号线穿越膨胀土区域详细勘察报告中的 310 个钻孔资料分析表明，Ⅰ类岩层组合钻孔为 88 个，Ⅱ类岩层组合钻孔为 56 个，Ⅲ类岩层组合钻孔为 130 个，Ⅳ类岩层组合钻孔为 46 个。将其数据整理如图 2.4 所示。

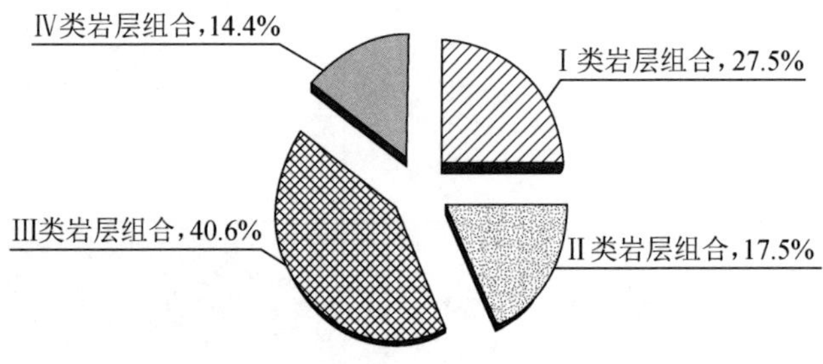


图 2.4　南宁地铁 1 号线膨胀土区域的岩层组合构成

## 2.2.2　隧道上覆土层分布

南宁地铁 1 号线穿越膨胀土的研究区域沿线地形条件复杂。自会展中心站到埌东客运站区段，南宁地铁 1 号线主要沿民族大道东西走向，位于民族大道主干道的下方，埌东客运站原为三、四级阶地，现已修筑为城市市政道路，较为平缓。埌东客运站至火车东站区段，线路到达埌东客运站以后往北转向，北面区域主要为山区地质地貌特点，沿线路走向规划的公路尚未建设，线路穿过的洼地主要有鱼塘和水田，穿过的高地为丘陵山体，位于拟建的高坡岭路、凤岭北路、吉祥路的下方。

地铁结构物上覆土层一般情况为第四系填土层，含有部分新近系和古近系沉积岩层。在地铁结构设计中，通常将地铁盾构结构上覆土层按照塌落拱理论换算为荷载的形式作用在地铁结构物上。在换算为结构荷载时，上覆土层的厚度大小将直接决定结构物的变形和受力，故而地铁结构物上覆土层的厚度将作为区划研究的主要因素之一。

但是在地铁建设中浅覆土盾构隧道，极易发生地表出现过大变形、地面被浆液击穿等影响周边环境的工程事故。《地铁设计规范》（GB 50157—2013）[2]第 11.1.12 条规定“地下结构应结合施工方法、结构形式、断面大小、工程地质、水文地质及环境条件等因素，合理确定其埋置深度及与相邻隧道的距离。当不满足下列规定时，应结合隧道所处的工程地质、水文地质和环境条件进行分析，必要时应采取相应的措施。1 盾构法施工的区间隧道覆土厚度不宜小于隧道外轮廓直径；……”。其中对盾构浅覆土隧道的研究[3-5]多见于上海、南京、成都等地，覆土厚度多为 0.5$D$～1$D$（$D$ 为盾构隧道外径），对于小于 1$D$ 的隧道往往对地层预先进行加固处理。北京地铁[6]亦庄线宋家庄—肖村区间隧道外径 $D$ 为 6m，盾构隧道最小覆土厚度为 4.1m（0.68$D$），隧道上覆土层为薄层粉质黏土和杂填土，经同步注浆和对施工参数进行控制解决地表沉降问题。

结合有关文献资料，通过对南宁地铁 1 号线详细勘察报告中盾构隧道上覆土层厚度的统计和分析，现将隧道结构物上覆土层依据厚度划分为高压覆土层、中覆土层、浅覆土层、需回填覆土层 4 种类型，如表 2.2 所示。

**表 2.2　盾构隧道结构物上覆土层厚度分类**

| 类别符号 | 分类名称 | 上覆土层厚度 $h$/m | 备注 |
|---|---|---|---|
| A | 需回填覆土层 | $\leqslant 6$ | 以 $D = 6$m 为分界标准，文献研究表明，盾构管片一般埋置深度为 1.5$D$～2$D$，最小埋置深度不宜小于 1$D$ |
| B | 浅覆土层 | $6 < h \leqslant 12$ | |
| C | 中覆土层 | $12 < h \leqslant 18$ | |
| D | 高压覆土层 | $> 18$ | |

对南宁地铁 1 号线穿越膨胀土区域的勘察钻孔资料进行统计和分析，7 个盾构区间的覆土厚度如图 2.5 所示，详述如下：①会展中心站—万象城站区间段，地面平坦，覆土厚度均一，覆土厚度为 2$D$ 左右；②万象城站—东盟商务区站区间段，地面较平坦，覆土厚度为 1.5$D$ 左右；③东盟商务区站—凤岭站区间段，地形起伏较小，覆土较薄，厚度为 1.0$D$ 左右；④凤岭站—埌东客运站区间段，地形起伏较大，覆土厚度为 3$D$～4$D$；⑤埌东客运站—百花岭站区间段，地形起伏较大，

覆土厚度变化范围较大，在线路后区段覆土仅为 0.5$D$ 左右，有的甚至隧道露出地表，在设计和施工中应引起注意；⑥百花岭站—佛子岭站区间段，该路段为丘陵地貌，覆土厚度变化较大，各种厚度分类均有分布；⑦佛子岭站—火车东站区间段，地形起伏较大，覆土厚度分布变化较大，中部有一区段覆土较薄且厚度小于 1$D$。

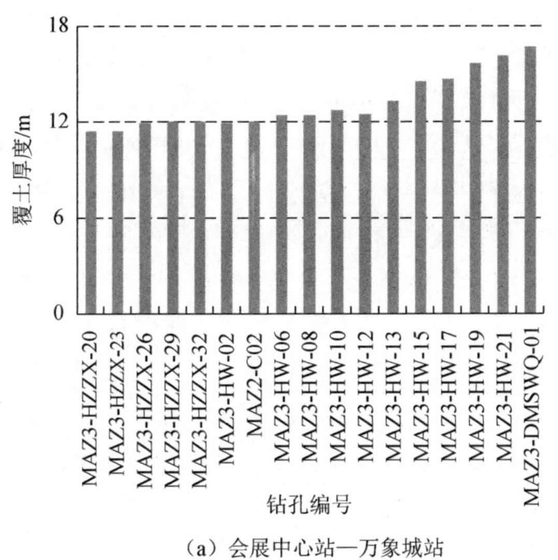


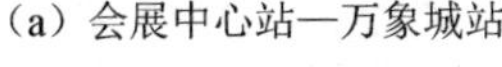
（a）会展中心站—万象城站

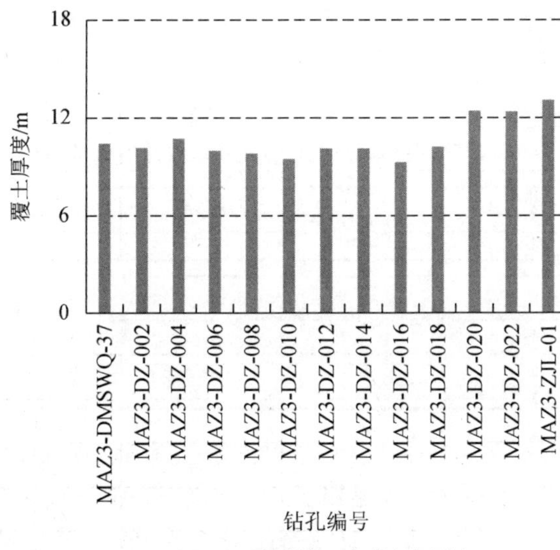


（b）万象城站—东盟商务区站

图 2.5　盾构隧道结构物上覆土厚度

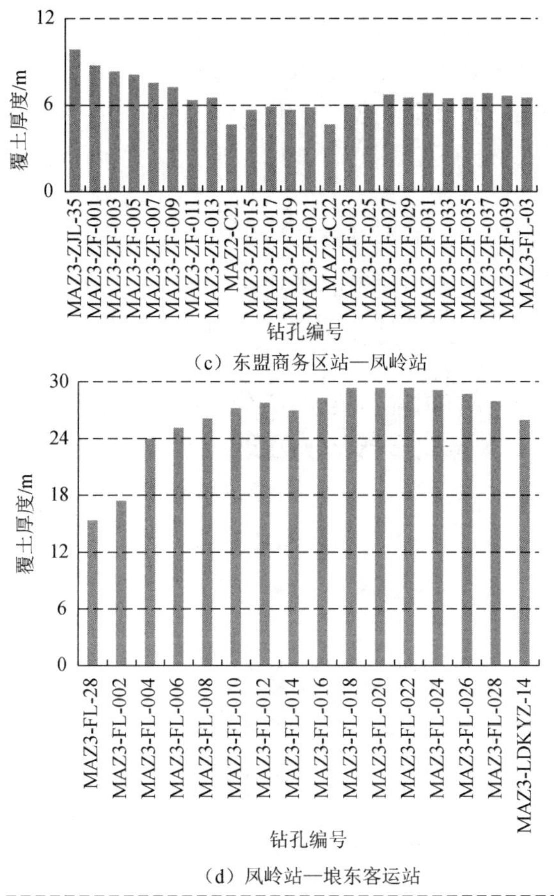


（c）东盟商务区站—凤岭站



（d）凤岭站—埌东客运站

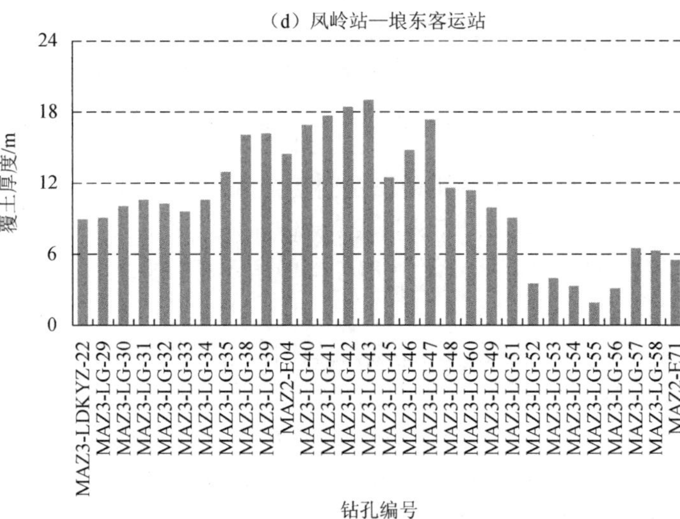


（e）埌东客运站—百花岭站

图 2.5（续）

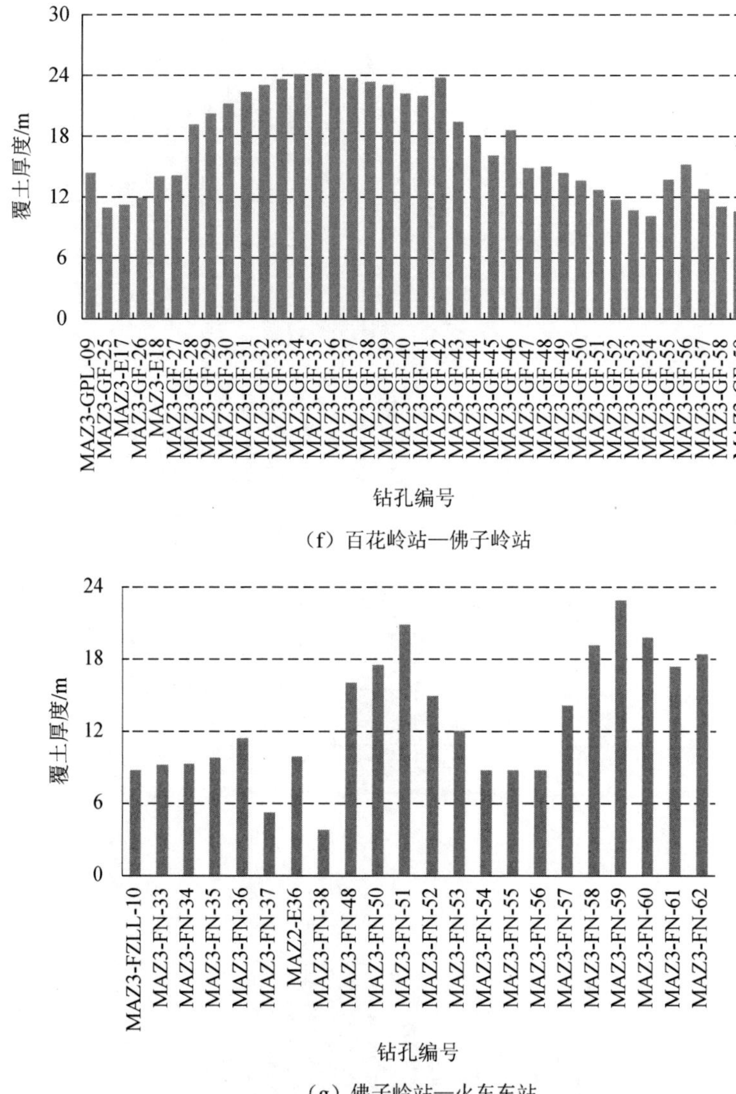

（f）百花岭站—佛子岭站


（g）佛子岭站—火车东站

图 2.5（续）

对南宁地铁 1 号线穿越膨胀土区域的盾构区间详细勘察报告进行分析，其中上覆土层厚度以 B 类和 C 类（即覆土分布为 1.1*D*～3*D*）较多，D 类主要集中在南宁埌东客运站以东区域，该路段多为原始的山地和丘陵地貌。在统计的 310 个钻孔覆土数据中，其中 A 类覆土为 30 个，约占总数的 9%；B 类覆土为 123 个，约占总数的 40%；C 类覆土为 83 个，约占总数的 27%；D 类覆土为 74 个，约占总数的 24%。将其数据整理如图 2.6 所示。

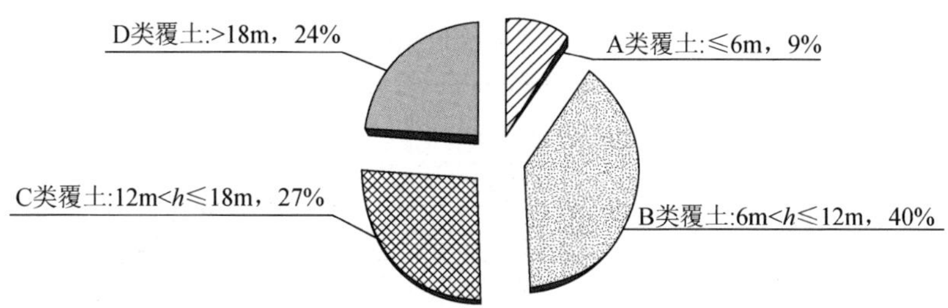


图 2.6　南宁地铁 1 号线膨胀土区域的覆土厚度构成

### 2.2.3　水文地质条件

研究区域内地貌形态主要为侵蚀堆积河谷阶地，揭露地层为填土层、淤泥质土层、黏性土层、粉土层、粉质黏土层，基岩为新近系和古近系岩层。地下水位的变化受地层岩性、地形地貌、地下水补给来源等因素控制。地下水位的变化与地下水的赋存、补给及排泄的关系密切，每年 4～10 月为雨季，降雨充沛，水位会明显上升；而在冬季则因降雨减少，地下水位随之下降。结合地下水赋存条件、含水介质及水力特征的分析，沿线地下水主要分为松散岩类孔隙水和基岩裂隙水。上层滞水主要赋存于沿线人工填土和坡积黏性土层中，透水性、富水性弱，且因填料和压实程度的差异而很不均匀。上层滞水主要是受大气降水补给，其水位、水量、埋置深度受补给条件影响，变化较大。基岩裂隙水主要赋存于下伏新近系和古近系半成岩的泥质粉砂岩、粉砂岩$⑦_2$层裂隙中，具承压性；该层富水性较差，属弱透水层。基岩裂隙水主要来自大气降水的入渗补给，沿含水层渗流排泄。

南宁地铁 1 号线沿线地下水以松散岩类孔隙水和基层裂隙水为主。其中松散岩类孔隙水主要赋存于第四系砂、砾石层中，该岩土层上一般为填土层、淤泥、淤泥质土层、黏性土层或粉土层覆盖，具有承压性；通常与邕江有密切的水力联系，地下水位较高且季节性变化较大。基岩裂隙水主要赋存于新近系和古近系半成岩粉砂岩的裂隙中，属承压水，富水性较差，属弱透水层。

南宁盆地新近系和古近系原始的泥岩是良好的隔水层，但在泥岩开挖卸荷时因干缩导致裂隙张开，这些裂隙将成为水的渗透通道；而粉砂岩层具弱-中的渗透性，当“鸡窝状”的粉砂岩附近存在补给源时，低势位的开挖面将会有地下水渗出。第四系覆盖层中的砂砾石层属强透水层，一旦隧道开挖形成低势面，地下水极易渗透到对水极其敏感的胀缩性岩层中，从而带来一系列工程问题。因此，地下水位的高低和地下水类型对地铁结构物有较大影响。

根据资料，详细勘察报告提出岩土渗透系数的建议值如表 2.3 所示。

**表 2.3　各岩土层渗透系数**

| 岩土层 | 渗透系数 $k$ 建议取值/(m/d) |
|---|---|
| ①$_2$ 素填土 | 0.5 |
| ⑥$_1$ 残、坡积层黏土、粉质黏土 | 0.001 |
| ⑦$_1$ 泥岩、粉砂质泥岩 | 0.001 |
| ⑦$_2$ 泥质粉砂岩、粉砂岩 | 3 |

本书认为岩土层⑥$_1$、⑦$_1$ 为不透水层（隔水层），①$_2$、⑦$_2$ 为透水层，分析统计时，对地下水至第一个隔水层（隔水层要求厚度大于 2m）的距离、隔水层到盾构管片底板的距离进行分析。隔水层至盾构管片底板的距离大于 6m（1 倍外径，1$D$），说明地下水对盾构管片无直接影响；当隔水层至盾构管片底板距离小于 6m，或者盾构管片处于透水层时，地下水对管片结构的作用更为直接和显著。因此在区划时对水文地质条件进行分类，将隔水层至盾构管片底板距离小于 6m 或处于透水层的分为 1 类，而隔水层至盾构管片底板距离大于 6m 的分为 2 类。

经过对课题研究区域地质勘察报告中所勘探的 234 个水文地质钻孔资料进行统计和分析得出各区段的水文地质条件，如图 2.7 所示。

对南宁地铁 1 号线穿越膨胀土区域的盾构区间水文地质情况进行分析，盾构管片均处于地下水位以下，对盾构管片是否处于或接触强透水层情况进行总结如下：①会展中心站—万象城站区间段，整个区段盾构结构都处于地下水位以下，线路中大部分隔水层至管片底部大于 6m，属于水文地质情况分类的第 2 类；在线路中部桩号 MAZ3-HW-07～MAZ3-HW-09，隔水层至盾构管片底板距离小于 6m，地下水与盾构结构直接接触，为第 1 类，即受地下水影响较大。②万象城站—东盟商务区站区间段，在桩号 MAZ3-DZ-009～MAZ3-DZ-021，盾构结构与地下水直接接触，属于水文地质情况分类的第 1 类。③东盟商务区站—凤岭站区间段，该区段盾构结构全部与地下水直接接触，属于水文地质情况分类的第 1 类。④凤岭站—埌东客运站区间段，该区段隔水层至盾构管片底板距离大于 12m，受地下水影响较小，属于水文地质情况分类的第 2 类。⑤埌东客运站—百花岭站区间段，线路后段自桩号 MAZ3-LG-38 起盾构结构全部与地下水直接接触，属于水文地质情况分类的第 1 类。⑥百花岭站—佛子岭站区间段，线路前段桩号 MAZ3-GPL-09～MAZ3-E-17 及线路中后段桩号 MAZ3-GF-49～MAZ3-GF-54，盾构结构全部与地下水直接接触，属于水文地质情况分类的第 1 类，其余区间为第 2 类。⑦佛子岭站—火车东站区间段，在线路前段 MAZ3-FN-01～MAZ3-FN-23，盾构结构全部与地下水直接接触，受地下水影响较大，属于水文地质情况分类的第 1 类。

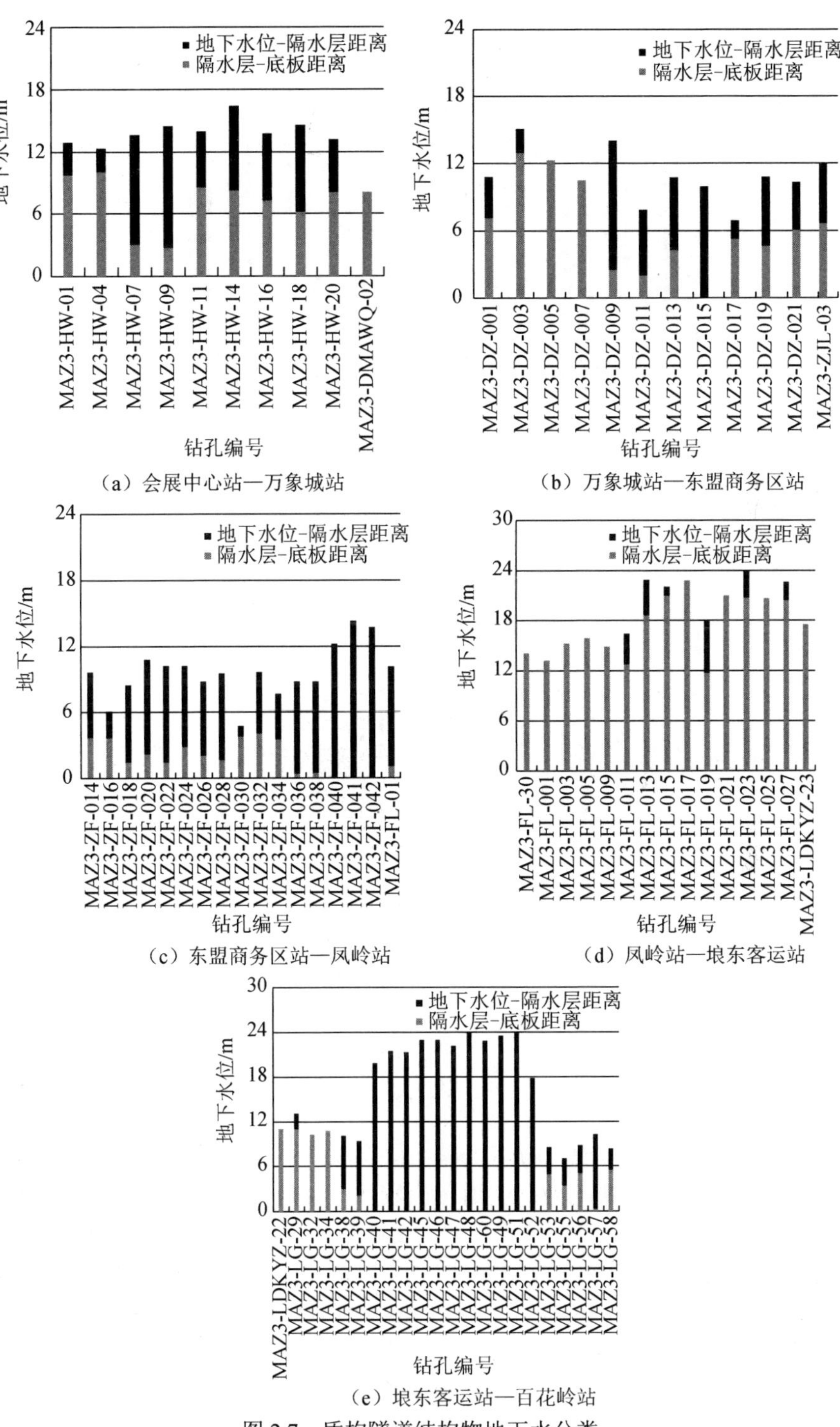


（a）会展中心站—万象城站

（b）万象城站—东盟商务区站

（c）东盟商务区站—凤岭站

（d）凤岭站—埌东客运站

（e）埌东客运站—百花岭站

图 2.7　盾构隧道结构物地下水分类

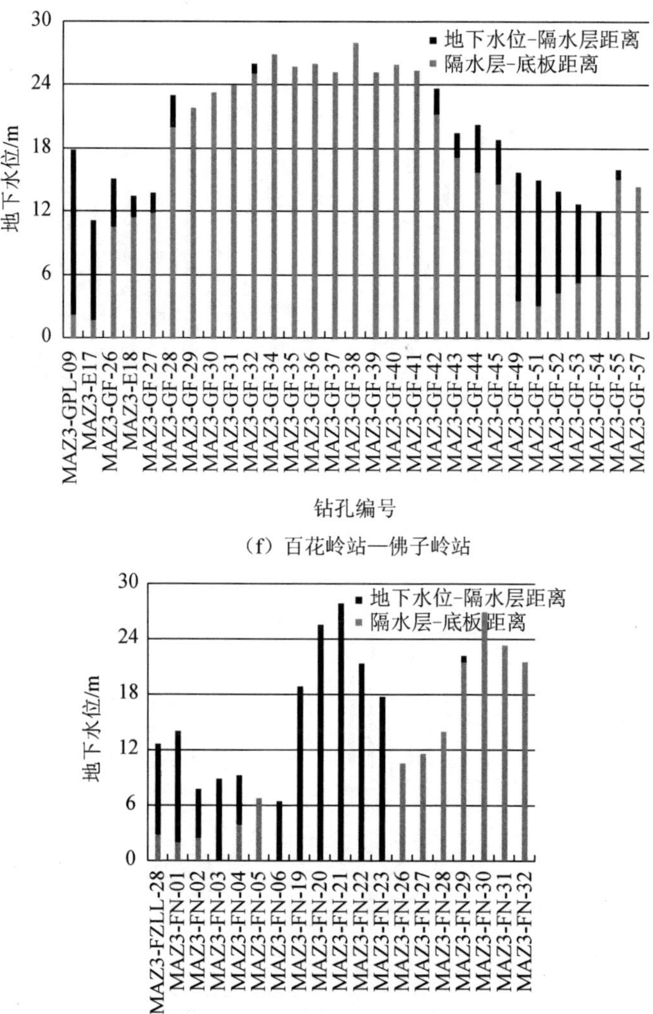


（f）百花岭站—佛子岭站



（g）佛子岭站—南宁东站

图 2.7（续）

综合考虑岩层分布特性、隧道上覆土层厚度、水文地质情况影响，在南宁地铁 1 号线中，较不利的情况为：隧道覆土较浅；盾构管片穿越透水层；受水文地质情况影响剧烈；岩层组合为管片底部为膨胀性泥岩，管片上部为非膨胀性岩层。根据对南宁地铁 1 号线的地质情况统计结果，这种不利工况在南宁地铁 1 号线中分布较少，仅在东盟商务区站—凤岭站区间段，右线桩号 MAZ3-ZF-025～MAZ3-ZF-031，连续分布长度约 130m；凤岭站—埌东客运站区间段，右线桩号 MAZ3-FL-005～MAZ3-ZF-011，连续分布长度约 150m；其余均为点状分布，如 MZA3-FL-017、MZA3-FL-017 等，分布距离较短。

## 2.3　南宁膨胀土的参数分析

南宁盆地的膨胀土主要以新近系和古近系泥岩为典型代表，该岩土层为湖相沉积成因，处于由岩石向黏土风化过渡阶段，描述其为“非岩非土”更为贴切，即介于岩石与土之间，本书统一简称为南宁膨胀土。南宁盆地膨胀土的主要矿物成分为伊利石、高岭石，少量蒙脱石，具有一定胀缩性。该地区 20 世纪 80 年代的调查资料显示，存在膨胀土的典型工程问题，随着城市建设发展，该问题日益突出。本节针对南宁已建工程中膨胀土的物理力学和膨胀特性指标进行深入分析和数据统计，对其工程特性进行研究。

为了增加统计可靠性，本节研究中要求进行统计分组，即保证所有样本均为同一地质单元，即新近系和古近系泥岩。本节统计采用专业数据统计软件 SPSS，针对南宁 201 个已建工程点的泥岩资料进行统计和分析。

将每个工程点的参数建议取值作为一个独立样本，统计膨胀土的基本物理指标、力学性质指标和胀缩特性指标。参数统计时，首先以 $3\sigma$ 法则剔除异常数据；然后以专业统计软件 SPSS 对其频率分布进行分析，得到各参数的均值、标准差、样本数、95%置信区间取值等常规性指标；最后对各指标的分布进行描述，如偏度、峰度等，简要介绍如下。

1）偏度是对分布偏斜方向和程度的描述，通常用 $a_3$ 表示，以三阶中心矩除以标准差的三次方计算，计算公式如下：

$$a_3 = \frac{\sum f(X-\overline{X})^3}{\sigma^3 \sum f} \tag{2.1}$$

$a_3$ 为正数，表示分布为右偏；反之，表示分布为左偏。

2）峰度是频度分布曲线与正态分布相比较顶端的尖度。统计中以四阶中心矩测定峰度，其计算公式如下：

$$a_4 = \frac{\sum f(X-\overline{X})^4}{\sigma^4 \sum f} \tag{2.2}$$

当 $a_4 = 3$ 时，分布曲线为正态分布；当 $a_4 < 3$ 时，分布曲线为平峰分布；当 $a_4 > 3$ 时，分布曲线为尖峰分布。

3）对于参数整体分布规律正态性检验，采用 Kolmogorov-Smirnov（科尔莫戈罗夫-斯米尔诺夫）检验（简称 K-S 检验）统计量进行判别，当检验的显著水平 Sig.大于 0.05 时，表示接受原假设即服从正态分布，反之则正态分布不明显。

### 2.3.1 物理指标

通过对南宁 201 个工程的膨胀土资料进行统计和分析，得到物理指标统计结果如表 2.4 所示。

**表 2.4　南宁膨胀土的物理指标统计分析**

| 参数 | 均值 | 95%置信区间 | | 极小值 | 极大值 | 标准差 | 偏度 | 峰度 | 样本数/个 | K-S 检验 | |
|---|---|---|---|---|---|---|---|---|---|---|---|
| | | 上限 | 下限 | | | | | | | 统计量 | Sig. |
| 含水率 $w$ | 17.55% | 17.11% | 17.99% | 10.30% | 27.50% | 3.173 | 0.63 | 0.42 | 201 | 0.97 | 0.00 |
| 天然密度 $\rho$ | 2.13g/cm$^3$ | 2.12g/cm$^3$ | 2.14g/cm$^3$ | 1.92g/cm$^3$ | 2.34g/cm$^3$ | 0.071 | −0.22 | 0.43 | 187 | 0.99 | 0.06 |
| 孔隙比 $e$ | 0.51 | 0.499 | 0.526 | 0.280 | 0.800 | 0.098 | 0.634 | 0.648 | 201 | 0.964 | 0.000 |
| 饱和度 $S_r$ | 93.88% | 93.37% | 94.39% | 85.00% | 99.80% | 3.22 | −0.48 | 0.03 | 156 | 0.98 | 0.05 |
| 液限 $w_L$ | 34.49% | 33.83% | 35.14% | 23.60% | 45.50% | 4.52 | 0.15 | −0.35 | 187 | 0.99 | 0.41 |
| 塑限 $w_P$ | 19.31% | 18.97% | 19.66% | 12.00% | 27.60% | 2.39 | 0.56 | 1.48 | 190 | 0.97 | 0.01 |

从表 2.4 中可知各物理指标的统计参数，如均值、标准差、样本数、95%置信区间取值、偏度、峰度、正态分布检验显著水平等。

为了更具体呈现各物理指标的分布情况，绘制其分布频率如图 2.8 所示，将各物理指标特征总结如下。

1）含水率 $w$ 均值为 17.55%，主要分布区间范围为 14%～20%，分布频率曲线为右偏平峰型分布，其 K-S 检验显著性水平 Sig.为 0.00，正态分布不明显。

2）天然密度 $\rho$ 均值为 2.13g/cm$^3$，主要分布区间范围为 2.0～2.2g/cm$^3$，标准差为 0.071，变化值范围较小，分布频率曲线为左偏平峰型分布，其 K-S 检验显著性水平 Sig.为 0.06，大于 0.05，为正态分布。

3）孔隙比 $e$ 均值为 0.51，处于较密实状态，标准差为 0.098，变化值范围较小，主要分布区间范围为 0.4～0.6，其分布频率曲线为右偏平峰型分布，该参数正态分布不明显。

4）饱和度 $S_r$ 均值为 93.88%，主要分布区间范围为 93%～97%，其分布频率曲线为左偏平峰型分布，该参数分布服从正态分布。

5）液限 $w_L$ 均值为 34.49%，为中等液限岩土，主要分布区间范围为 28%～40%，其分布频率曲线为右偏平峰型分布，该参数正态分布显著。

6）塑限 $w_P$ 均值为 19.31%，主要分布区间范围为 16%～22%，正态分布不明显。

从以上统计数据分析看出，各参数的标准差值均较小，最大的是液限，其数值为 4.516；变异系数最大的是孔隙比，仅为 0.191，说明各参数变异性较小，分布离散程度较小。各物理参数指标原始数据变化区间值较大，但是主体分布较集中。尤其是统计各参数均值的 95%置信区间范围非常小，故在参数选取时可将其视为常量考虑。以含水率指标为例，其统计原始极小值和极大值变化范围为 10.30%～27.50%，但统计中其 95%置信区间为 17.11%～17.99%，变化幅度较小，仅为均值的 5%。

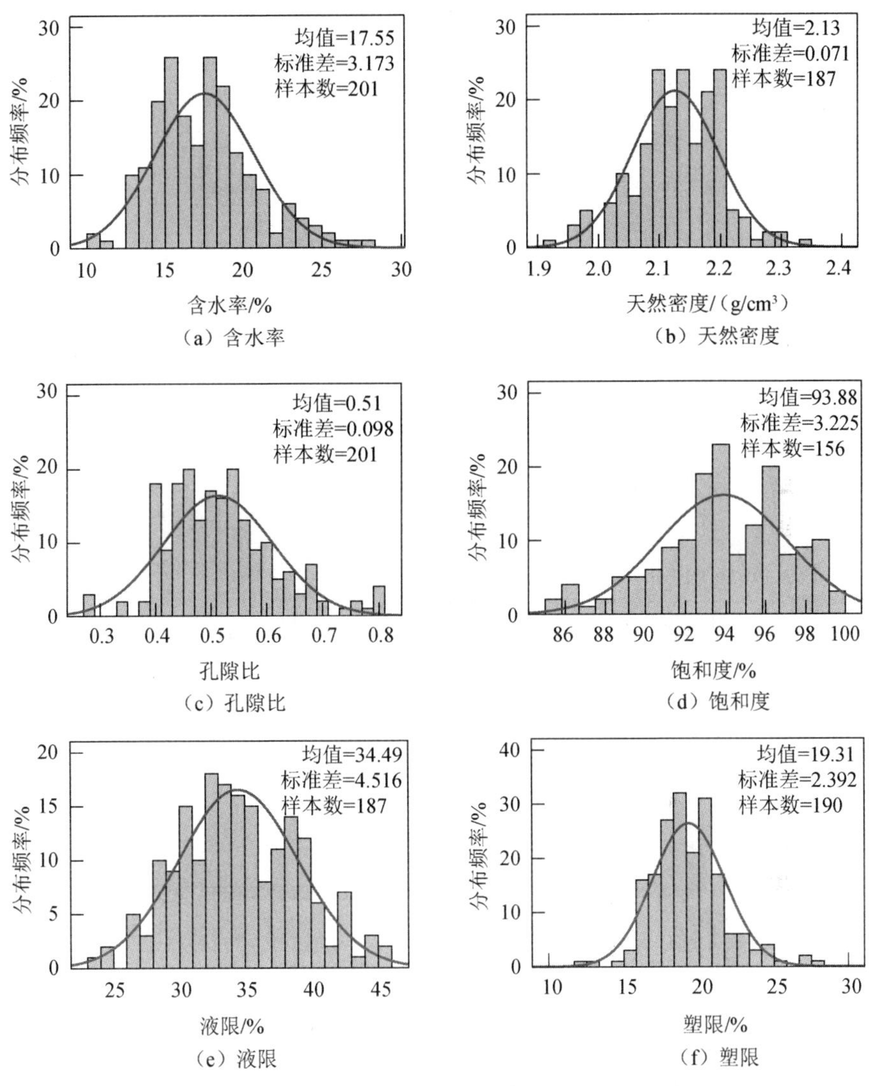


(a) 含水率　(b) 天然密度　(c) 孔隙比　(d) 饱和度　(e) 液限　(f) 塑限

图 2.8　南宁膨胀土物理参数统计分布频率

## 2.3.2　力学指标

对南宁膨胀土的力学指标参数进行统计分析，统计成果如表 2.5 所示，并绘制各参数的分布频率，如图 2.9 所示。

**表 2.5　南宁膨胀土的力学指标统计分析**

| 参数 | 均值 | 95%置信区间 | | 极小值 | 极大值 | 标准差 | 偏度 | 峰度 | 样本数/个 | K-S 检验 | |
|---|---|---|---|---|---|---|---|---|---|---|---|
| | | 下限 | 上限 | | | | | | | 统计量 | Sig. |
| 黏聚力 $C$ | 114.33kPa | 106.26kPa | 122.40kPa | 22.50kPa | 270.60kPa | 52.979 | 0.50 | 0.00 | 168 | 0.98 | 0.06 |

续表

| 参数 | 均值 | 95%置信区间 | | 极小值 | 极大值 | 标准差 | 偏度 | 峰度 | 样本数/个 | K-S 检验 | |
|---|---|---|---|---|---|---|---|---|---|---|---|
| | | 下限 | 上限 | | | | | | | 统计量 | Sig. |
| 内摩擦角 $\varphi$ | 18.10° | 17.21° | 19.00° | 6.00° | 35.10° | 5.824 | 0.27 | −0.14 | 165 | 0.99 | 0.27 |
| 压缩系数 $\alpha_{1-2}$ | 0.096MPa$^{-1}$ | 0.091MPa$^{-1}$ | 0.102MPa$^{-1}$ | 0.030MPa$^{-1}$ | 0.200MPa$^{-1}$ | 0.038 | 0.914 | 0.114 | 184 | 0.914 | 0.000 |
| 压缩模量 $E$ | 19.74MPa | 18.72MPa | 20.76MPa | 4.89MPa | 37.76MPa | 7.036 | 0.31 | −0.51 | 185 | 0.98 | 0.01 |
| 抗压强度 $f$ | 1.29MPa | 1.09MPa | 1.49MPa | 0.21MPa | 2.94MPa | 0.623 | 0.65 | 0.07 | 49 | 0.96 | 0.13 |
| 修正标准贯入击数 $N$ | 41.68 击 | 39 击 | 44 击 | 4 击 | 87 击 | 16.788 | 0.68 | −0.09 | 159 | 0.95 | 0.00 |

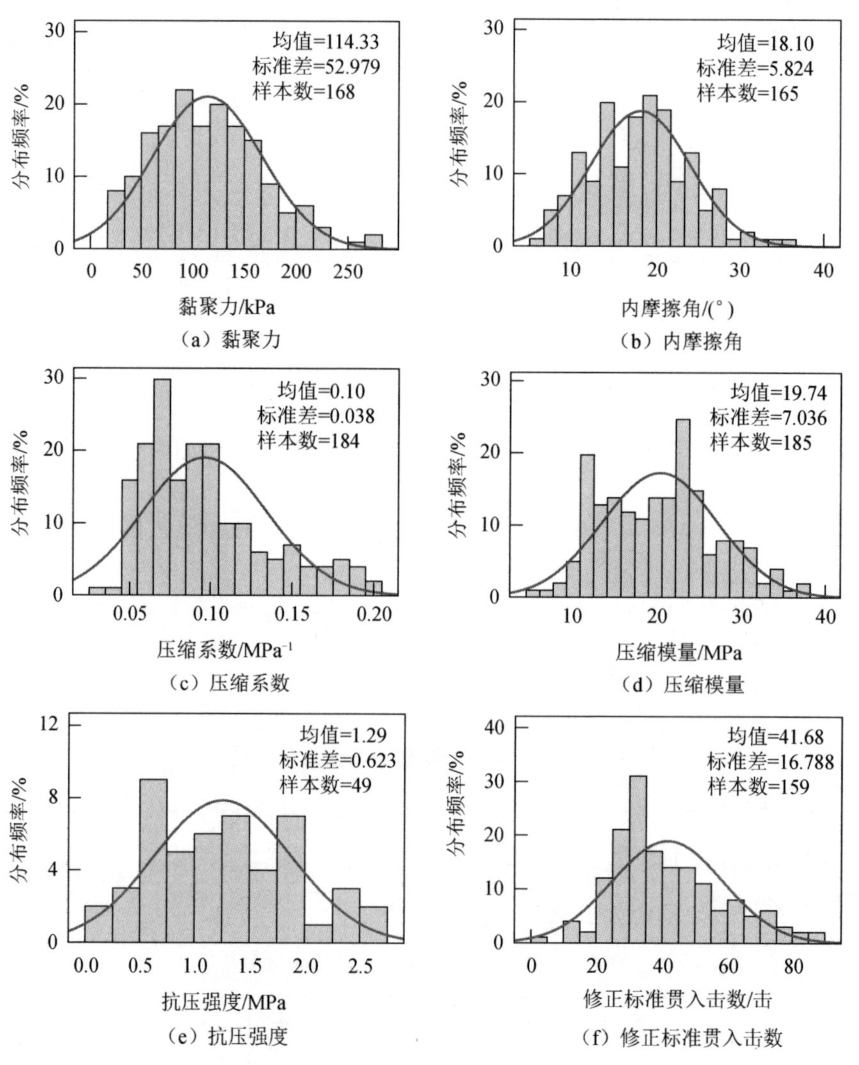


图 2.9 南宁膨胀土力学参数统计分布频率

将南宁膨胀土各力学指标特征描述如下：

1）黏聚力 $C$ 均值为 114.33kPa，主要分布区间范围为 50～160kPa，标准差为 52.979，变异系数为 0.463，变化较大；内摩擦角 $\varphi$ 均值为 18.10°，主要分布区间范围为 10°～25°；黏聚力和内摩擦角分布频率曲线均为右偏平峰型分布，均服从正态分布。

2）压缩系数 $\alpha_{1-2}$ 均值为 0.096MPa$^{-1}$，主要分布区间范围为 0.05～0.10MPa$^{-1}$，变异系数为 0.40；压缩模量 $E$ 均值为 19.74 MPa，主要分布区间范围为 10～25MPa，变异系数为 0.356，变异性较大；两者分布频率曲线均为右偏平峰型分布，正态分布不明显。

3）抗压强度 $f$ 均值为 1.29MPa，主要分布区间范围为 0.5～2.0MPa，变异系数为 0.528，变异性较大，分布频率曲线为右偏平峰型分布，正态分布明显。

4）修正标准贯入击数 $N$ 均值约为 42 击，主要分布范围为 20～45 击，变异系数为 0.403。

从以上统计结果可知，各力学参数指标原始分布偏差较大，变异系数值均大于 0.4，参数离散性大。以黏聚力为例说明，其统计原始极小值和极大值变化范围为 22.50～270.60kPa，标准差为 52.979，变异系数为 0.463，离散性较大。

本节统计南宁膨胀土的黏聚力均值为 114.33kPa，较南宁盆地第四系黏土强度要高（前期对南宁地铁 1 号线详细勘察报告中 108 个钻孔资料进行统计，黏聚力均值为 39.5kPa）。南宁新近系和古近系泥岩为湖相沉积成因，处于由岩石向黏土风化过渡阶段，描述其为“非岩非土”非常贴切，即半岩石半土之间，黏聚力较大。南宁膨胀土压缩性小，压缩系数 $\alpha_{1-2}$ 平均值小于 0.1MPa$^{-1}$，属于低压缩性岩土；抗剪强度偏高，结构强度较好。

### 2.3.3　膨胀性指标

1. 南宁膨胀土膨胀性指标统计

对南宁 74 个已建工程中涉膨胀土的膨胀性指标进行统计分析，统计成果如表 2.6 所示，绘制各参数的分布频率如图 2.10 所示。

**表 2.6　南宁膨胀土的膨胀性指标统计分析**

| 参数 | 均值 | 95%置信区间 | | 极小值 | 极大值 | 标准差 | 偏度 | 峰度 | 样本数/个 | K-S 检验 | |
|---|---|---|---|---|---|---|---|---|---|---|---|
| | | 下限 | 上限 | | | | | | | 统计量 | Sig. |
| 自由膨胀率 $\delta_{ef}$ | 56.79% | 53.14% | 60.43% | 24.00% | 98.33% | 15.735 | 0.46 | 0.14 | 74 | 0.98 | 0.31 |
| 膨胀力 $P_e$ | 101.08 kPa | 89.62 kPa | 112.55 kPa | 22.02 kPa | 246.37 kPa | 48.065 | 0.72 | 0.14 | 70 | 0.96 | 0.01 |
| 收缩系数 $\lambda_s$ | 0.52 | 0.47 | 0.56 | 0.10 | 0.94 | 0.188 | −0.15 | −0.28 | 69 | 0.98 | 0.47 |

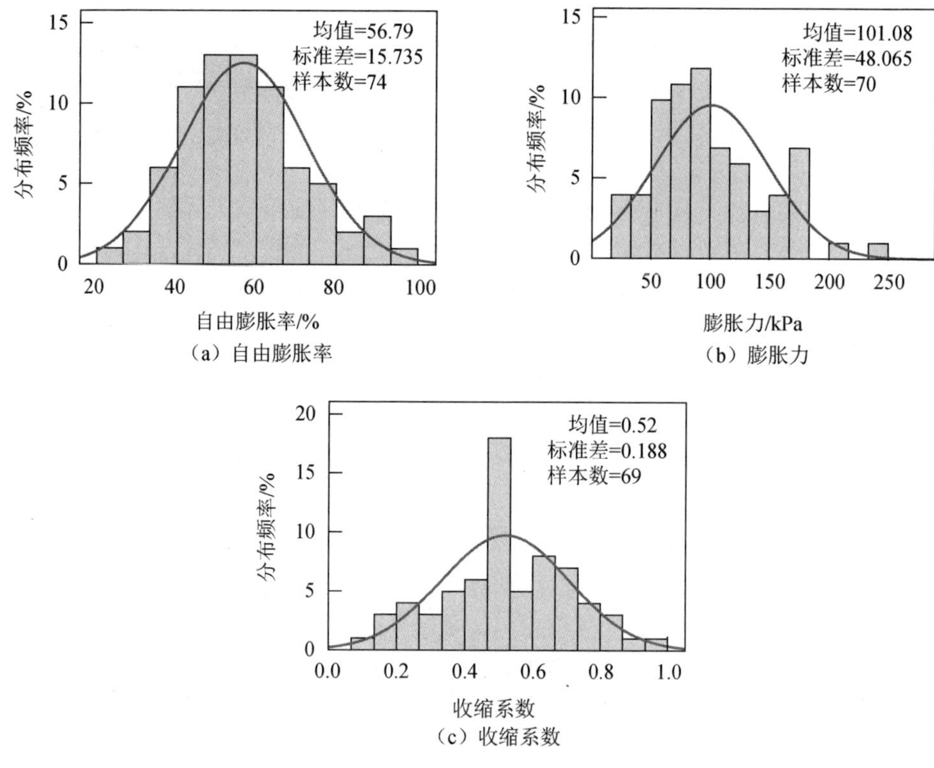


（a）自由膨胀率

（b）膨胀力

（c）收缩系数

图 2.10　南宁膨胀土的膨胀性参数统计分布频率

南宁膨胀土的各膨胀性参数特征如下：

1）自由膨胀率作为膨胀土特性参数的重要指标，在膨胀土规范中作为膨胀性潜势分类依据。本节统计数据中自由膨胀率 $\delta_{ef}$ 均值为 56.79%，主要分布区间范围为 40%～65%，变异系数为 0.277，分布频率曲线为右偏平峰型，正态分布明显。其膨胀潜势为弱膨胀性，与国内其他城市的典型膨胀土相比如图 2.11 所示（数据来源于文献[7]），南宁膨胀土自由膨胀率数值偏低。

2）膨胀力是反映黏性土膨胀性强弱的指标，是指在侧限约束且充分吸水，使其保持不发生竖向膨胀所需施加的最大压力值。膨胀力的影响因素较多，如岩土的矿物成分、结构和胶结程度等。本节统计膨胀力均值为 101.08kPa，但数据分布非常离散，其最大值为 246.37kPa，最小值仅为 22.02kPa，标准差为 48.065，变异系数为 0.475，空间变异性较大。因此在参数选取时应作为变量具体分析，应考虑其岩组的成因及风化程度差异等。

3）收缩系数是指膨胀土失去单位含水量时所产生的竖向收缩率，是计算收缩变形量、评定地基等级的重要指标。本节统计收缩系数 $\lambda_s$ 均值为 0.52，主体均匀分布于 0.2～0.9，但在 0.5 处有集中峰值，变异系数为 0.363，分布较离散。

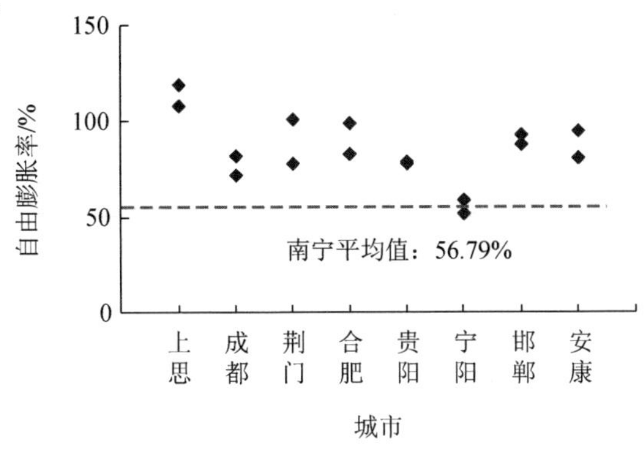


图 2.11　几个城市典型膨胀土自由膨胀率指标分布

2. 南宁地铁 1 号线中膨胀土区域详细勘察报告的膨胀指标统计

由于膨胀性指标是反映南宁膨胀土的关键性指标，因此对南宁地铁 1 号线沿线研究区域详细勘察报告中泥岩的膨胀性指标进行统计分析，统计成果如表 2.7 所示，绘制各参数的分布频率如图 2.12 所示。

**表 2.7　南宁地铁 1 号线详细勘察报告中南宁膨胀土的膨胀性指标统计结果**

| 参数 | 均值 | 95%置信区间 | | 极小值 | 极大值 | 标准差 | 偏度 | 峰度 | 样本数/个 | K-S 检验 | |
|---|---|---|---|---|---|---|---|---|---|---|---|
| | | 下限 | 上限 | | | | | | | 统计量 | Sig. |
| 自由膨胀率 $\delta_{ef}$ | 40.77% | 38.5% | 43.0% | 14.6% | 79.4% | 12.8 | 0.53 | 0.42 | 126 | 0.08 | 0.045 |
| 膨胀力 $P_e$ | 58.52 kPa | 53.4 kPa | 63.7 kPa | 12.5 kPa | 162.9 kPa | 28.4 | 0.53 | 0.68 | 120 | 0.08 | 0.06 |
| 收缩系数 $\lambda_s$ | 0.46 | 0.43 | 0.50 | 0.05 | 0.88 | 0.19 | 0.208 | −0.56 | 118 | 0.074 | 0.159 |

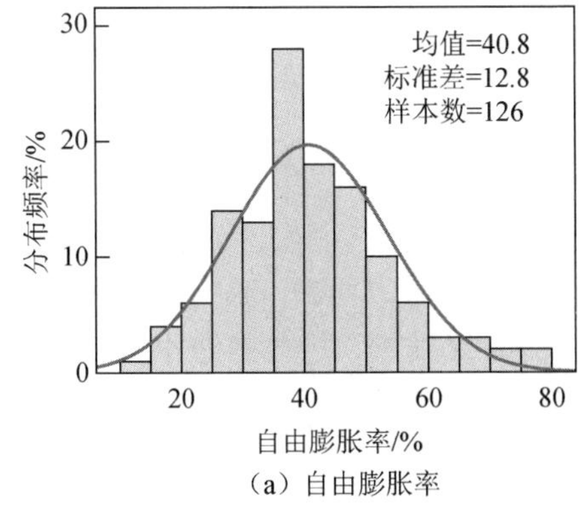


（a）自由膨胀率

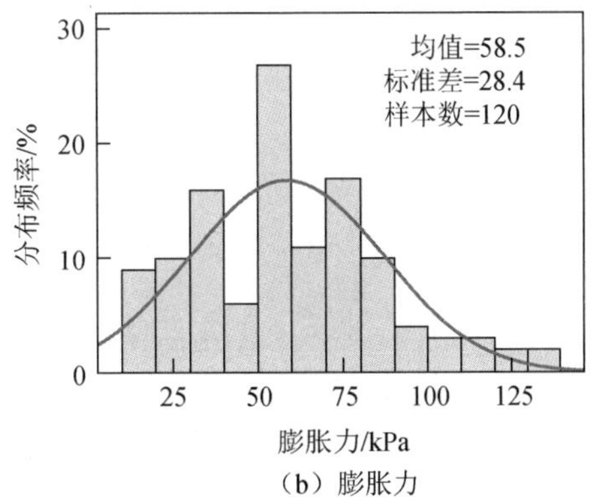


（b）膨胀力

图 2.12　南宁地铁 1 号线膨胀土的膨胀性参数统计分布频率

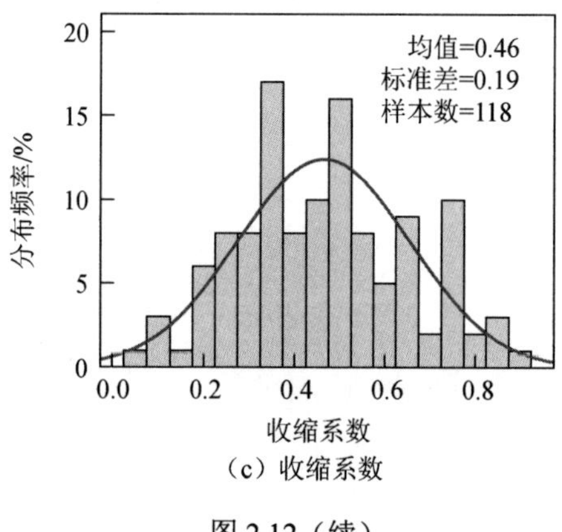


（c）收缩系数

图 2.12（续）

由图 2.12 可知，南宁地铁 1 号线研究区域的膨胀土存在以下特点：

1）自由膨胀率，详细勘察报告的统计数据中自由膨胀率 $\delta_{ef}$ 均值为 40.77%，95%置信区间范围为 38.5%～43.0%，频率分布曲线为右偏平峰型，与南宁多个项目统计参数均值 56.79%相比偏小，自由膨胀率数值偏低，膨胀潜势为弱膨胀性。

2）膨胀力，详细勘察报告的统计数据中膨胀力 $P_e$ 均值为 58.52kPa，95%置信区间范围为 53.4～63.7kPa，频率分布曲线为右偏平峰型，与南宁多个项目统计参数均值 101.08kPa 相比偏小。膨胀力的分布较离散，极小值为 12.5kPa，而极大值达到 162.9kPa，变异性较大，因此需要特别注意。

3）收缩系数，本章统计收缩系数 $\lambda_s$ 均值为 0.46，95%置信区间范围为 0.43～0.50，数据呈正态分布，该数据与南宁多个项目统计参数均值 0.52 相比偏小。

综上，南宁新近系和古近系泥岩为典型膨胀土，具有中等偏弱膨胀潜势，自由膨胀率与国内外典型膨胀土相比偏低；膨胀力和收缩系数分布均较离散，在工程应用中应充分考虑其差异性。

## 2.4　本 章 小 结

南宁地铁 1 号线自会展中心站以东线路将穿越新近系和古近系泥岩，该岩层具有膨胀土的典型工程特点。本章介绍了南宁膨胀土的基本特征，针对南宁地铁 1 号线穿越的膨胀土工程特性进行了分析，通过大量数据对南宁膨胀土的参数特性进行了统计分析。

1）南宁膨胀土主要分布在南宁盆地东部及南部，以湖相沉积的泥岩、粉砂岩为主，为半成岩，属软质岩。南宁地铁 1 号线自会展中心站以东 6.9km 线路穿越该岩层，穿越区域的膨胀性岩组为里彩组和南湖组。

2）通过对南宁地铁 1 号线沿线膨胀土区域进行岩层组合特征研究，将其分为 3 类，其中盾构管片穿越区域，管片上部为非膨胀土，下部为膨胀土的第 III 类岩层，组合较不利；对隧道覆土层分布进行了研究，一般覆土厚度为 6～12m；水文地质情况，盾构管片均处于地下水位以下，考虑管片影响范围岩层的透水性差异，将盾构管片是否接触透水岩层分为地下水影响较大的第 1 类及影响较小的第 2 类，统计数据表明大部分线路穿越区域为受地下水影响较大的第 1 类。

3）通过对南宁盆地多个已建项目的南宁膨胀土的参数进行统计分析，研究表明，南宁膨胀土的各物理指标变异性较小，尤其在 95%置信区间取值偏差较小，在参数分析时可作为常量考虑。力学指标中各参数变异性较大，应作为变量处理，南宁新近系和古近系泥岩介于岩与土之间，有较强的结构性，为低压缩性岩土，其抗压强度高，抗剪强度较高，黏聚力较大。

4）通过对南宁地铁 1 号线沿线泥岩的膨胀性参数统计分析，详细勘察报告的统计值较南宁多个项目的统计值偏小，如南宁多个项目膨胀力统计均值为 101.08kPa，详细勘察报告的均值为 58.5kPa；南宁多个项目自由膨胀率统计均值为 56.79%，详细勘察报告的均值为 40.77%。

5）膨胀特性指标变异性较大，需要考虑其变异性影响。南宁膨胀土的自由膨胀率与其他城市典型膨胀岩土相比偏低，为弱膨胀性岩土；但膨胀力因分布区域不同、岩组成因和地层形成年代不同而差异较大，数值分布较离散，以膨胀力为例，南宁多个项目统计膨胀力分布范围为[22.02kPa, 246.37kPa]，研究区域内详细勘察报告中膨胀力的分布范围为[12.5kPa, 162.9kPa]，离散性较大，因此在参数选取时应针对具体工程考虑。

## 参考文献

[1] 周伟天，何川，晏启祥，等．膨胀土地层中盾构管片内力探讨[C]//史佩栋．海峡两岸轨道交通建设与环境工程高级技术论坛．北京：人民交通出版社，2008.

[2] 中华人民共和国住房和城乡建设部．地铁设计规范：GB 50157—2013[S]．北京：中国建筑工业出版社，2014.

[3] 张庆贺，王慎堂，严长征，等．盾构隧道穿越水底浅覆土施工技术对策[J]．岩石力学与工程学报，2004，23（5）：857-861.

[4] 邢慧堂．南京长江隧道泥水盾构穿越江中超浅覆土段施工技术[J]．现代隧道技术，2010，47（2）：68-73.

[5] 宋修元．砂卵石地层下盾构过浅覆土路段施工技术[J]．铁道建筑技术，2009（9）：106-109.

[6] 李乾，于海亮．北京地铁小间距浅覆土平行盾构隧道施工技术[J]．施工技术，2012，41（356）：78-83.

[7] 谭罗荣，孔令伟．膨胀土膨胀特性的变化规律研究[J]．岩土力学，2004，25（10）：1555-1559.

# 第 3 章　膨胀土隧道的接触压力与位移变化机理研究

## 3.1　膨胀土变形时程的特性试验研究

南宁盆地新近系和古近系泥岩为典型膨胀岩土，吸水后体积膨胀产生位移变形，当受到约束时即对约束体产生膨胀力，本章对膨胀土围岩与隧道结构间的接触压力和产生的位移机理进行试验研究。

本节研究土样来源于南宁地铁 1 号线的火车东站。根据前期资料调研成果，南宁地铁 1 号线火车东站位于南宁东南部，分布有大量的南宁盆地典型新近系和古近系泥岩，具有工程代表性。该土样原状样物理力学参数如表 3.1 所示，采用经碾碎风干过 2mm 筛后的重塑土进行制样，进行机理探索性试验，其颗粒级配曲线如图 3.1 所示，颗粒级配组成如表 3.2 所示。

**表 3.1　原状土样物理力学参数**

| 天然密度$\rho$/(g/cm$^3$) | 干密度$\rho_d$/(g/cm$^3$) | 天然含水率 $w$/% | 液限 $w_L$/% | 塑限 $w_P$/% | 自由膨胀率$\delta_{ef}$/% | 膨胀率$\delta$/% | | | 膨胀力 $P_e$/kPa |
|---|---|---|---|---|---|---|---|---|---|
| | | | | | | 0 | 50kPa | 100kPa | |
| 2.21 | 1.9 | 16.4 | 36.9 | 17.2 | 51 | 7.1 | 1.72 | 1.11 | 117.4 |

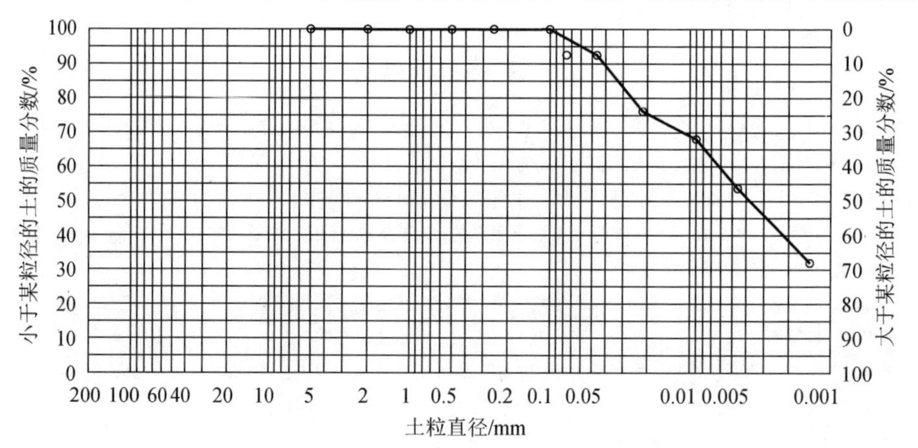


图 3.1　土样颗粒级配曲线图

表 3.2　土样颗粒级配组成　（单位：%）

| 砂粒（>0.075mm） | 粉粒（0.005～0.075mm） | 黏粒（0.002～0.005mm） | 胶粒（<0.002mm） |
|---|---|---|---|
| 5.3 | 34.86 | 59.84 | 45.88 |

根据南宁地铁 1 号线的初步勘察报告统计，南宁膨胀土含水率分布范围为 10%～25%，干密度为 1.5～2.0g/cm$^3$。因此，本章试验设计了 7 组不同的初始含水率（即 10%、12%、14%、16%、18%、20%和 22%）和 6 组不同干密度（即 1.5g/cm$^3$、1.6g/cm$^3$、1.7g/cm$^3$、1.8g/cm$^3$、1.9g/cm$^3$ 和 2.0g/cm$^3$），考虑不同的变形量，采用自行设计的压样器（该压样器已获国家专利授权，专利号为 ZL 20122 0179841.X）进行制样。在膨胀变形量方面，统计不同含水率试样通过该压样器时的压缩速率和压实密度，试样采用直径为 61.8mm、高度为 20mm 的环刀样。

膨胀率是指试样在有侧限条件下膨胀的高度增量与初始高度值之比，反映膨胀土吸水后体积膨胀变形的能力，是膨胀土变形的重要参数。膨胀并非瞬间完成变形，而是随着时间呈抛物线式增长。国内外文献研究[1-4]认为膨胀岩土的膨胀变形一般分为 3 个阶段，即膨胀率迅速增长阶段、膨胀率缓慢增长阶段和膨胀率稳定阶段。在初期膨胀岩土吸水后，结合水膜增厚，土体颗粒间隙增大，导致体积膨胀；当水分逐渐增多，填充孔隙时，膨胀岩土吸水率变小，其体积增大幅度变小，膨胀率增长变缓；最后当膨胀岩土体孔隙全部被填满时，吸水达到稳定，其膨胀率保持不变。

膨胀岩土的膨胀率随着时间增长而增加，不同时间的膨胀率 $\delta_t$ 计算公式如下：

$$\delta_t = \frac{R_t - R_0}{h_0} \times 100 \tag{3.1}$$

式中：$\delta_t$——时间 $t$ 时的无荷载膨胀率，%；

$R_t$——时间 $t$ 时膨胀仪量表读数，mm；

$R_0$——试验开始时膨胀仪量表读数，mm；

$h_0$——试样初始高度，mm。

本章试验分析了各种干密度和不同初始含水率的膨胀率-时间关系曲线，研究膨胀变形的时程特性。各组干密度在不同初始含水率条件下，膨胀率时程曲线规律趋势一致，因此仅选取典型的 3 组干密度土样（1.5g/cm$^3$、1.7g/cm$^3$、1.9g/cm$^3$）试验数据进行分析，整理膨胀率试验数据如图 3.2 所示。

从图 3.2 可以看出，在试验初期试样吸水后，体积迅速膨胀增大，膨胀率线性增大；到达一定时间后，膨胀率增长变缓，直至某一时间后，其体积不再增加，膨胀率保持不变。各组数据规律和趋势一致，为了更形象地对这一形象进行描述，本章以干密度 1.9g/cm$^3$、初始含水率为 12%的试验样本的膨胀率与时间关系为典型，整理曲线成果如图 3.3 所示。

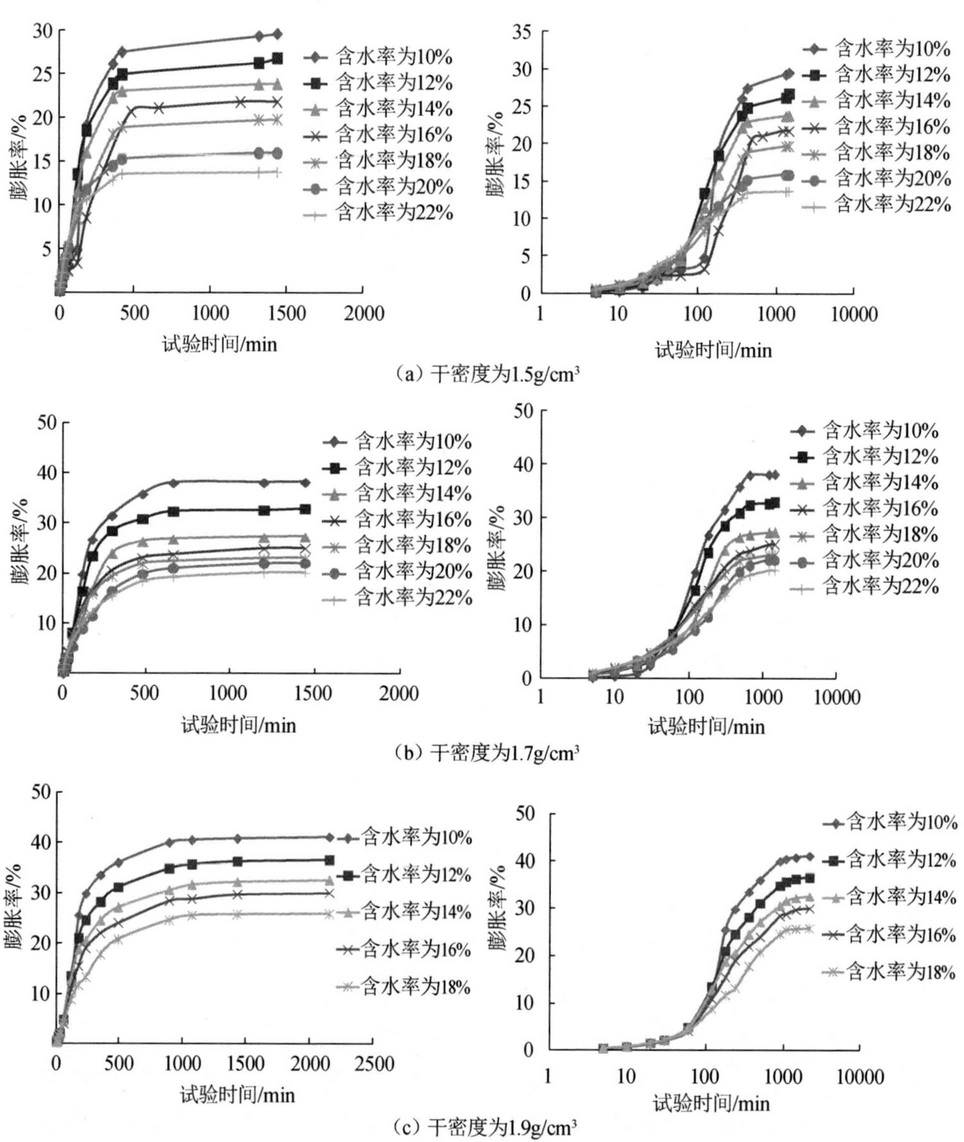


(a) 干密度为1.5g/cm$^3$

(b) 干密度为1.7g/cm$^3$

(c) 干密度为1.9g/cm$^3$

图右侧为图左侧的时间坐标轴对数表示形式。

图 3.2　膨胀率-时间关系曲线

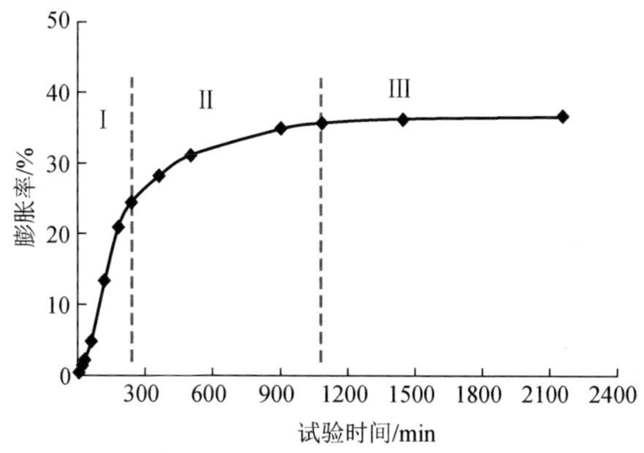


图 3.3　膨胀率-时间关系分阶段曲线（干密度为 1.9g/cm$^3$，含水率为 12%）

从图 3.3 中可以看出，将膨胀率随时间增长变化关系分为 3 个阶段，即在试验初期为膨胀率迅速增长阶段Ⅰ：试样吸水后，体积迅速膨胀增大，膨胀率线性增大，一般时间段为试验开始至 240～300min，这一阶段的膨胀率占总体变形率的 60%～70%；膨胀率缓慢增长阶段Ⅱ：到达一定时间后，膨胀率增长变缓，一般为试验进行 300min 后至 900～1000min；膨胀率稳定阶段Ⅲ：当试验进行 1000min 后，随着试验时间延长其体积不再增加，膨胀率保持不变。

在膨胀率迅速增长阶段Ⅰ，初始含水率越大的其膨胀率迅速增长的时间越短，这一过程一般需要 4～5h，尤其是在试验开始前 30min 内，在干密度一定时，初始含水率越大的试样，前期膨胀变形速率越大。以干密度 1.9g/cm$^3$ 为典型说明，在试验前 30min 内，初始含水率 18%的膨胀率大于初始含水率 10%的膨胀率，如图 3.4 所示。

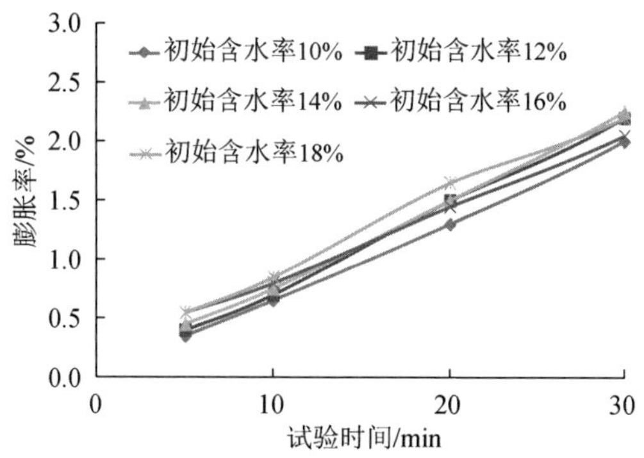


图 3.4　膨胀率-时间关系分阶段曲线（试验前 30min）

试验中到达膨胀率稳定阶段所需时间较长，一般要 12～18h，当干密度分别为 1.5g/cm$^3$、1.6g/cm$^3$、1.7g/cm$^3$、1.8g/cm$^3$、1.9g/cm$^3$、2.0g/cm$^3$ 的试样达到稳定后，膨胀率-初始含水率关系如图 3.5 所示。

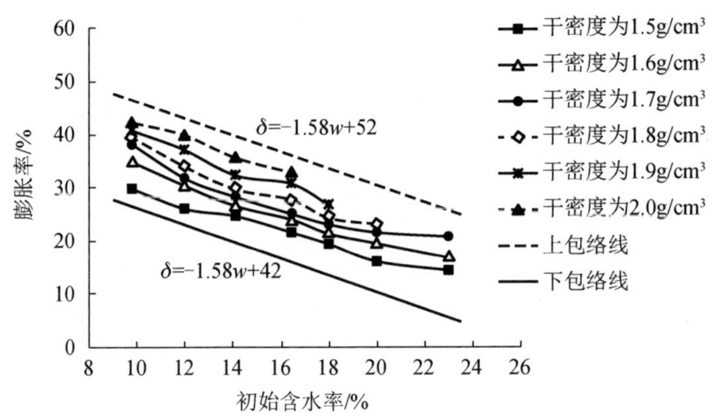


图 3.5　膨胀率-初始含水率关系（不同干密度时）

由图 3.5 可知，膨胀率数值在 20%～42%范围内，干密度较大的试样的膨胀率要大于干密度较小的试样，原因是膨胀岩土的干密度越大，一定体积内的膨胀土体颗粒越多，孔隙越小，具有的吸水膨胀的应变能力越大；在同一干密度条件下，初始含水率低时膨胀率数值较大，初始含水率高时膨胀率数值较小，大致呈负线性相关关系。将膨胀率数据以包络线形式概括，如图 3.5 所示，其膨胀率主要分布在全部数据均值拟合曲线 $\delta=-1.58w+47$（$\pm5$）附近，即以 $\delta=-1.58w+52$ 为上包络线，以 $\delta=-1.58w+42$ 为下包络线。

分析本章试验中 7 组不同初始含水率（分别为 10%、12%、14%、16%、18%、20%和 22%）的稳定后膨胀率数值，获得其膨胀率与干密度关系如图 3.6 所示。

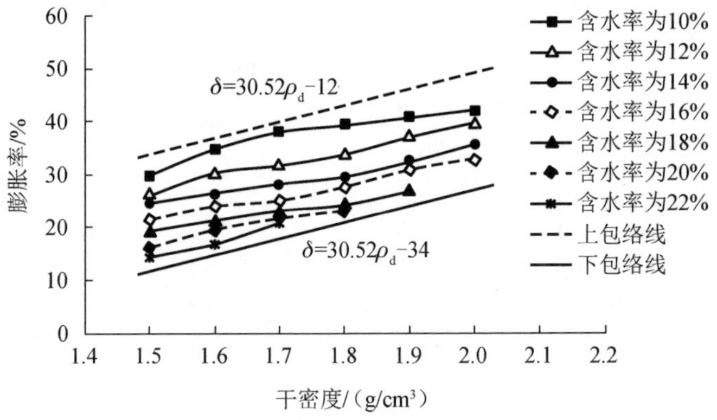


图 3.6　膨胀率-干密度关系（不同初始含水率时）

由图 3.6 可知，稳定后的膨胀率主要分布在 15%～42%范围内，在不同初始含水率时，初始含水率低的试样稳定后的膨胀率大于初始含水率高的试样。分析其原因是初始含水率越大，膨胀岩土的吸湿能力越小。在同一初始含水率条件下，稳定后膨胀率数值随干密度增大而大致呈线性增长。将稳定后膨胀率数据以包络线形式概括，其主要分布在全部数据均值拟合曲线$\delta = 30.52\rho_{\mathrm{d}} - 23$（±11）附近，即以$\delta = 30.52\rho_{\mathrm{d}} - 12$为上包络线，以$\delta = 30.52\rho_{\mathrm{d}} - 34$为下包络线。

本节原状样无荷载时的膨胀率数值为 7.1%，而重塑样的膨胀率数值分布范围为 20%～40%，重塑样膨胀率数值大于原状样的膨胀率数值。分析其原因是原状样结构性较强，存在一些杂质，且孔隙较多，而重塑样去除了杂质的影响，破坏了原状样的土间结构，减弱了土体颗粒之间的连结力，因而重塑样表现出较强的膨胀变形能力。

## 3.2　膨胀力机理试验

膨胀力是土体在不允许侧向变形条件下充分吸水而保持其不发生竖向膨胀所需施加的最大压力值[5]，一般通过平衡法测得，即施加平衡荷载以保持土样吸水体积不变。本节试验膨胀力采用平衡法，具体操作过程参考《土工试验规程》（SL 237—1999）。试验仪器为 WG 型固结仪，试验中指示表读数反映土样变形情况，当变形达到设计值时开始施加平衡荷载使读数保持设计数值不变，试验终止条件为荷载不再增加，2h 内读数变化量小于 0.01mm，其总荷载值作为膨胀力。加载方式为人工操作，为了使加载方便准确，以细砂和轻质塑料桶（部分小膨胀力试样采用塑料袋）代替砝码和吊盘。

关于膨胀力试验的研究成果比较多，其中李献民等[6]提出膨胀力与初始含水率、干密度关系表达式为$P = 10^{A+Bw}$或$P = 10^{A+B\rho_{\mathrm{d}}}$，其中$A$、$B$为拟合常数。谢云等[7]通过试验数据拟合得出，在干密度一定的情况下，膨胀力与初始含水率呈线性关系，其公式为$P = -Aw + B$，其中，$A$、$B$为拟合常数，随着干密度不同而变化；在初始含水率一定时，膨胀力与干密度关系为$P = P_0 + A\mathrm{e}^{\rho_{\mathrm{d}}/B}$，其中$P_0$、$A$、$B$为拟合参数，随含水率不同而变化。Chen[8]提出饱和状态下膨胀岩土的膨胀力与干密度的关系为$P = 10^{A\rho_{\mathrm{d}} - B}$，其中$A$、$B$为拟合参数，不同区域的试样参数取值不同。谭罗荣和孔令伟[9]得到击实样膨胀力与干密度的关系为$\ln P = A\rho_{\mathrm{d}}^{C} + B$，其中$A$、$B$、$C$为拟合参数。

1. 零变形膨胀力与初始含水率关系

通过对南宁膨胀土不同初始含水率、干密度试样分组进行膨胀力试验，得到各干密度的膨胀力与初始含水率关系，如图 3.7 所示。

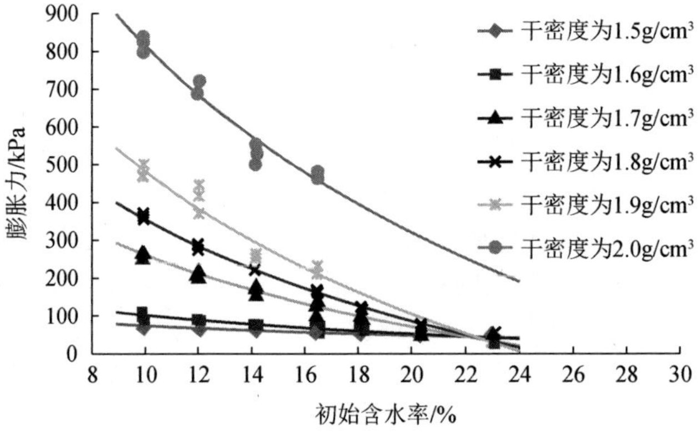

图 3.7 膨胀力-初始含水率关系曲线（变形量为零）

从图 3.7 中可以看出，不同干密度的膨胀力在初始含水率较低时变化明显，在初始含水率较高时数值变化不大。以晶格扩张理论分析其原因[10]，蒙脱石晶体在一定含水状态时，其水分子层的层间持水能力是一定的，在初始含水率较高时较接近饱和状态，其吸水能力较弱，因而吸水后受约束产生的膨胀力变化较小；而初始含水率较低时吸水能力较强，在吸水后受约束产生的膨胀力变化明显。

对试验数据进行分析，膨胀力与初始含水率的对数呈线性关系，其公式如下：

$$P = A\ln w + B \tag{3.2}$$

式中：$P$——膨胀力，kPa；

$w$——初始含水率，%；

$A$、$B$——拟合参数，随干密度不同而变化。

将拟合参数进行整理，其值如表 3.3 所示。

**表 3.3 零变形膨胀力与初始含水率拟合公式**

| 干密度$\rho_d$/（g/cm$^3$） | 拟合公式 | $R^2$ | 样本数 |
|---|---|---|---|
| 1.5 | $P=-36.9\ln w+158.9$ | 0.838 | 21 |
| 1.6 | $P=-71.2\ln w+265.7$ | 0.952 | 21 |
| 1.7 | $P=-274.6\ln w+894$ | 0.978 | 21 |
| 1.8 | $P=-387.2\ln w+1246.6$ | 0.990 | 18 |
| 1.9 | $P=-544.1\ln w+1735.5$ | 0.928 | 12 |
| 2.0 | $P=-714.1\ln w+2459.7$ | 0.956 | 12 |

在干密度一定的条件下，膨胀力随初始含水率增大而减小，采用对数方式拟合，其相关性较好。从表 3.3 中可以看出，拟合系数 $A$ 随着干密度增大而呈负线性增大，$B$ 随着干密度增大而呈线性增大，其中 $A$、$B$ 在干密度从 1.5g/cm$^3$ 增大至

1.6g/cm³ 时，变化幅度相对较小。在干密度为 1.5g/cm³ 时，$R^2$=0.838，相关性略低；在干密度为 1.6～2.0g/cm³ 时，$R^2$>0.92，相关性显著。

2. 零变形膨胀力与干密度关系

零变形时膨胀力试验结果表明，各组初始含水率的膨胀力与土体干密度关系如图 3.8 所示。初始含水率为某一定值时，膨胀力-干密度关系式如下：

$$P = C\rho_{\mathrm{d}}^{D} \tag{3.3}$$

式中：$\rho_{\mathrm{d}}$——土体干密度，g/cm³；

$C$、$D$——拟合参数，随着土体初始含水率不同而变化。

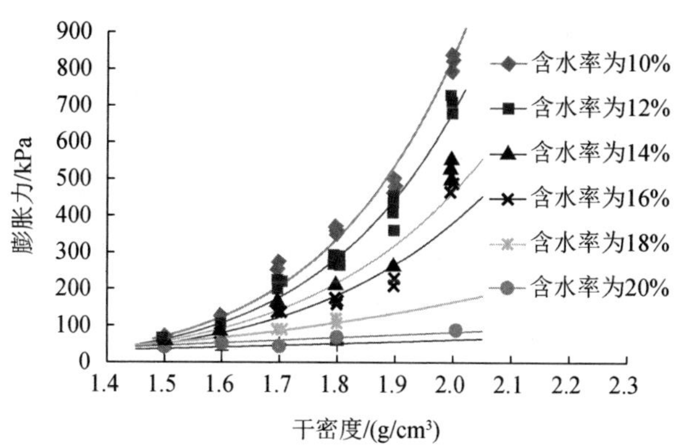


图 3.8　膨胀力-干密度关系曲线（变形量为零）

从图 3.8 可以看出，不同初始含水率对应的膨胀力变化趋势一致，膨胀力均表现出在干密度较大时变化明显，在干密度较小时则变化较小。以晶格扩张理论解析其原因[10]，土体干密度较小时，单位体积土样中所含有的膨胀土颗粒晶体数目较少，存在的孔隙较多，其晶格吸水膨胀受约束时产生的膨胀能力较弱，表现为膨胀力数值变化较小。

式（3.3）各拟合参数如表 3.4 所示。

**表 3.4　膨胀力与干密度拟合公式**（变形量为零）

| 初始含水率 $w$/ % | 拟合公式 | $R^2$ | 样本数 |
| --- | --- | --- | --- |
| 10 | $P=2.19\rho_{\mathrm{d}}^{8.58}$ | 0.973 | 18 |
| 12 | $P=2.14\rho_{\mathrm{d}}^{8.33}$ | 0.978 | 18 |
| 14 | $P=3.05\rho_{\mathrm{d}}^{7.25}$ | 0.951 | 18 |
| 16 | $P=2.99\rho_{\mathrm{d}}^{6.99}$ | 0.937 | 18 |
| 18 | $P=10.51\rho_{\mathrm{d}}^{3.96}$ | 0.938 | 15 |

续表

| 初始含水率 $w$/ % | 拟合公式 | $R^2$ | 样本数 |
|---|---|---|---|
| 20 | $P=19.52\rho_d^{2.12}$ | 0.869 | 9 |
| 22 | $P=17.65\rho_d^{1.80}$ | 0.596 | 9 |

从表 3.4 可以看出，在初始含水率一定时，膨胀力随干密度增大而呈指数增大。在初始含水率低时相关性较好，随着初始含水率增大其相关性变差。在初始含水率为 10%～18%时，$R^2$ 均大于 0.93，其相关性显著；在土体初始含水率为 20%时，$R^2$=0.869；在土体初始含水率 22%时，$R^2$=0.596。

3. 零变形膨胀力与初始含水率、干密度关系

膨胀力的主要影响因素为初始含水率和干密度。现有研究成果中，对于同时考虑这两个因素与膨胀力关系的研究，国内学者提出过一些见解。其中，谢云等[7]提出膨胀力与土样的初始含水率 $w$、干密度 $\rho_d$ 的关系式为

$$P_{oz}/P_{atm}=1.47-5.39w+(6.045-20.48w)\times10^{-4}e^{18.87\rho_d/\rho_w} \tag{3.4}$$

式中：$P_{oz}$——竖直方向膨胀力，kPa；

$P_{atm}$——大气压，kPa；

$\rho_w$——水的密度，kg/m$^3$。

但是其试验数据样本较少，且各拟合参数与膨胀岩土的成因类型有关，具有一定的区域局限性。

本课题组针对南宁典型膨胀性泥岩近百个试验数据进行分析，建立膨胀力与土体干密度和初始含水率双因素之间的关系。采用 Matlab 对试验数值进行双参数拟合，得到其关系曲面如图 3.9 所示，获得关系如下：

$$P=-265.012\rho_d+21.453w+34.583e^{2.3\rho_d-0.1w}-142.294\quad (R^2=0.9794) \tag{3.5}$$

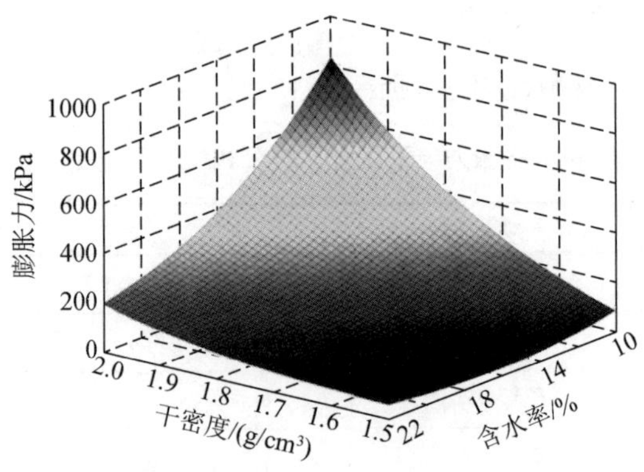


图 3.9 零变形时膨胀力 $P(w, \rho_d)$ 拟合曲面

从图 3.9 可以看出，膨胀力与土体干密度、初始含水率的关系，在含水率较高和干密度较小时，其膨胀力较小；而在含水率较低和干密度较大时，其膨胀力较大。若已知土体干密度和初始含水率，根据式（3.5）可以估算出膨胀力的大小。重塑样与原状土相比较，重塑土体结构受到破坏，起约束作用的连结力减弱，且部分土体颗粒重新排列，其颗粒间平行定向程度增加，因此测得重塑土样的膨胀力要大于原状土样。

## 3.3　微变形膨胀力与变形关系的研究

微变形膨胀力在本书中定义为保持径向不变，仅沿高度方向上发生微小的膨胀变形时所对应的力的数值。微变形是相对土样的无荷载膨胀率而言的，本节试验所采用土样膨胀率为 20%～40%，经多次试验，选取各组土样高度方向的变形量分别为 0.2mm、0.5mm 和 1mm，即线性变形率（以变形量除以试样高度 20mm）分别为 1%、2.5%和 5%进行试验。

本次进行了 3 组微变形条件下的膨胀力试验。试验表明，微变形条件下的膨胀力与土体干密度、初始含水率关系 $P = P(w, \rho_{\rm d})$，与零变形时膨胀力变化规律一致。综合考虑土体干密度、初始含水率双因素对膨胀力数值的影响，参考零变形时关系式，得到微变形时关系式如下：

$$P = A\rho_{\rm d} + Bw + C\,{\rm e}^{2.3\rho_{\rm d} - 0.1w} + D \tag{3.6}$$

式中：$A$、$B$、$C$、$D$——拟合参数。

微变形时膨胀力与土体干密度、初始含水率的关系式参数如表 3.5 所示，其拟合曲面如图 3.10 所示。

**表 3.5　微变形时膨胀力与干密度、初始含水率的关系式拟合参数**

| 变形率 $\varepsilon_{\rm r}$ /% | 计算公式 | $R^2$ |
|---|---|---|
| 0 | $P = -265.01\rho_{\rm d} + 21.45w + 34.58{\rm e}^{2.3\rho_{\rm d} - 0.1w} - 142.29$ | 0.979 |
| 1 | $P = -103.72\rho_{\rm d} + 19.19w + 28.68{\rm e}^{2.3\rho_{\rm d} - 0.1w} - 338.08$ | 0.979 |
| 2.5 | $P = 78.85\rho_{\rm d} + 5.86w + 11.58{\rm e}^{2.3\rho_{\rm d} - 0.1w} - 279.23$ | 0.991 |
| 5 | $P = -50.14\rho_{\rm d} + 6.85w + 10.26{\rm e}^{2.3\rho_{\rm d} - 0.1w} - 97.30$ | 0.985 |

从图 3.10 可以看出，在相同初始含水率、干密度时试样的膨胀力随着微变形数值的增大而变小，微变形膨胀力在初始含水率较低、干密度较大时，数值降低明显；而在初始含水率较高、土体干密度较小时降低幅度较小。为了更清楚地描

述这一变化，选取几组典型的膨胀力数值进行分析（表3.6）。

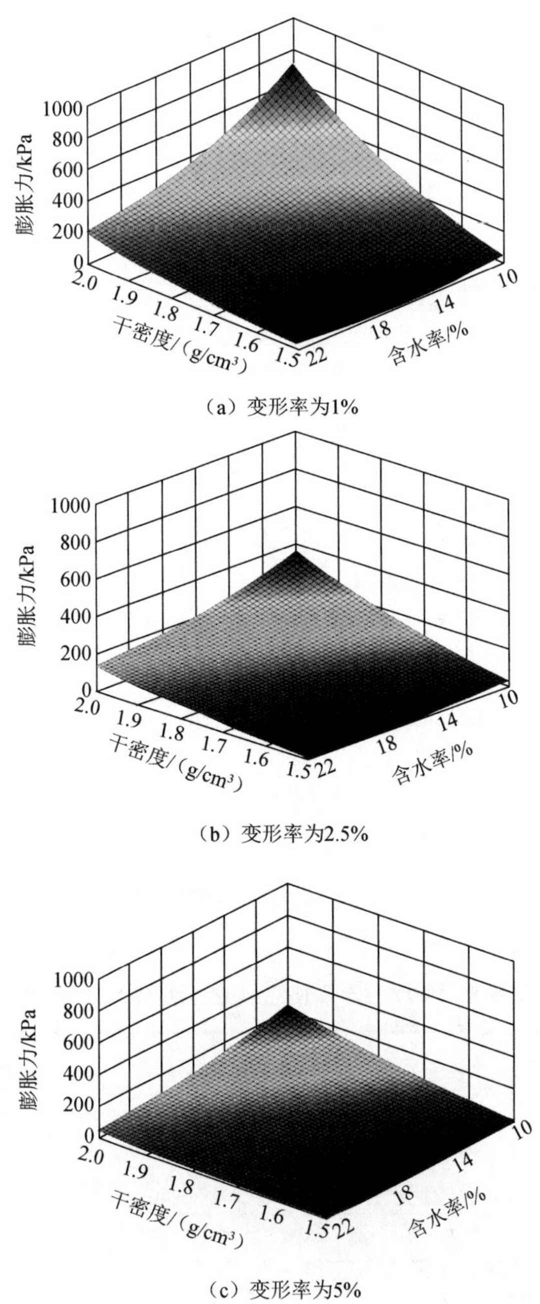


（a）变形率为1%

（b）变形率为2.5%

（c）变形率为5%

图3.10　膨胀力$P$（$w$, $\rho_d$）拟合关系曲面（微变形）

**表 3.6　几组典型的微变形膨胀力**　　（单位：kPa）

| 试样参数 | | 变形率 | | | |
|---|---|---|---|---|---|
| $\rho_d$ / (g/cm$^3$) | $w$/% | 0 | 1% | 2.5% | 5% |
| 1.5 | 10 | 70.3 | 53.3 | 30.8 | 22.0 |
| 1.5 | 22 | 37.7 | 16.4 | 12.8 | 6.7 |
| 1.6 | 20 | 54.1 | 27.4 | 19.7 | 19.2 |
| 1.9 | 12 | 411.0 | 360.9 | 235.5 | 130.8 |
| 2.0 | 10 | 819.3 | 686.0 | 348.4 | 255.0 |
| 2.0 | 16 | 478.3 | 437.0 | 208.3 | 130.7 |

从表 3.6 中可看出，在含水率较低、土体干密度较大时，膨胀力随着微变形数值增大而衰减明显，其衰减幅度较大，如 $\rho_d$=1.9g/cm$^3$，$w$=12%，变形率为 0～5%时，膨胀力数值由 411.0kPa 降低至 130.8kPa，降低幅度为 280.2kPa；而初始含水率高和土体干密度较小时，膨胀力值随着微变形增大而略有降低，变化幅度不大，如 $\rho_d$=1.6g/cm$^3$，$w$ =20%，变形率为 0～5%时，其膨胀力由 54.1kPa 降低至 19.2kPa，降低幅度为 34.9kPa。

## 3.4　微变形膨胀力与变形率的关系

通过各组微变形条件下的膨胀力试验，可绘出各组含水率的膨胀力-变形率关系，因其规律一致，故选取初始含水率 12%为典型进行分析，如图 3.11 所示。

从图 3.11 可以看出，微变形膨胀力在干密度较大时，随变形率增大衰减幅度较大；干密度较小时，衰减幅度较小。在干密度一定的条件下，微变形膨胀力随着变形率增大而呈指数衰减，其关系式为

$$P = A\mathrm{e}^{B\varepsilon} \tag{3.7}$$

式中：$A$、$B$——拟合参数。

$A$、$B$ 随初始含水率和土体干密度的不同而不同，其中 $A$ 值变化范围较大，初始含水率为 12%时，其变化范围为 59～700，且随干密度增大而增大；$B$ 值变化范围为-0.311～-0.232，数值变化较小，规律不明显。

为了便于分析膨胀力衰减规律，以微变形膨胀力与对应的零变形时膨胀力比值（即 $P/P_0$，简称变形膨胀力比值）为研究对象，建立变形膨胀力比值与变形率之间的关系。在初始含水率一定的条件下，各组初始含水率的变形膨胀力比值-变形率关系变化规律基本一致，选择初始含水率为 12%进行分析（图 3.12）。

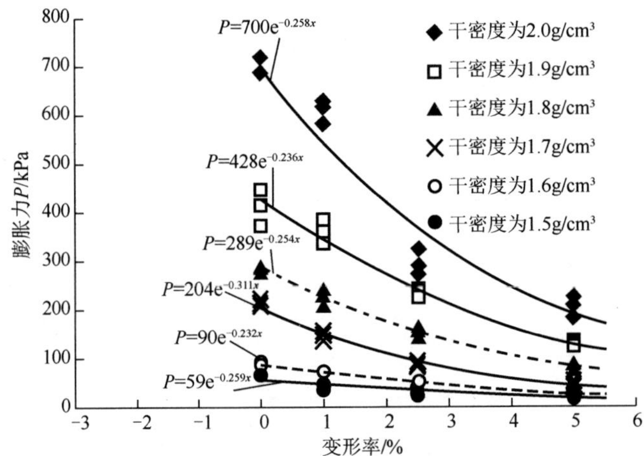


图 3.11　膨胀力-变形率关系曲线（初始含水率为 12%）

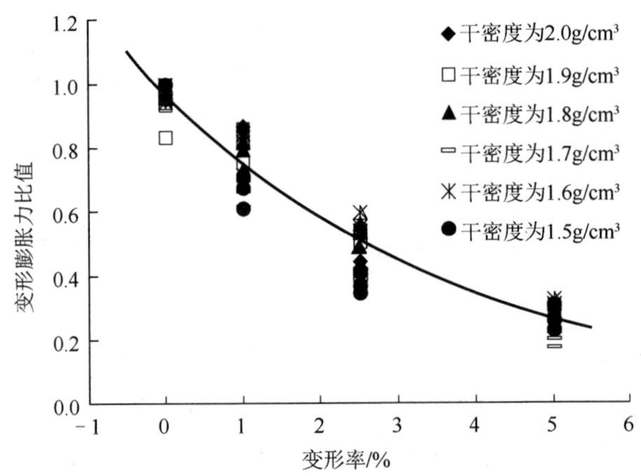


图 3.12　变形膨胀力比值-变形率关系曲线（初始含水率为 12%）

从图 3.12 中可以看出，膨胀力比值随着微变形增大而变小。在变形率为 0 时，变形膨胀力比值的均值为 0.97；变形率为 1%时，变形膨胀力比值的均值为 0.76（分布范围 0.66～0.84，随干密度增大而增大）；变形率为 2.5%时，变形膨胀力比值的均值为 0.46（分布范围 0.38～0.5）；变形率为 5%时，变形膨胀力比值的均值为 0.27（分布范围 0.2～0.3）。通过对试验数据进行分析，在初始含水率一定时，变形膨胀力比值-变形率呈指数关系，其关系式如下：

$$P / P_0 = C\mathrm{e}^{D\varepsilon} \tag{3.8}$$

式中：$P_0$——对应零变形时的膨胀力，kPa；

$C$、$D$——拟合参数，随土体干密度和初始含水率而变化，但其数值变化范围很小，如表 3.7 所示。

表 3.7　变形膨胀力比值-变形率拟合公式

| 初始含水率 $w$/% | 拟合公式 | $R^2$ |
| --- | --- | --- |
| 10 | $P/P_0=0.934e^{-0.219\varepsilon}$ | 0.968 |
| 12 | $P/P_0=0.959e^{-0.256\varepsilon}$ | 0.924 |
| 14 | $P/P_0=0.948e^{-0.234\varepsilon}$ | 0.957 |
| 16 | $P/P_0=0.963e^{-0.243\varepsilon}$ | 0.976 |
| 18 | $P/P_0=0.958e^{-0.225\varepsilon}$ | 0.961 |
| 20 | $P/P_0=0.974e^{-0.234\varepsilon}$ | 0.989 |
| 22 | $P/P_0=0.974e^{-0.234\varepsilon}$ | 0.921 |

为简化分析，对全部初始含水率的变形膨胀力比值-变形率数据进行分析，得到其关系式为

$$\begin{cases} P/P_0=0.956e^{-0.236\varepsilon} & (R^2=0.998) \\ P/P_0=1.0 & (\varepsilon=0) \end{cases} \tag{3.9}$$

由式（3.9）可知，一般情况下试样发生 0.2mm 变形后，即对应线性变形率 1%时，微变形膨胀力衰减为对应零变形膨胀力的 75%，即 $P/P_0$=0.75；当变形量为 0.5mm，即对应线性变形率 2.5%时，微变形膨胀力衰减为对应零变形膨胀力的 55%，$P/P_0$=0.55；当变形量为 1mm，即对应线性变形率 5%时，微变形膨胀力仅为对应零变形膨胀力的 35%，即 $P/P_0$=0.35。

## 3.5　本章小结

本章主要对膨胀土围岩与隧道结构间的接触压力和产生的位移机理进行试验研究。首先针对南宁新近系和古近系泥岩的膨胀变形机理进行试验，研究膨胀变形时程特性，变形率与膨胀力的影响因素及其关系。然后通过对南宁盆地新近系和古近系泥岩重塑土样进行微变形条件下的膨胀力试验研究，探索膨胀力随着微变形变化的规律。

获得主要结论如下：

1）膨胀变形随时间增长变化关系分为 3 个阶段（膨胀率迅速增长阶段、缓慢增长阶段、稳定阶段）：在试验初期试样吸水后，体积迅速膨胀增大，膨胀率线性增大；到达一定时间后，膨胀率增长变缓；当试验进行到某一时间后，随着试验时间增长其体积不再增加，膨胀率保持不变。

2）南宁新近系和古近系泥岩的重塑样最终稳定膨胀率分布在 15%～42%范围内。在不同干密度条件下，干密度较大的试样的膨胀率要大于干密度较小的试样；在同一干密度条件下，初始含水率低时膨胀率较大，初始含水率高时则较小，大致呈负线性相关关系。在不同初始含水率条件下，初始含水率低的试样的膨胀率大于初始含水率高的试样；而在同一初始含水率条件下，膨胀率随干密度增大而大致呈线性增长。

3）在干密度一定条件下，膨胀力与土体初始含水率的对数呈线性关系；在初始含水率一定条件下，膨胀力与干密度呈指数关系；通过综合考虑初始含水率和土体干密度双因素对膨胀力的影响，研究得到膨胀力与初始含水率、土体干密度的关系。

4）微变形的膨胀力试验研究表明，微小的变形会导致膨胀力衰减，微变形膨胀力在初始含水率较低、土体干密度较大时，其衰减幅度较大；而在初始含水率较高、土体干密度较小时，其衰减幅度较小。在干密度一定时，微变形膨胀力随着变形率增大而呈指数衰减。微变形膨胀力与其对应的零变形膨胀力比值随着变形率增大而呈指数减小。

## 参 考 文 献

[1] 徐晗，黄斌，何晓民. 膨胀岩工程特性试验研究[J]. 水利学报，2007（S1）：716-722.

[2] 胡瑾，王保田，张文慧，等. 无荷和有荷条件下膨胀土变形规律研究[J]. 岩土工程学报，2011（S1）：335-338.

[3] 饶锡保，黄斌，吴云刚，等. 膨胀土击实样膨胀特性试验研究[J]. 人民长江，2011，42（2）：166-169.

[4] 刘特洪. 工程建设中的膨胀土问题[M]. 北京：中国建筑工业出版社，1997.

[5] 中华人民共和国住房和城乡建设部，中华人民共和国国家质量监督检验检疫总局. 岩土工程基本术语标准：GB/T 50279—2014 [S]. 北京：中国计划出版社，2015.

[6] 李献民，王永和，杨果林，等. 击实膨胀土工程变形特征的试验研究[J]. 岩土力学，2003，24（5）：826-830.

[7] 谢云，陈正汉，孙树国，等. 重塑膨胀土的三向膨胀力试验研究[J]. 岩土力学，2007，28（8）：1636-1642.

[8] CHEN F H. Foundations on expansive soils[M]. Amsterdam: Elsevier, 1988.

[9] 谭罗荣，孔令伟. 膨胀土膨胀特性的变化规律研究[J]. 岩土力学，2004，25（10）：1555-1559.

[10] Al-HOMOND A S, BASMA A A, MALKAWI A H, et al. Cyclic swelling behavior of clays[J]. Journal of geotechnical engineering, 1995, 121(7): 562-565.

# 第 4 章　地铁盾构管片与膨胀土相互作用的数值研究

数值模拟技术具有计算成本低，能够适应复杂边界，可求解非均值、非线性材料，计算结果全面，重现性强等优点，在当前岩土工程中应用非常广泛，其中有限单元法作为最常用的数值计算方法在盾构隧道模拟中已有许多研究成果，主要研究方向为管片接头受力性能、盾构施工影响预测、对环境的影响等。

目前针对地下岩土介质的计算方法主要有荷载-结构法和地层-结构法。其中荷载-结构法在我国 20 世纪 50～70 年代占主导地位，是一种传统且成熟的理论，它将围岩视为荷载，建筑结构作为支撑体承受围岩荷载，以土压力理论、承载拱理论为典型代表。地层-结构法 20 世纪 70 年代传入我国，其代表为新奥法理论，分析中将围岩作为工程结构的一部分，可共同承担部分荷载。地下工程的条件复杂，目前工程界认为这两种理论各有其优缺点。

荷载-结构法一般将地层对结构的作用简化为隧道开挖后由松动的岩土体自重产生地层压力，在与其他荷载组合作用下对地下结构进行分析，其中地层与结构之间的相互作用通过假定地层抗力或受压弹簧来模拟，是目前较为常用的设计方法。

一般进行荷载-结构法计算需要做如下基本假定。

1）通过离散化，衬砌用等厚度直梁单元模拟，并按小变形弹性梁进行计算。

2）围岩与结构的相互作用由不承受拉力的弹簧模拟，弹簧的弹性系数根据 Winkler 理论（假定为基础的局部变形）确定，依据地层的弹性抗力系数（单位为 $kN/m^3$），经计算得出模拟结构与地层相互作用的弹簧的弹性系数。

3）在拱底作用相同的竖向反力，以平衡地面荷载、水压、土压及结构的自重力。

4）隧道为长细结构，可采用平面应变模式进行分析。

荷载-结构法应用颇为广泛，国际隧道协会（International Tunnelling Association，ITA）对各国盾构法隧道管片设计模型进行统计，结果如表 4.1 所示。

**表 4.1　各国盾构隧道管片设计模型统计**

| 国家 | 管片结构设计模型 | 设计土水压<br>（$\sigma_v$ 和 $\sigma_h$ 分别为垂直和水平土水压力） |
|---|---|---|
| 澳大利亚 | 全周弹簧模型 | $\sigma_v$ = 全上覆土重；<br>$\sigma_h = \lambda\sigma_v$ + 浸水压力 |

续表

| 国家 | 管片结构设计模型 | 设计土水压（$\sigma_v$ 和 $\sigma_h$ 分别为垂直和水平土水压力） |
|---|---|---|
| 奥地利 | 全周弹簧模型 | 浅埋隧道 $\sigma_v$ = 全上覆土重， $\sigma_h = \lambda\sigma_v$；深埋隧道按太沙基土压力公式计算 |
| 德国 | 局部弹簧模型（覆土深度<2$D$）；全周弹簧模型（覆土深度>2$D$） | $\sigma_v$ = 全上覆土重；$\sigma_h = \lambda\sigma_v$ ($\lambda$=0.5) |
| 法国 | 全周弹簧模型或有限元法 | $\sigma_v$ = 全上覆土重或太沙基土压力；$\sigma_h = \lambda\sigma_v$ ($\lambda$取经验值) |
| 日本 | 惯用设计法，梁-弹簧模型 | $\sigma_v$ = 全上覆土重；$\sigma_h = \lambda\sigma_v$ |
| 西班牙 | 考虑地层与结构相互作用的 Buqera 法 | 不计黏聚力的太沙基土压力 |
| 英国 | 全周弹簧模型或 Muir Wood 法 | $\sigma_v$ = 全上覆土重 (+水压)；$\sigma_h = (1+\lambda)\sigma_v/2$ (+水压) |
| 美国 | 弹性地基圆环法 | $\sigma_v$ = 全上覆土重；$\sigma_h = \lambda\sigma_v$(+水压) ($\lambda$=0.4～0.5) |
| 中国 | 均质圆环法或弹性铰模型 | $\sigma_v$ = 全上覆土重；$\sigma_h = \lambda\sigma_v$ ($\lambda$取经验值) |

注：$\lambda$ 为土压力系数。

本章对膨胀土与隧道盾构管片相互作用采用荷载-结构法进行数值计算，将常用的荷载-结构模型予以介绍。地铁盾构管片多为装配式衬砌，接头的性能对衬砌环的变形和受力均有一定的影响。根据对盾构管片接头力学上处理方法的不同，管片结构的计算模型分为以下几种。

（1）匀质圆环模型（也称日本修正惯用法）

匀质圆环模型一般忽略管片接头的影响，即将管片拼接的盾构环视为抗弯刚度均匀的圆环，以日本的修正惯用法为代表。该方法不考虑管片接头的柔性特征，而将接头作为混凝土截面来进行内力计算，即将盾构拼装衬砌视作均匀刚度来设计。通过引入有效参数 $\eta$（由于管片接头降低了衬砌环刚度，实现刚度折减）和刚度增量 $\zeta$（相邻衬砌环通过环间接缝产生的影响所实现的刚度增加）改善该计算模型的实用性。

（2）多铰圆环计算模型

多铰圆环计算环模型将接头视作铰连接，该模型较适用于无螺栓连接的仅由砌块组成的衬砌环。该结构能应用在良好条件的地基中，依赖与周围土层的反力才能保证结构稳定，曾在俄罗斯、英国等国家的地基条件好的工程中采用。

（3）梁-弹簧模型

梁-弹簧模型是介于匀质圆环模型和多铰圆环模型之间的一种模型，它用弹簧模拟管片接头，用梁模拟管片。目前弹簧的弹性系数 $k$ 主要根据管片接头的受力试验确定，且一般将弹性系数视为常数。但实际中，管片接头的力学性能较为复杂，弹簧的各种系数是变化的。例如，管片接头的抗弯刚度系数，除了和结构构造、螺栓的预紧力有关外，还和接头部位的弯矩、轴力等多项因素有关。目前，管片接头抗压、抗剪、抗弯刚度取值尚无现成的规范公式或图表可查，一般根据管片接头的受力试验确定，对于如何确定合理的接头刚度仍然是一个难题。

由于梁-弹簧模型介于匀质圆环模型、多铰圆环模型之间，且建立模型的关键参数不易获得，本章数值计算采用匀质圆环模型。

本章首先根据南宁地铁 1 号线膨胀土区的岩层组合特点，选取代表性膨胀土组合模型，采用有限元软件 ANSYS 进行数值模拟，对膨胀岩土围岩盾构隧道结构的内力、变形特征及过程进行研究。研究思路如下：

1）根据第 2 章提出的岩层组合模型，确定膨胀力出现工况的岩层组合，同时绘制计算简图，并依据规范要求，计算结构受到的荷载分布。

2）根据膨胀力产生的情况和特点，确定膨胀力作用位置：对于盾构区间，开挖时洞室顶部受到扰动并有塌落趋势，膨胀土的膨胀潜势受到很大的削减，并且膨胀力的大小不超过其上覆土重力，而该上覆土重力已作为结构荷载直接作用于管片上，因此，本章对拱顶膨胀力的作用忽略不计，只考虑底部膨胀力对管片的影响。

3）根据南宁地铁 1 号线的详细勘察报告和南宁已建涉及膨胀土的工程资料统计结果确定膨胀力的大小，同时根据室内试验已获得膨胀力与变形的关系，考虑膨胀力衰减影响，建立计算模型。

4）分别计算各种工况作用下的管片内力和变形情况，描述变化规律，分析围岩膨胀力施加方式和大小对盾构管片内力和变形的影响机制。

## 4.1　数值计算的概况

### 4.1.1　计算断面及参数

根据南宁地铁 1 号线的各项设计参数，采用荷载-结构法建立计算模型。区间隧道为圆形结构，外径为 6m，内径为 5.4m，衬砌结构厚度为 0.3m。根据资料提出的（详见第 2 章）3 种地层组合情况，结合已有文献研究，较不利组合工况时盾构管片下部为膨胀土地层（即第Ⅲ种地层组合方式），因此本章数值计算以该岩层组合模型为计算工况，简化计算断面如图 4.1 所示，各岩土层的计算参数参考地铁 1 号线膨胀土区域详细勘察报告建议值，取值如表 4.2 所示。

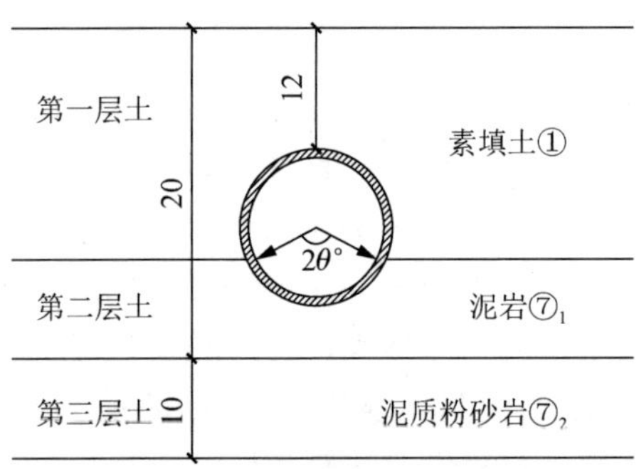


图 4.1　计算断面（单位：m）

**表 4.2　各岩土层的计算参数**

| 材料 | 密度/（kg/m³） | 土体弹性模量/MPa | 泊松比 | 黏聚力/kPa | 内摩擦角/（°） |
|---|---|---|---|---|---|
| 素填土① | 1775 | 20 | 0.3 | 18 | 15 |
| 泥岩⑦$_1$ | 2100 | 40 | 0.22 | 40 | 20 |
| 泥质粉砂岩⑦$_2$ | 2100 | 50 | 0.20 | 45 | 20 |
| 衬砌 | 2500 | 30000 | 0.16 | — | — |

荷载-结构法的计算简图如图 4.2 所示。

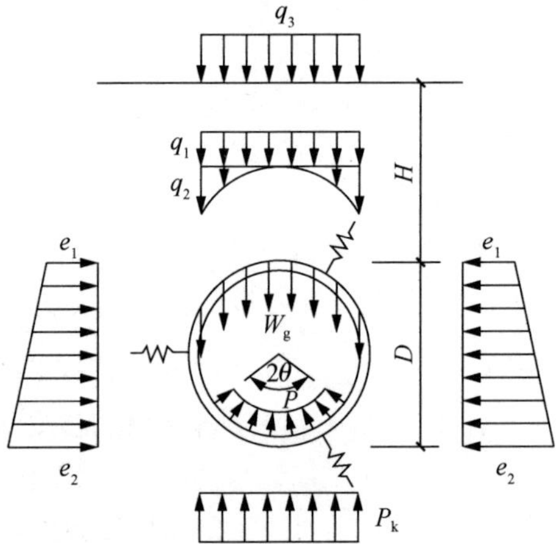


$P$—设计施加的膨胀力；$q_1$—圆环顶部以上竖向土压力，$q_1=\sum_{i=1}^{n}\gamma_i h_i$；$q_2$—拱背土平均土压力，$q_2=2\left(\gamma_i R-\gamma\frac{\pi R^2}{4}\right)=0.43\gamma R^2$，其中 $\gamma_i$ 为第 $i$ 层土的容重，$R$ 为圆环计算半径；$q_3$—地面超载；$q_3=20\text{kPa}$；$e_1$、$e_2$—顶部、底部侧向土压力，$e_i=q\tan^2\left(45^\circ-\frac{\varphi_i}{2}\right)-2c_i\tan\left(45^\circ-\frac{\varphi_i}{2}\right)$，$\varphi_i$ 为土地内摩擦角，$c_i$ 为土体黏聚力，根据地层情况可知膨胀土地区土层均黏性较大，因此侧压力按水土合算考虑；$P_k$—底部均布竖向反力，即 $P_k=q_1+q_2+q_3+\pi g+0.2146\gamma R$，其中 $g$ 为衬砌自重线荷载，$g=\gamma_c\delta$，$\gamma_c$ 为衬砌混凝土容重，$\delta$ 为衬砌壁厚。

图 4.2　荷载-结构法计算简图

根据盾构隧道特点和上述模型尺寸，拟定第一层土与第二层土深度之和为 20m，第三层土厚度为 10m。

针对膨胀力数值大小的选择，通过文献和资料整理可知，在南宁已建工程项目涉及膨胀土的勘察资料中，其膨胀力分布范围为［22.02kPa, 246kPa］，95%置信区间范围为［89.62kPa, 112.55kPa］，平均值为 101.08kPa；而在详细勘察报告中对共计 120 个样本数据进行统计，其膨胀力分布范围为［12.5～162.9kPa］，95%置信区间范围为［53.4kPa, 63.7kPa］，平均值为 58.5kPa。结合以上统计成果，本章数值计算时膨胀力分别取 0、50kPa、100kPa 和 150kPa 共计 4 种情况进行分析。

### 4.1.2　膨胀力施加范围讨论

围岩压力理论研究是进行隧道和地下工程设计计算的理论基础之一，是确定荷载的理论依据。在国内隧道设计规范中，荷载-结构法作为衬砌的主要计算模式，需要解决两大问题：①合理确定地层弹性抗力系数；②确定荷载的大小和分布规律。

1. *盾构管片上部膨胀力考虑情况*

土体散体压力理论作为确定围岩荷载的重要理论，主要代表理论有太沙基松弛理论和普氏压力拱理论。在盾构管片设计中，根据土体地质条件、覆土厚度、盾构外径等来判断是否具有土拱效应，当盾构管片上覆厚度为 $D$～$2D$（$D$ 为盾构管片外径）时，采用太沙基松弛理论计算。太沙基松弛理论认为管片上部松弛拱为矩形，而普式压力拱理论则认为是抛物线形式。普氏压力拱理论是由俄国著名学者普洛托季雅可诺夫（M. M. Лpotдъя kohob）于 1903 年提出的，适用于较深、土质好的地层条件。该理论假定土层为松散体，并认为在深埋情况下，洞室上方形成一个抛物线型压力拱，可以将洞室上方土体自重的大部分卸载到周围的地层中去。在有些情况下，即使不做衬砌，地下洞室也不会坍塌。压力拱能够承受土体自重，而压力拱以下为一个塌落拱，塌落拱的土体重力即为作用于地下结构顶盖上的竖直向底层压力。洞室开挖后围岩一部分岩土体失去平衡向下塌落，直到达到新的平衡状态而稳定。塌落边界轮廓呈拱形，若有支撑或衬砌，作用在支撑或衬砌上的压力，即是拱圈以内塌落的岩土体重力，而拱圈以外的岩土体已维持自身平衡，这个拱称为天然平衡拱，如图 4.3 所示。

从以上分析可以看出，膨胀性围岩条件下即使盾构管片顶部存在膨胀变形，也会在松散土体中消耗掉，难以对管片产生较大附加压力。如果顶部存在膨胀力也只能将平衡拱顶起，不会因为膨胀力的存在而增大对管片的压力。因此实际中不存在膨胀力对隧道衬砌上半部分的影响，在计算中不需考虑。

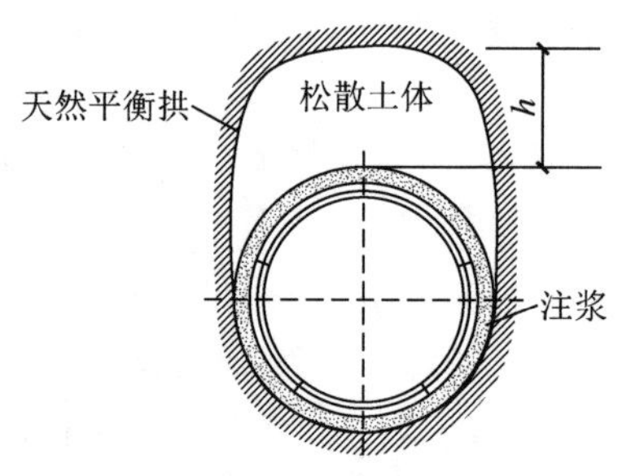


图 4.3　普氏压力拱理论示意图

2. 盾构管片两侧膨胀力考虑情况

盾构管片两侧为膨胀性围岩地层时，将膨胀力对盾构管片产生的弯矩绘出，如图 4.4 所示，0°～180°（图右侧）为正常工况下盾构管片的弯矩示意图，180°～360°（图左侧）为仅有膨胀力时对盾构管片的弯矩示意图。

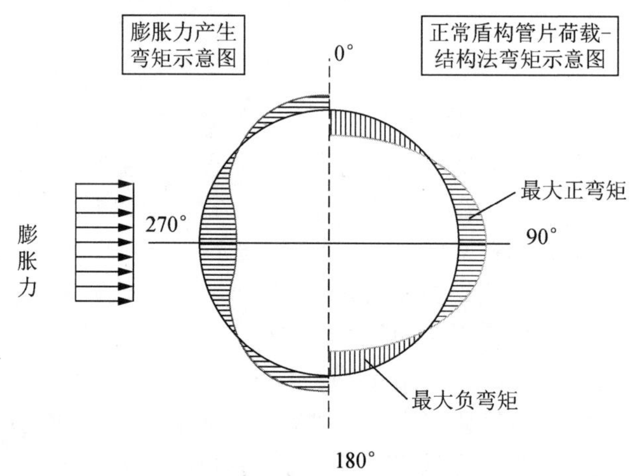


图 4.4　各种荷载对盾构管片的弯矩

从图 4.4 中可以看出，管片两侧膨胀力对管片产生的弯矩与原有盾构管片弯矩方向相反，即膨胀力对盾构管片结构弯矩和变形起反向作用，管片两侧为膨胀力时对结构受力较为有利，不作为膨胀力施加的工况考虑。

3. 盾构管片下部膨胀力考虑情况

文献资料研究表明，盾构管片下部受到膨胀力作用时，其弯矩和变形量对于结构较为不利，因此本章数值计算重点对这一工况予以分析。

根据盾构管片和隧道特点，拟定第一层土（素填土）与第二层（泥岩）深度之和为 20m，第三层土（泥质粉砂岩）深度为 10m。分别按膨胀力对称和非对称在管片全底部、带状分布情况施加荷载，如图 4.5 所示。改变第二层土的厚度，调整膨胀力的角度（$\theta$ 拟为 15°、30°、45°、60°、75°、90°），使施加的膨胀力的大小发生变化。

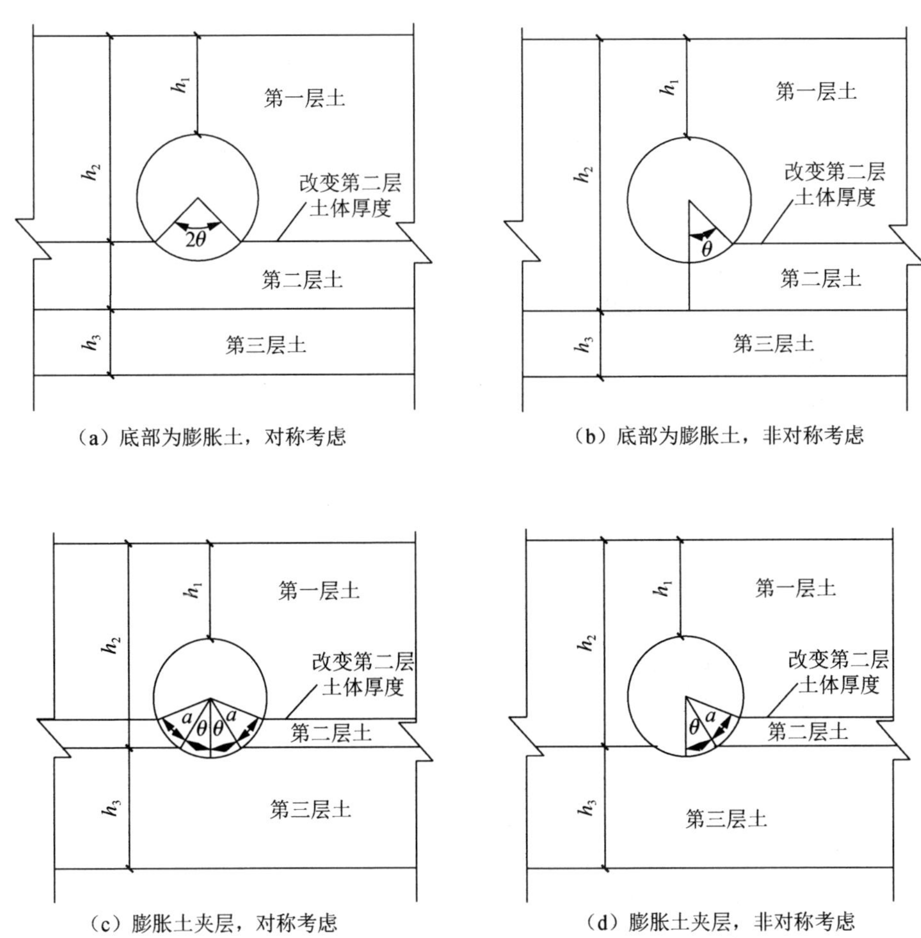


图 4.5　几种施加膨胀力工况示意图

通过有限元软件 ANSYS 对以上工况分别进行计算，计算各角度影响下的盾构管片内力和变形变化情况。因篇幅所限，本章仅选择各工况下的最不利计算结果予以描述，盾构管片的弯矩变化情况如图 4.6 所示。

由图 4.6 可知，膨胀力的施加位置和方式对盾构管片的内力影响较大，在同为底部施加膨胀力时，对称施加膨胀力时弯矩值较大，且均发生在膨胀力作用处的管片底部。而对于底部为膨胀土夹层的情况，对称施加膨胀力时，最大弯矩值位于膨胀力施加位置附近的管片下部；非对称施加膨胀力时，最大弯矩值位于管片顶部，数值比对称施加时略大。

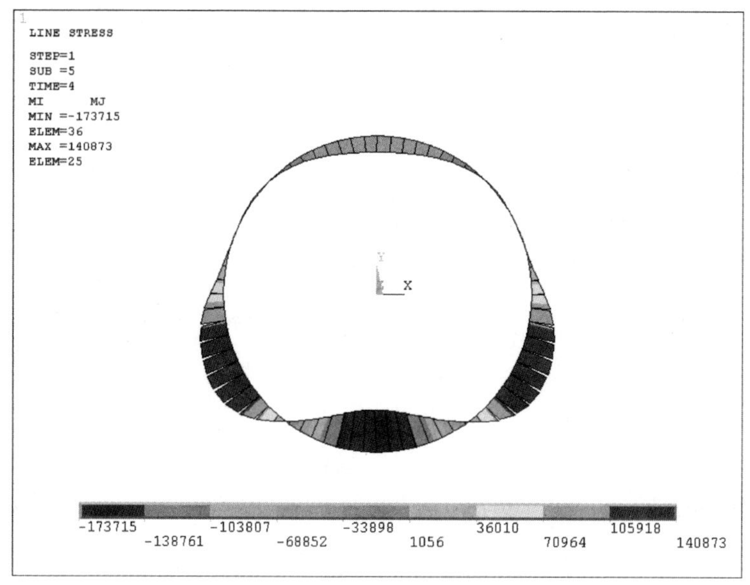


（a）工况一（底部为膨胀土，对称考虑）

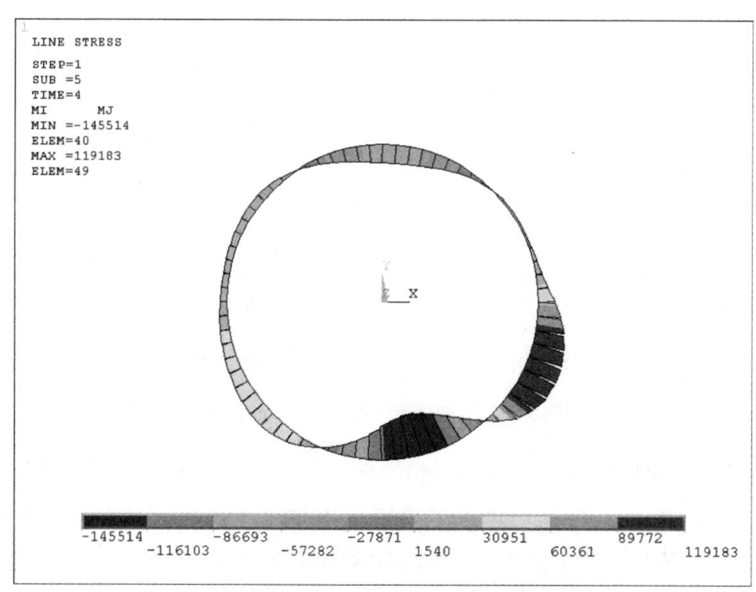


（b）工况二（底部为膨胀土，非对称考虑）

图 4.6　几种施加膨胀力工况弯矩图（单位：N · m）

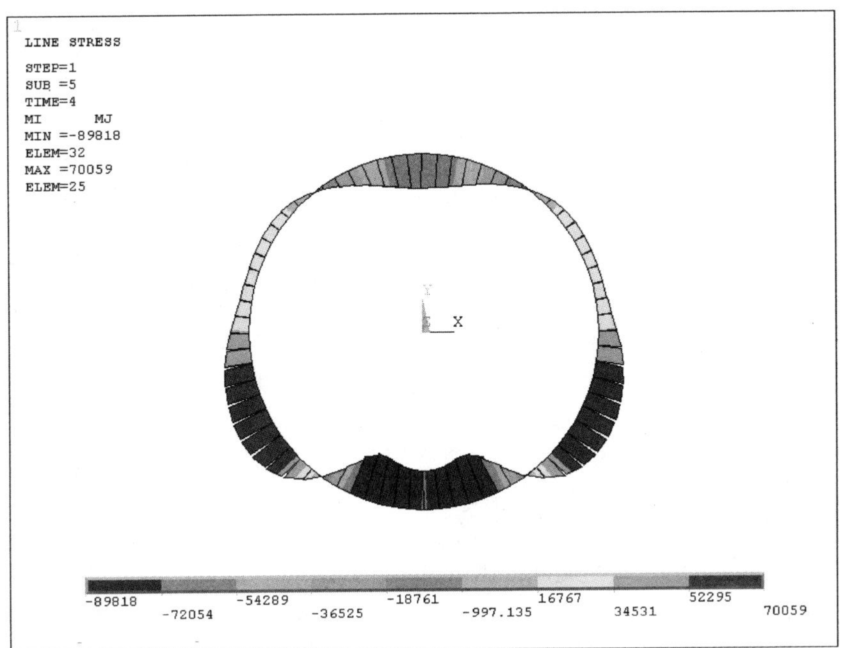


(c) 工况三（膨胀土夹层，对称考虑）

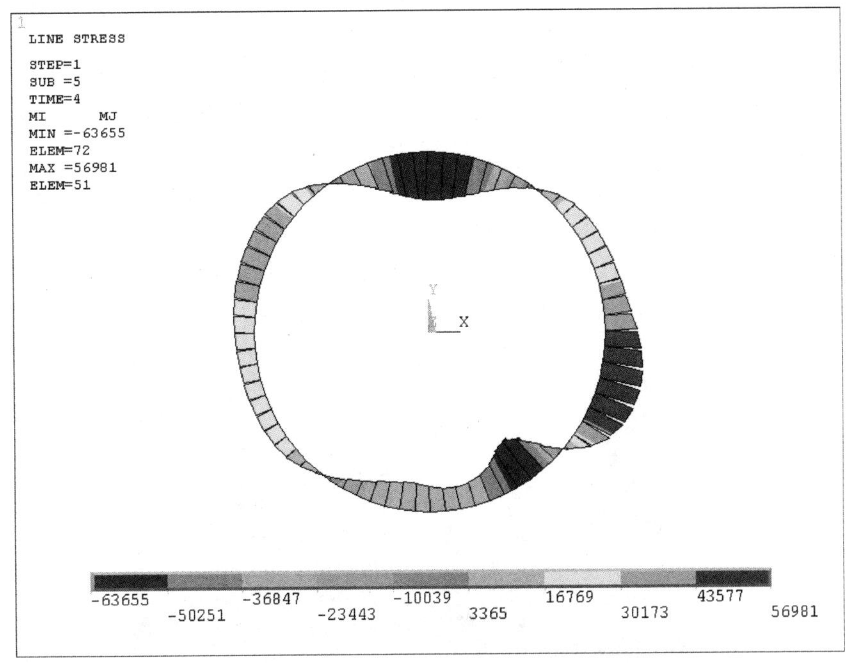


(d) 工况四（膨胀土夹层，非对称考虑）

图 4.6（续）

对 4 种工况在同一膨胀力情况下计算模拟值进行比较，详细数值如表 4.3 所示。

表 4.3　4 种工况下弯矩及变形统计

| 项目 | 最大正弯矩/（kN·m） | 最大负弯矩/（kN·m） | 最大位移/mm | 工况（以 350kPa 膨胀力数据分析） |
|---|---|---|---|---|
| 工况一 | 183.13 | −279.60 | 7.33 | 管片底部为膨胀土，对称施加 |
| 工况二 | 155.61 | −212.30 | 5.06 | 管片底部为膨胀土，非对称施加 |
| 工况三 | 91.08 | −116.76 | 4.14 | 管片底部为膨胀土夹层，对称施加 |
| 工况四 | 81.80 | −130.69 | 3.38 | 管片底部为膨胀土夹层，非对称施加 |

从表 4.3 可知，在同一膨胀力情况下，以工况一的控制弯矩值最大，说明其内力受膨胀力影响最大，为最不利工况。后续研究以该断面膨胀力施加情况，即管片底部对称施加膨胀力为典型情况进行研究分析。

## 4.1.3　围岩膨胀力施加方式研究

对于膨胀围岩的膨胀力施加，国内有学者提出过“让压理论”，即在软岩的支护设计中，巷道开挖后，在围岩初期让压允许一部分变形，在这一过程中实现应力释放，从而使支护结构上的变形地压变小。国外的 Muller 也提出“通过岩体向孔洞内侧的收缩变形形成岩石支承圈”及“应适时地进行支护”[1]。综上，适当让压允许部分变形，可以使支护力减小，但是缺乏推导和解释机理。

中铁二院的林刚等[2]在成都地铁 2 号线中，提出盾构管片接触压力的概念，指出接触压力与膨胀土的分布、厚度、膨胀力变化及自身刚度等相关，一般作用在盾构结构上呈二次抛物线分布，为膨胀力大小的 30%～70%。

在南宁地铁 1 号线中，穿越膨胀土区域采用盾构法施工，盾构机开挖形成直径为 6.18m 的圆形断面硐室，在盾构机开挖后的形成空间内将预制的盾构管片进行拼接，盾构管片成型后外径为 6.0m，在盾构管片与原开挖断面之间空隙以注浆液填充，其盾构管片与膨胀围岩之间的接触方式如图 4.7 所示。

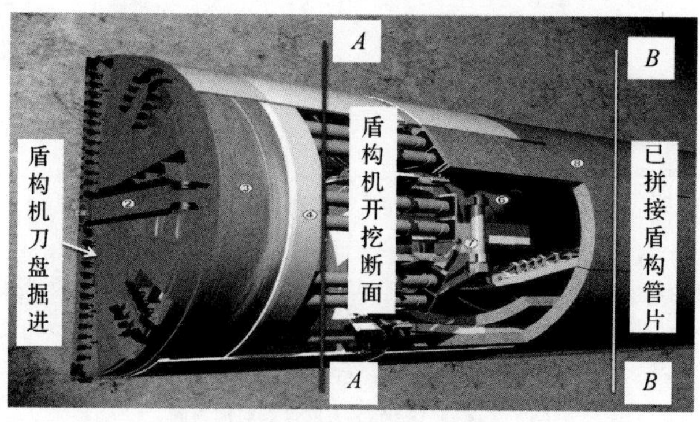


（a）盾构机掘进示意图

图 4.7　盾构管片及围岩断面示意图（单位：m）

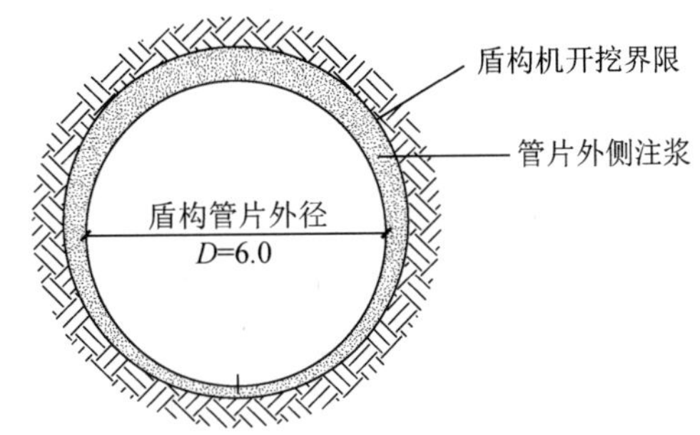


（b）断面 $A$—$A$（盾构机开挖断面）　（c）断面 $B$—$B$（盾构管片拼接完成）

图 4.7（续）

由图 4.7 可知，考虑重力作用的施工做法，盾构管片底部与围岩紧密接触，而上部和侧边由于原盾构机器开挖界限大于盾构管片外径，存在空隙，用注浆液填充。由于盾构管片壁后注浆形成的注浆层，一般情况其材料的强度低于管片材料，略高于围岩层。

注浆层的存在为膨胀力对盾构管片的影响提供了一个缓冲，膨胀力作用下管片产生位移或变形时，其膨胀力数值将会有一定的衰减，对其尚未有理论推导。本章介绍的室内试验所得的膨胀力与微变形关系，仅针对盾构管片在膨胀力作用下产生的位移或变形，用以研究膨胀力衰减及其对盾构管片的作用和影响。

膨胀力数值模拟的研究正处在一个探索阶段，当前有以下几种方法。

（1）建立膨胀土本构方程

基本思路是在应变中考虑由于含水量变化而引起膨胀的影响，即引入含水率膨胀系数 $\varsigma$，它是单位含水率的增量所引起的膨胀量。其关系式为

$$\begin{pmatrix}\varepsilon_x\\ \varepsilon_y\\ \varepsilon_z\end{pmatrix}=\frac{1}{E}\begin{pmatrix}1 & -\mu & -\mu\\ -\mu & 1 & -\mu\\ -\mu & -\mu & 1\end{pmatrix}\begin{pmatrix}\sigma_x\\ \sigma_y\\ \sigma_z\end{pmatrix}+\left(w-w_0\right)\begin{pmatrix}\varsigma_x\\ \varsigma_y\\ \varsigma_z\end{pmatrix}$$

这样应力应变关系就变为

$$\begin{aligned}\begin{pmatrix}\sigma_x\\ \sigma_y\\ \sigma_z\end{pmatrix}&=\frac{E}{(1+\mu)(1-2\mu)}\begin{pmatrix}1-\mu & \mu & \mu\\ \mu & 1-\mu & \mu\\ \mu & \mu & 1-\mu\end{pmatrix}\begin{pmatrix}\varepsilon_x\\ \varepsilon_y\\ \varepsilon_z\end{pmatrix}\\ &\quad-\frac{E\left(w-w_0\right)}{(1+\mu)(1-2\mu)}\begin{pmatrix}1-\mu & \mu & \mu\\ \mu & 1-\mu & \mu\\ \mu & \mu & 1-\mu\end{pmatrix}\begin{pmatrix}\varsigma_x\\ \varsigma_y\\ \varsigma_z\end{pmatrix}\end{aligned}\tag{4.1}$$

如果 $\varsigma_x=\varsigma_y=\varsigma_z=\varsigma$，式（4.1）变为

$$\begin{pmatrix}\sigma_x\\ \sigma_y\\ \sigma_z\end{pmatrix}=\frac{E}{(1+\mu)(1-2\mu)}\begin{pmatrix}1-\mu & \mu & \mu\\ \mu & 1-\mu & \mu\\ \mu & \mu & 1-\mu\end{pmatrix}\begin{pmatrix}\varepsilon_x\\ \varepsilon_y\\ \varepsilon_z\end{pmatrix}-\frac{E\varsigma(w-w_0)}{1-2\mu}\begin{pmatrix}1\\ 1\\ 1\end{pmatrix} \tag{4.2}$$

式中：$E$——弹性模量，MPa；

$\varsigma$——含水率膨胀系数，%；

$w_0$——初始含水率，%；

$w$——外界条件变化后的含水率，%；

$\mu$——泊松比。

（2）拟合膨胀力力学模型

在膨胀土边坡中，按拟合力学模型以外力的形式施加在岩土介质或地下结构物上，如膨胀力 $P$（体力）为

$$P=a[b(w-w_0)+c](Ah^2+Bh+C) \tag{4.3}$$

式中：$h$——膨胀土边坡内部某一点与开挖前表面的竖直距离，m；

$a$、$b$、$c$、$A$、$B$、$C$——均为拟合常数。

根据两个条件 $P$=0、$h$=0 及 $P$=0、$w$–$w_0$=0，同时认为原点处斜率为 0，可简化为

$$P=a(w-w_0)h^2 \tag{4.4}$$

式中：$a$——膨胀力膨胀参数，方向垂直于临空面。

式（4.4）即为膨胀土的膨胀模型。该模型反映了膨胀土的膨胀潜势与深度的关系，深度越大，其膨胀潜势就越大；膨胀力与含水率之间的关系，膨胀力随含水率增加而增大。

（3）膨胀力的反演分析

基本研究思路如下：①采用大型商用有限元软件，根据研究目标建立相应模型；②通过室内试验或者现场原位测试，确定研究对象膨胀力的大小、方向及变化规律等，在建立好的有限元模型中将膨胀力作为外力施加于结构；③通过计算并结合工程实例进行反演验证，验证模型的可行性。这种方法过程简单，能通过工程实例进行反演，可以清楚地反映工程实际情况。

本章数值计算中采用荷载-结构法，对围岩膨胀力的施加方式，考虑地基抗力与膨胀力之间的关系。当前常见的地基抗力考虑方法有两种：第一种方法认为地基抗力与地层位移无关，考虑地基抗力是与作用荷载相平衡的反作用力，一般事先对其分布形状进行假定。第二种方法则考虑地基抗力从属于地基的位移，如文克尔（Winkler）假定，它认为地基抗力是由于衬砌向围岩方向位移而产生的地层抗力，称为文克尔地基模型，这是一种最简单的线弹性地基模型。它假设土体介质表面每个作用点所受到的应力 $\sigma$ 与该点作用力方向发生的位移 $\delta$ 成正比，而与土体和基础界面上的其他各点无关，其数学表达式为

$$\sigma = k\delta \tag{4.5}$$

式中：$k$——围岩抗力系数，$MN/m^3$。

关于围岩抗力系数的选取方法，参考日本土木学会主编的《隧道标准规范[盾构篇]及解说》中对围岩抗力系数 $k$ 取值的建议，如表 4.4 所示。

**表 4.4　围岩抗力系数 $k$**

| 土与水的关系 | 土的种类 | $k/(MN/m^3)$ | $N$ 值大致范围 |
|---|---|---|---|
| 土水分离 | 非常密实的砂性土 | 30～50 | $30 \leqslant N$ |
| | 密实的砂性土 | 10～30 | $15 \leqslant N < 30$ |
| | 松散的砂性土 | 0～10 | $N < 15$ |
| | 固结黏性土 | 30～50 | $25 \leqslant N$ |
| | 硬的黏性土 | 10～30 | $8 \leqslant N < 25$ |
| | 中硬的黏性土 | 5～10 | $4 \leqslant N < 8$ |
| 土水合算 | 中硬的黏性土 | 5～10 | $4 \leqslant N < 8$ |
| | 软黏土 | 0～5 | $2 \leqslant N < 4$ |
| | 超软黏土 | 0 | $N < 2$ |

注：$N$ 为标准贯入试验击数。

关于围岩抗力系数取值，根据详细勘察报告中的建议值：素填土①层取值为 $20MN/m^3$，新近系和古近系泥岩$⑦_1$ 取值为 $40MN/m^3$。在以往的数值模拟中，膨胀岩土的围岩抗力系数一般根据土体特性查表选用。如何考虑膨胀力的影响及其随变形衰减的过程一直是难点，本书尝试模拟在膨胀力施加范围增加另一种“弹簧”约束，“弹簧”约束可随着土体变形而减少，根据最初变形反算膨胀力数值，将变形后对应膨胀力的数值代入求出二次变形量，经过不断调整最后达到平衡。对管片施加膨胀力“弹簧”约束的示意图如图 4.8（a）所示；膨胀力衰减后，理想状态下盾构管片发生位移变形，其管片弯矩示意图如图 4.8（b）所示。

对膨胀岩土体的“弹簧”约束衰减规律，根据本书第3章针对南宁膨胀土的变形膨胀力比值确定，计算公式如下：

$$\begin{cases} P / P_0 = 0.956e^{-0.236\varepsilon}, & \varepsilon \neq 0 \\ P / P_0 = 1, & \varepsilon = 0 \end{cases} \tag{4.6}$$

式中：$P$——发生微变形时膨胀力，kPa；

$P_0$——对应零变形时膨胀力，kPa；

$\varepsilon$——土体发生变形的变形率，%。

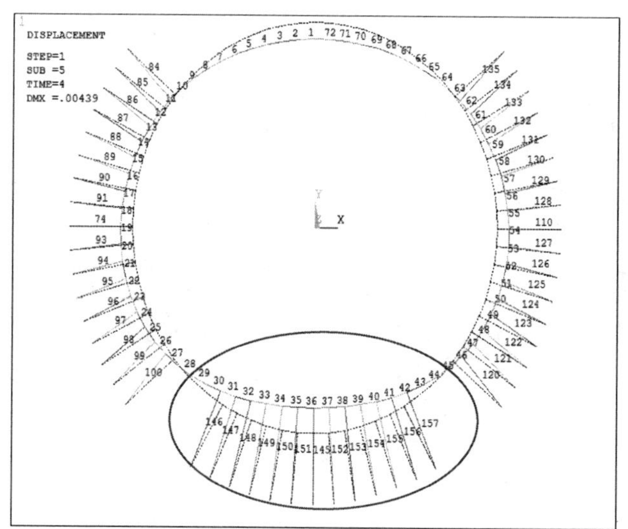


（a）　膨胀力施加约束

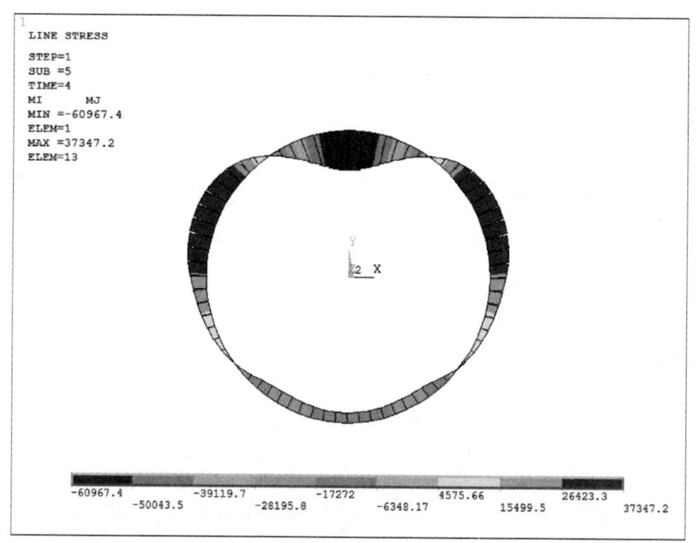


（b）弯矩示意图（膨胀力衰减后）

图 4.8　膨胀力约束示意图（单位：N・m）

在本书数值计算模拟中取围岩厚为 1m，则式（4.6）可简化为

$$\begin{cases} P/P_0 = \dfrac{0.956}{\mathrm{e}^{0.236\delta}}, & \varepsilon \neq 0 \\ P/P_0 = 1, & \varepsilon = 0 \end{cases} \tag{4.7}$$

式中：$\delta$——变形量，cm。

对于新施加膨胀土作用范围的围岩“弹簧”约束，弹性抗力系数为$k'$，联合

式（4.7）可得

$$\sigma = k'\delta\,,\qquad \begin{cases} k' = 0.956k\mathrm{e}^{-0.236\delta}, & \delta \neq 0 \\ \text{令}k' = k, & \delta = 0 \end{cases} \tag{4.8}$$

在有限元软件 ANSYS 中，将上述关系式作为新的约束方式施加膨胀力，通过改变抗力系数使其膨胀变形，实现膨胀力的衰减过程，计算膨胀围岩条件下盾构管片的内力及位移变化情况。

## 4.2　数值模拟的计算结果

### 4.2.1　膨胀土层与管片接触对管片内力的影响

通过改变管片底部岩层土的厚度，使施加膨胀角的角度 $2\theta$ 不断变化，随着角度增大，膨胀土与管片接触范围增大，如图 4.5 所示。当底部对称施加膨胀力时管片的弯矩图较为不利，本次数值模拟计算角度 $\theta$ 为 15°、30°、45°、60°、75°、90°，施加膨胀力，得到管片的内力和变形情况。采用有限元软件 ANSYS 分别建立均质圆环模型进行计算，因膨胀力增大而产生的弯矩变化规律相似，本章仅将膨胀力为 150kPa 的弯矩和变形结果列出。图 4.9 为几个典型角度时管片的弯矩情况，图 4.10 为几个典型角度时管片的变形情况。

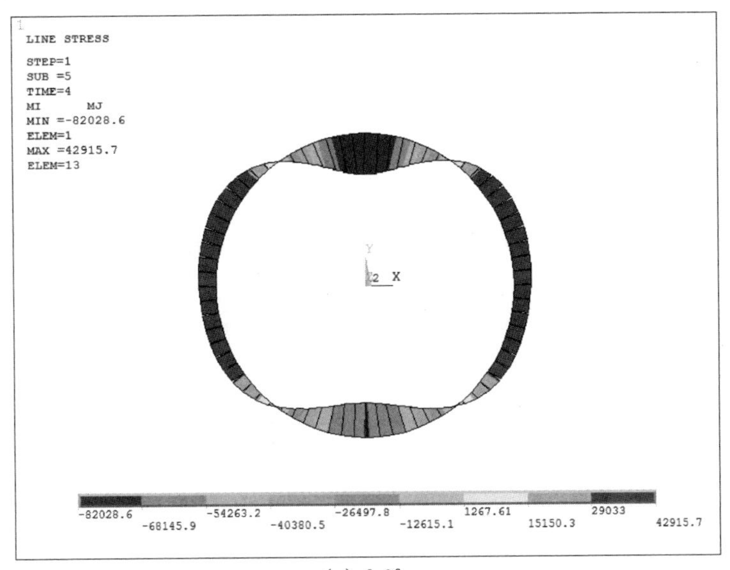


（a）$\theta$=0°

图 4.9　几个典型角度管片弯矩图（膨胀力为 150kPa）（单位：N·m）

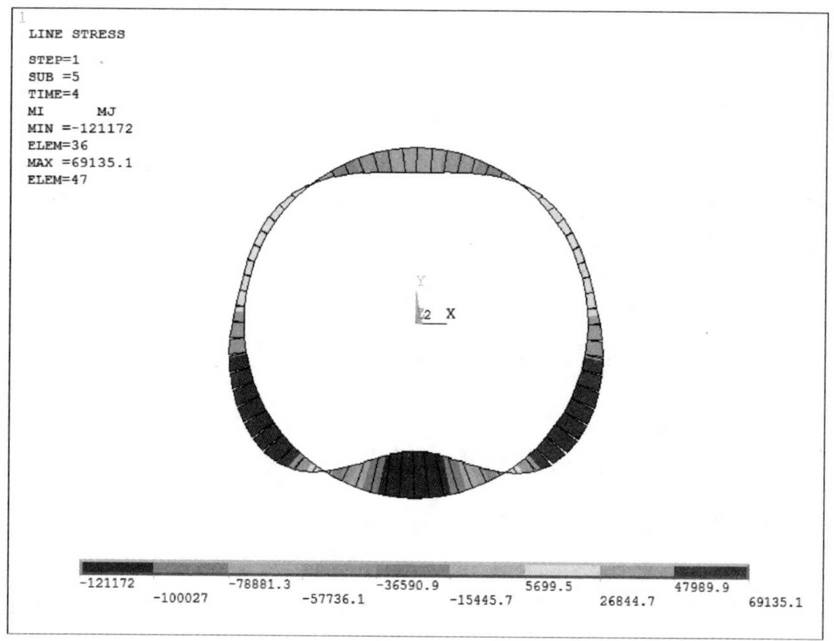


（b）$\theta$=30°

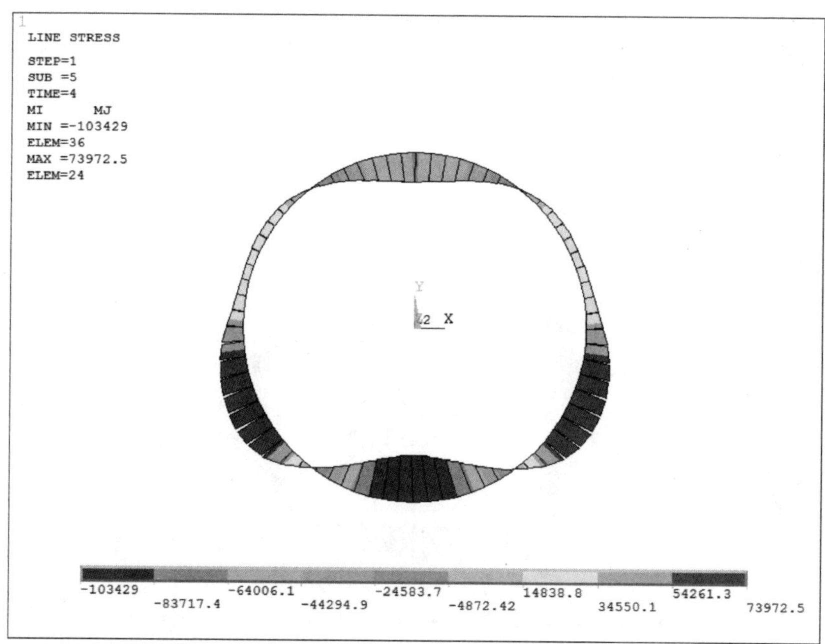


（c）$\theta$=45°

图 4.9（续）

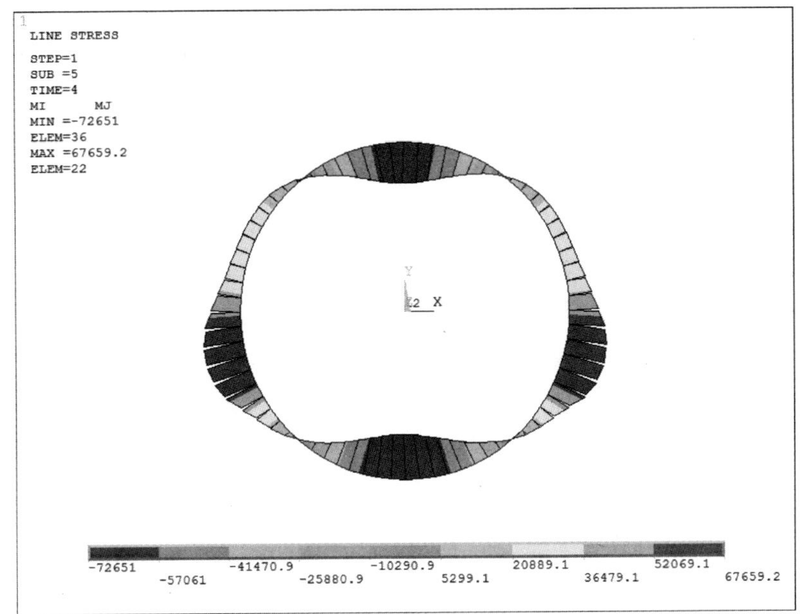


（d）$\theta$=60°

图 4.9（续）

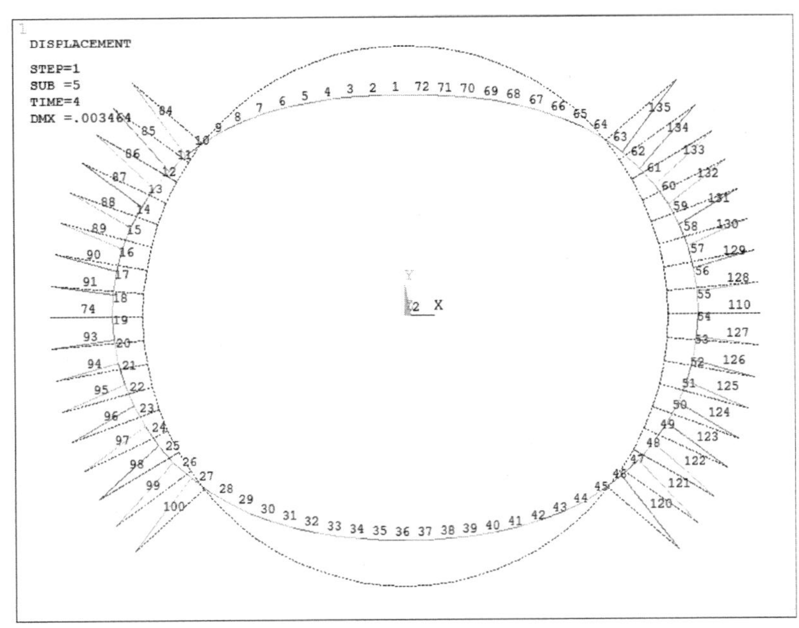


（a）$\theta$=0°

图 4.10　几个典型角度管片变形（膨胀力为 150kPa）

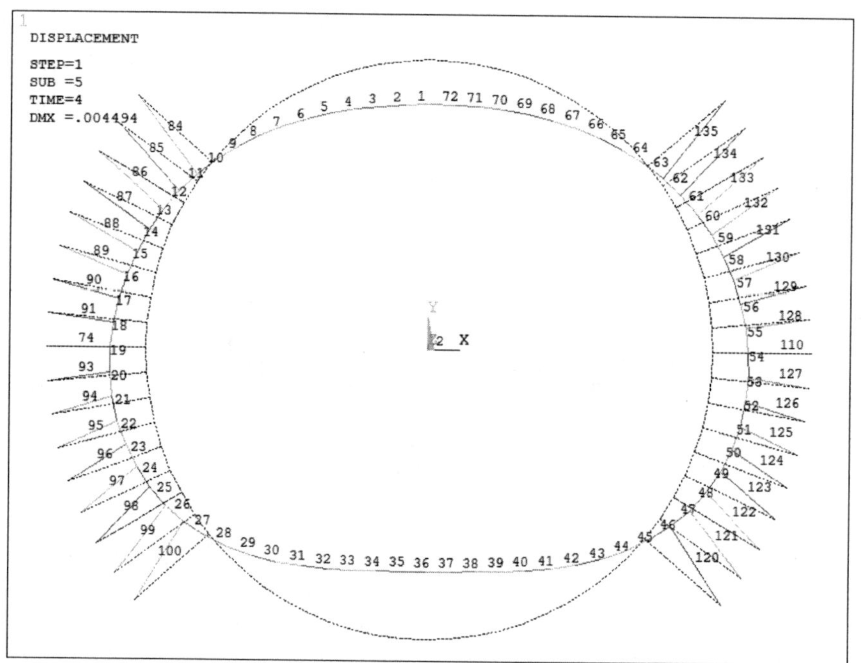


（b）$\theta$=30°

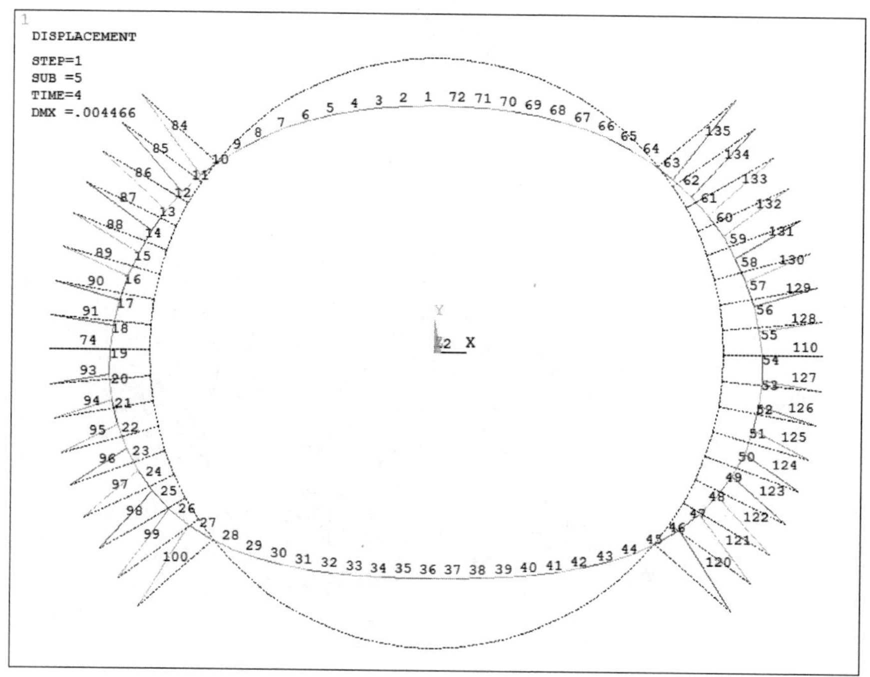


（c）$\theta$=45°

图 4.10（续）

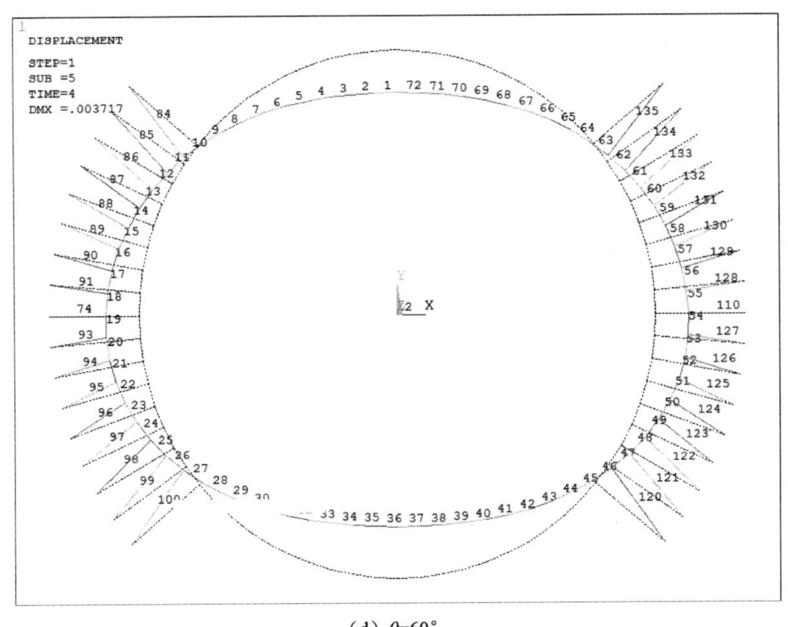


（d）$\theta$=60°

图 4.10（续）

由图 4.9 和图 4.10 可知，膨胀力与管片接触位置对管片内力影响较大，在管片不与膨胀力接触时，最大可知弯矩分布在管片上部，随着膨胀力与管片底部接触厚度增加（$\theta$ 增大），管片最大弯矩变为分布在底部，管片中部两侧弯矩增大。随着接触厚度增加（$\theta$ 增大），膨胀力增大，但超过一定值时最大控制弯矩反而减小，管片变形呈挤压状态，管片底部向上隆起，管片顶部向下凹陷，两侧向外突出，其中最大变形发生在管片底部。管片变形规律与弯矩一致，随着接触厚度增加（$\theta$ 增大），初期变形略有增大，但超过一定值时最大变形量反而减小。

由图 4.11～图 4.13 可以看出：

1）在同一膨胀力大小情况下，正负弯矩、变形均随着角度 $\theta$ 的增大呈现先增大后减小的趋势。当 $\theta$=30° 时，负弯矩、变形达到最大值；当 $\theta$=45° 时，正弯矩达到最大值；当 $\theta$=90° 时，膨胀力增加对正负弯矩、变形影响均不大。分析产生这种现象原因如下：当 $\theta$<45° 时，膨胀力对盾构管片产生水平向挤压；当 $\theta$>45° 时，膨胀力对盾构管片产生竖向挤压。

2）膨胀力增大而产生的正负弯矩与最大变形量变化规律相似，衬砌结构的正负弯矩、变形随着所施加膨胀力的增大而增大，在不同膨胀力荷载作用下，衬砌最大正负弯矩值、变形量统计如表 4.5 所示。

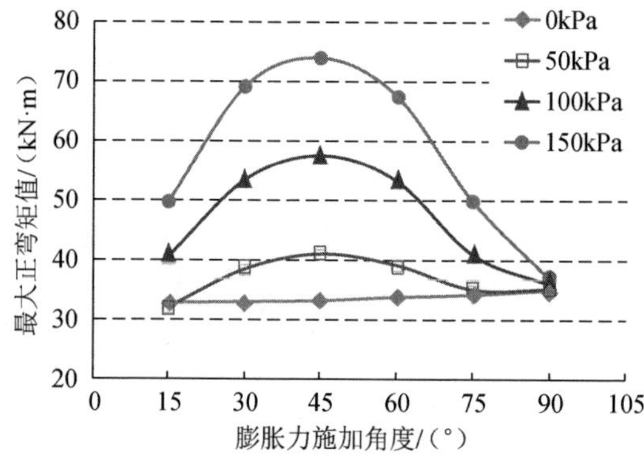


图 4.11　对称施加膨胀力最大正弯矩随膨胀力、角度变化图

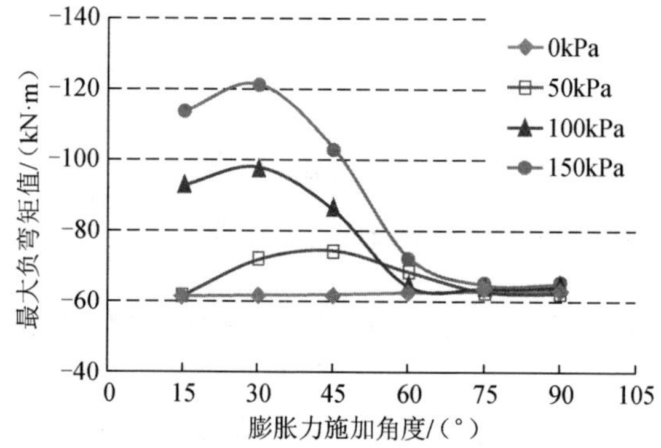


图 4.12　对称施加膨胀力最大负弯矩随膨胀力、角度变化图

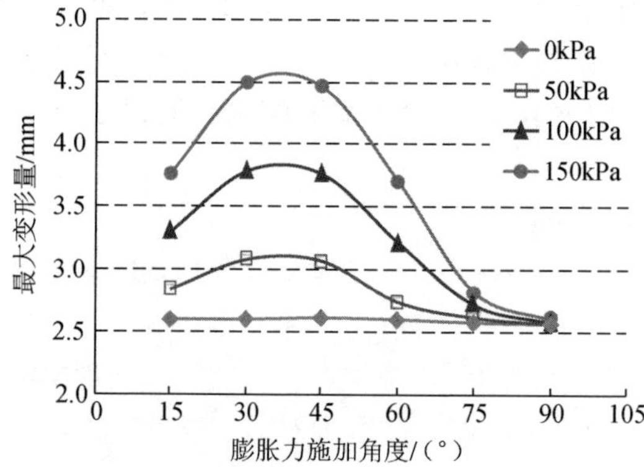


图 4.13　对称施加膨胀力最大变形量随膨胀力、角度变化图

表 4.5　各膨胀力作用下最大正负弯矩、变形量统计

| 膨胀力/kPa | 最大正弯矩/（kN·m） | 最大正弯矩增加比例/% | 最大负弯矩/（kN·m） | 最大负弯矩增加比例/% | 最大变形量/mm | 最大变形量增加比例/% |
|---|---|---|---|---|---|---|
| 0 | 34.8 | 0.00 | −61.5 | 0.0 | 2.597 | 0.0 |
| 50 | 41.1 | 18.1 | −74.5 | 21.2 | 3.083 | 18.7 |
| 100 | 57.5 | 65.2 | −97.8 | 59.1 | 3.788 | 45.9 |
| 150 | 74.0 | 112.6 | −121.2 | 97.1 | 4.494 | 73.0 |

从表 4.5 可以看出，最大正负弯矩、变形量均随膨胀力的增加而增大。与不施加膨胀力相比，当膨胀力为 50kPa 时，最大正弯矩增加比例达到 18.1%，最大负弯矩增加比例达到 21.2%，最大变形量增加比例达到 18.7%，其中最大控制弯矩为最大负弯矩。

### 4.2.2　膨胀围岩微变形对管片内力的影响

由以上数值计算结论可知，膨胀力与管片接触位置对管片内力有较大影响，随着与管片底部接触角度的增大而增加，其中最大正弯矩发生在 $\theta$=45°，最大负弯矩和最大变形发生在 $\theta$=30°。本节将以典型膨胀力 150kPa，考虑膨胀围岩的微变形（简称膨胀变形）对管片内力的影响，管片弯矩如图 4.14 所示，变形如图 4.15 所示。

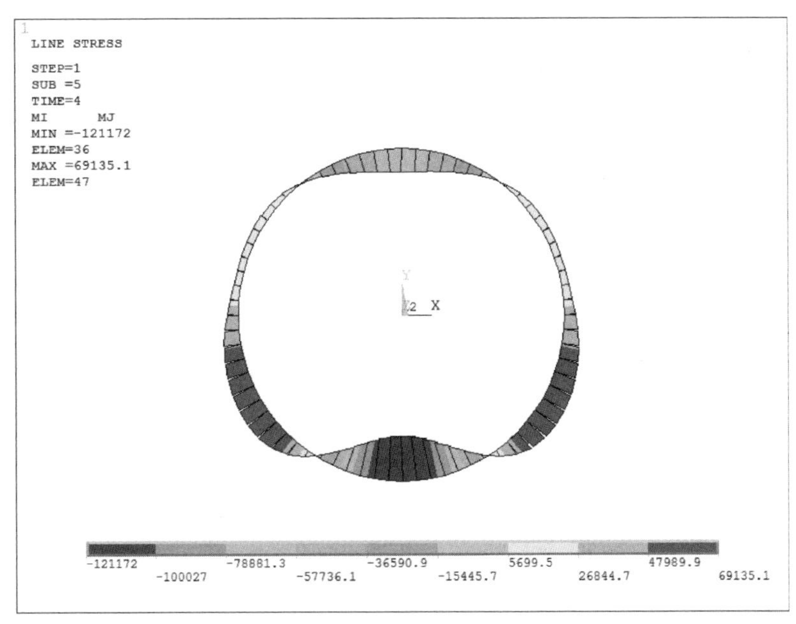


（a）未考虑膨胀变形对膨胀力折减影响的弯矩图

图 4.14　膨胀力 150kPa 时弯矩对比图（$\theta$=30°）（单位：N • m）

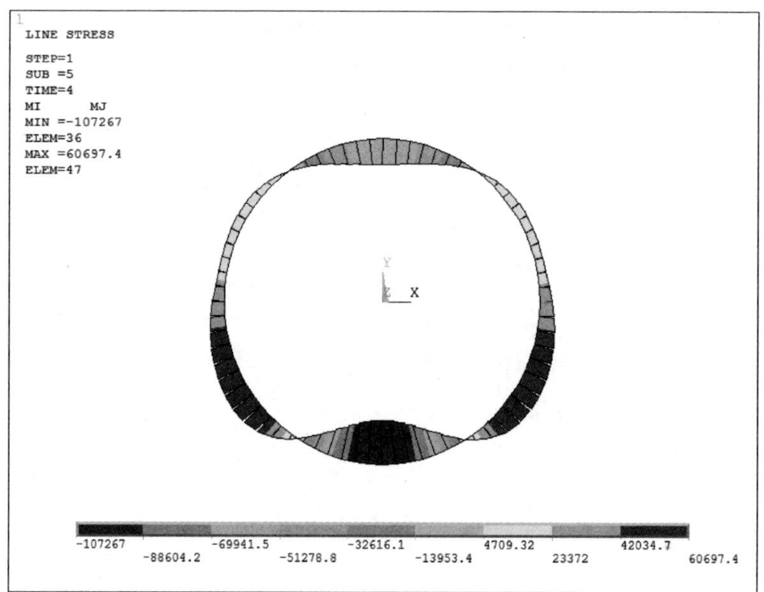


（b）考虑膨胀变形对膨胀力折减影响的弯矩图

图 4.14（续）

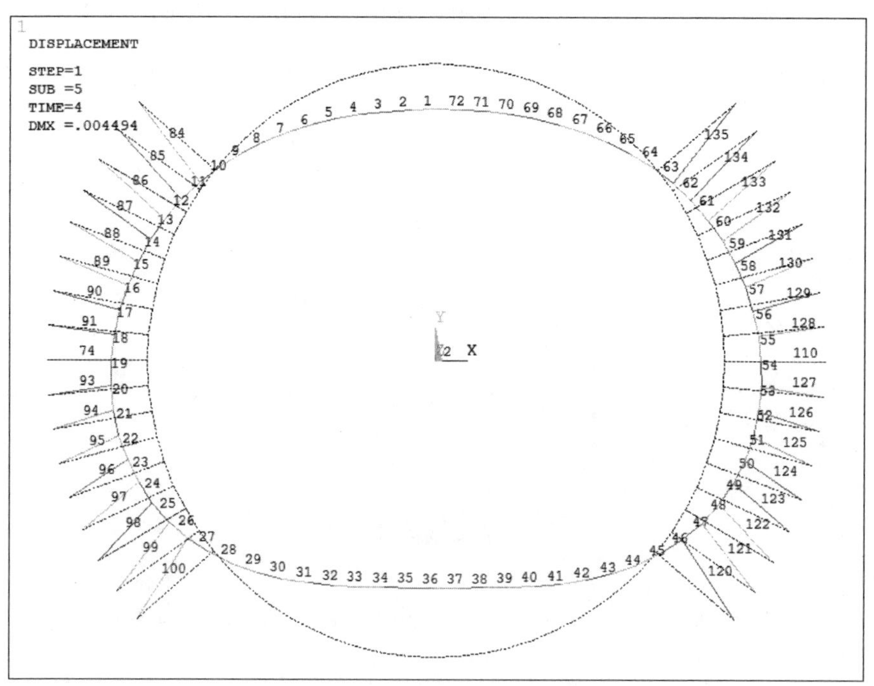


（a）未考虑膨胀变形对膨胀力折减影响的变形图

图 4.15　膨胀力 150kPa 时变形对比图（$\theta$=30°）

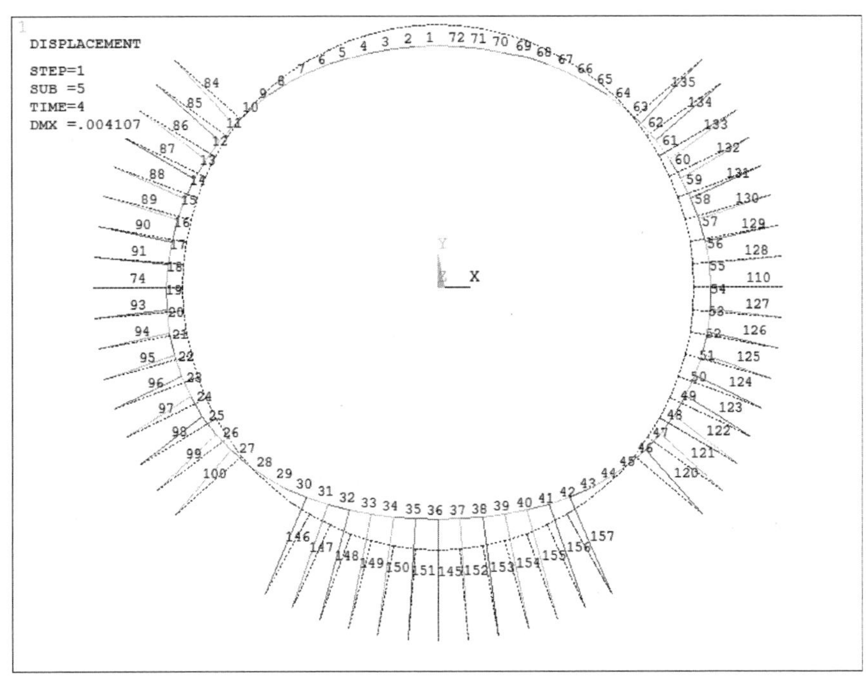


（b）考虑膨胀变形对膨胀力折减影响的变形图

图 4.15（续）

由图 4.14 和图 4.15 可看出，考虑膨胀变形影响后，管片内力变化较小，最大正弯矩值和最大负弯矩值均有所减少，且数值变化不大。考虑膨胀力衰减影响后，变形量变小，且数值变化幅度较小。为了更形象地对数据进行描述，对膨胀力 150kPa、底部接触 $\theta$=30°～45° 时，最大正弯矩值、最大负弯矩和变形量进行整理，如图 4.16～图 4.18 所示。

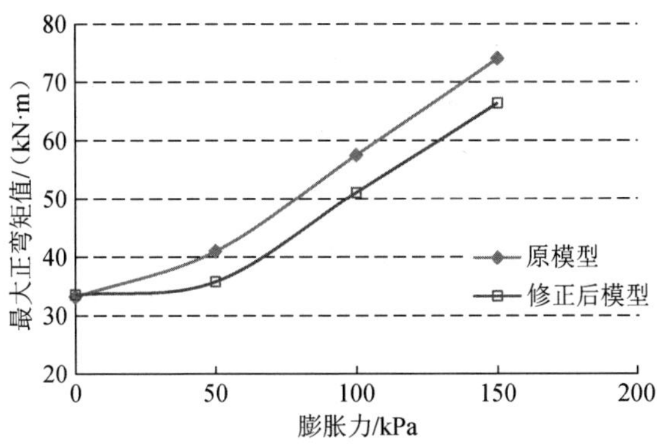


图 4.16　最大正弯矩对比图（$\theta$=45°）

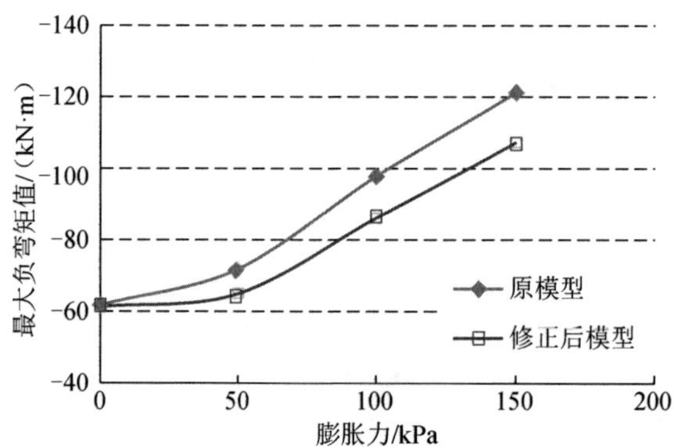


图 4.17　最大负弯矩对比图（$\theta$=30°）

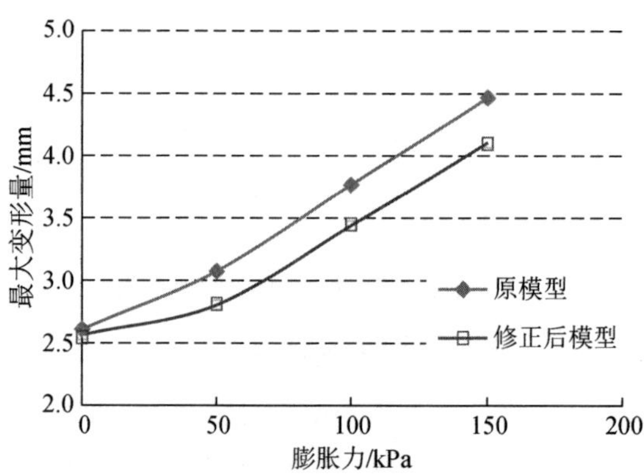


图 4.18　最大变形量对比图（$\theta$=30°）

将最不利情况下的弯矩和变形量进行统计，结果如表 4.6 所示。

**表 4.6　最不利情况下的弯矩、变形量统计**

| 情况 | 膨胀力/kPa | 最大正弯矩/（kN·m） | 正弯矩减少比例/% | 最大负弯矩/（kN·m） | 负弯矩减少比例/% | 最大变形量/mm | 最大变形量减少比例/% |
|---|---|---|---|---|---|---|---|
| 直接施加膨胀力 | 0 | 34.80 | — | −61.48 | — | 2.597 | — |
| | 50 | 41.12 | — | −74.53 | — | 3.083 | — |
| | 100 | 57.54 | — | −97.83 | — | 3.788 | — |
| | 150 | 74.09 | — | −121.17 | — | 4.494 | — |
| 考虑膨胀力折减 | 0 | 33.54 | 3.6 | −61.32 | 0.3 | 2.565 | 1.2 |
| | 50 | 35.8 | 12.9 | −64.99 | 12.8 | 2.805 | 9.0 |
| | 100 | 51.09 | 11.1 | −86.11 | 12.0 | 3.44 | 9.2 |
| | 150 | 66.4 | 10.3 | −107.27 | 11.5 | 4.107 | 8.6 |

由表 4.6 可知，考虑膨胀力随着变形而衰减的弯矩和位移值比直接施加膨胀力的计算值略小，两者相差较小。以 150kPa 时数值为例，最大正弯矩修正后模型数值较原模型数值小 7.69kN·m，偏小 10.4%；最大负弯矩修正后模型绝对值数值较原模型小 13.9kN·m，偏小 11.5%；最大变形量修正后模型数值较原模型数值小 0.387mm，偏小 8.6%。综上，考虑膨胀变形影响后，修正模型计算结果比直接施加膨胀力偏小 10%左右，因此在设计中如果考虑膨胀力随着微变形变化，对管片内力和变形结果有利。

## 4.3 本 章 小 结

本章根据膨胀土区地铁沿线影响范围内的膨胀土区划成果，选取代表性断面，采用有限元分析软件 ANSYS 进行数值模拟，计算模型采用荷载-结构法，分析不同工况下管片内力和变形情况，同时探索膨胀力随围岩微变形变化时对管片内力和变形的影响，获得以下结论[3]：

1）通过数值计算模拟各工况下膨胀围岩对管片的作用，对比了管片两侧受到膨胀力、管片底部受到对称的膨胀力、管片底部受到非对称膨胀力等情况。其中拱顶由于“塌落拱”效应不施加膨胀力，最不利的工况是管片底部施加对称的膨胀力。

2）对于在管片底部施加膨胀力的工况，通过膨胀力与管片接触范围多方案比较，管片弯矩和变形随着管片底部膨胀围岩厚度变化，即随着角度 $\theta$ 的增大呈现先增大后减小的趋势。最大正弯矩发生在膨胀围岩与管片底部接触角度 $\theta$=45° 处，最大负弯矩和最大变形发生在 $\theta$=30° 处。

3）弯矩和变形均随着膨胀力增大而增大，在膨胀力作用下，在管片底部变形向内隆起，管片顶部弯矩向下，管片两侧向外受压。其中最大变形量发生在管片底部，最大控制弯矩为发生在管片底部的负弯矩。

4）对盾构管片施加膨胀力后，其内力和变形值比未加膨胀力时的数值偏大。以南宁地铁 1 号线穿越的膨胀土区域新近系和古近系泥岩层为例，膨胀力 50kPa，在最不利情况下，考虑膨胀力作用时，其最大弯矩较未施加膨胀力时增大 21.2%，最大变形较未施加膨胀力时增大 18.7%。

5）建立膨胀力随着变形而衰减的修正模型，计算结果显示，比未考虑衰减直接施加膨胀力的原模型的计算值有所偏小，其内力和变形数值减小 10%左右。

# 参 考 文 献

[1] 范秋雁. 论软岩支护中的让压技术——兼谈新奥法的让压理论[J]. 矿山压力与顶板管理，1993（2）：5-8.

[2] 林刚，罗世培，郭俊，等. 膨胀岩土地层盾构隧道结构力学行为研究[J]. 现代隧道技术，2011，48（3）：74-79.

[3] 唐迎春. 南宁膨胀岩与地铁盾构管片相互作用研究[D]. 南宁：广西大学，2013.

# 第5章　地铁盾构管片的大型模型试验

模型试验是指根据相似原理和相似准则，采用缩小或放大的实物模型，用于预测原型工作性态、验证设计方案的测试技术。它具有直观性强、获得结果快等优点，不仅可以在多因素影响时进行单因素分析，而且能够解决目前数学分析方法所不能解决的工程问题，因而广泛应用于岩土介质、工程结构物理力学特性的研究中。模型试验可以模拟出各种复杂的地质环境和边界。例如，在地下工程结构变形破坏机理研究中，模型试验可以非常形象地模拟地下结构工程的变形破坏机制及其发展过程，而且能够得到围岩中应力大小及其分布规律。目前，模型试验作为解决大型复杂工程问题的重要手段，在国内外岩土工程、地下工程及采矿工程等研究领域广为应用。

目前，国内学者对地铁盾构隧道已进行过许多大比例尺的物理模型试验研究。例如，2005年，唐志成等[1]以南京地铁一期工程玄武门—南京站区间盾构隧道为研究对象，采用几何相似比1∶12的模型试验，考虑盾构隧道管片接头效应和管片与土体相互作用效应，通过三维土-盾构隧道相似模型试验对盾构隧道管片结构在不同拼装方式下的力学行为进行了研究。2007年，何川等[2]以几何相似比1∶25和容重相似比1∶1为基础相似比，研究南京长江盾构隧道（$D$=14.5m）超大断面单层装配式管片衬砌在高水压条件下的力学行为特征，并对结构与周围土体的相互作用关系也进行了研究。2007年，何川等[3]以上海地区粉砂地层为原型，通过模型试验（土箱的长×宽×高为2.4m×1.2m×2.4m，直径为400mm的土压平衡式盾构模型），对不同的盾构机工作参数和地层特性参数进行组合试验，研究了土压平衡盾构推进过程中的推力变化规律，以及土体与盾壳之间摩擦作用的机理及其影响因素。2009年，黄强兵[4]对西安地铁2号线隧道穿越的地裂缝活动带进行了相似比为1∶5的物理模型试验，以千斤顶作为试验错缝工具，该模型试验揭示了地裂缝作用下地铁隧道围岩压力、位移及地表沉降变形的变化规律。

文献研究表明，现有模型试验研究大多是针对地铁隧道结构的变形破坏问题，而且多为特殊的区域地质条件，如长江大断面尺寸隧道、西安黄土、沿海软土等。南宁修建的城市地铁，其隧道盾构将穿越膨胀土地区岩层，关于这方面的研究成果国内外鲜见报道。本章针对南宁特殊岩土层开展隧道盾构管片施工进行大型物理模型试验研究，整个模型试验分4个阶段进行，模型试验流程图如图5.1所示。

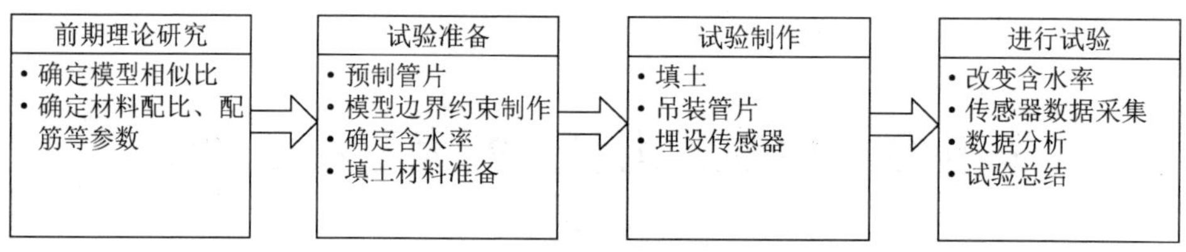


图 5.1　模型试验流程图

# 5.1　大型模型试验的设计

## 5.1.1　模型原型

根据前述研究成果，选取不利的典型地层组合模型（即盾构管片底部为膨胀性岩层，上部为非膨胀性岩层，且覆土较浅），这种不利组合模型在南宁地铁 1 号线中荣和山水—凤岭立交桥区段及火车东站均有分布。其中在荣和山水美地区段 MAZ1-081 附近，盾构区间上覆土层较浅，盾构管片底部为膨胀性岩土⑦$_1$岩层，为浅埋隧道，覆土厚度为 7～10m（1.3$D$～1.7$D$），如图 5.2 所示。本章模型试验以该断面为分析原型。

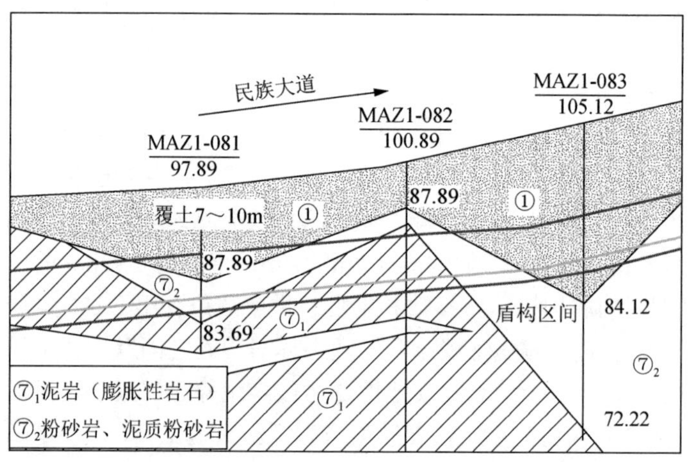


图 5.2　南宁地铁 1 号线地层剖面图（荣和山水—凤岭立交桥区段）（单位：cm）

## 5.1.2　模型试验相似比确定

在室内模型试验设计中，模型尺寸直接关系到试验的科学性。若尺寸过小，则模型中的尺寸影响和边界效应直接影响测试结果的准确性；按照原型建立模型虽然能够较大程度反映实际情况，但其经济性又不理想。因此模型相似比确定需要综合考虑试验条件、可操作性和经济性因素。相似比推导过程具体如下。

（1）相似第一定理[4]

两个研究系统在弹性范围内力学相似，则其原型和模型均要求满足以下几个方程：平衡方程、几何方程、物理方程、边界条件及相容方程。用 p 和 m 表示原型和模型物理量，则相似常数为原型和模型间相同的物理量之比，即

$$相似常数=\frac{原型物理量}{模型物理量}$$

当原型与模型对应的尺寸成比例，则称它们几何相似，其比值称为几何相似常数，以符号 $C$ 表示，则有 $C_l = l_{\mathrm{p}} / l_{\mathrm{m}}$，同理可以得到以下常数。

应力相似常数为

$$C_\sigma = \sigma_{\mathrm{p}} / \sigma_{\mathrm{m}}$$

应变相似常数为

$$C_\varepsilon = \varepsilon_{\mathrm{p}} / \varepsilon_{\mathrm{m}}$$

位移相似常数为

$$C_\delta = \delta_{\mathrm{p}} / \delta_{\mathrm{m}}$$

弹性模量相似常数为

$$C_E = E_{\mathrm{p}} / E_{\mathrm{m}}$$

泊松比相似常数为

$$C_\mu = \mu_{\mathrm{p}} / \mu_{\mathrm{m}}$$

边界应力相似常数为

$$C_{\bar{\sigma}} = \bar{\sigma}_{\mathrm{p}} / \bar{\sigma}_{\mathrm{m}}$$

体积力相似常数为

$$C_X = X_{\mathrm{p}} / X_{\mathrm{m}}$$

材料密度相似常数为

$$C_\rho = \rho_{\mathrm{p}} / \rho_{\mathrm{m}}$$

容量相似常数为

$$C_\gamma = \gamma_{\mathrm{p}} / \gamma_{\mathrm{m}}$$

将以上各相似常数代入弹性力学基本方程后可知，当相似比满足下列关系时，原型与模型的平衡方程、几何方程、物理方程、边界条件及相容方程将恒等，即

$$\begin{cases} C_\sigma = C_l C_X \\ C_\sigma = C_E C_X \\ C_\delta = C_l C_\varepsilon \\ C_\mu = 1 \\ C_\sigma = C_{\bar{\sigma}} \end{cases}$$

（2）相似第二定理（$\pi$ 定理）

弹性力学模型相关参数表达式为

$$f(\sigma,\varepsilon,E,\mu,X,\overline{X},l,\delta)=0$$

其中，参数总数 $p$ 为 8，基本量纲 $\gamma$ 为 2，以体积力 $X$ 和长度 $l$ 作为本量纲的物理量，量纲分别为［$FL^{-3}$］和［$L$］。根据各量纲至少出现一次的原则，得到如下公式：

$$\pi_1=\frac{\sigma}{X^\alpha l^\beta}=\frac{[FL^{-2}]}{[FL^{-3}]^\alpha[L]^\beta}$$

要使 $\pi_1$ 成为无量纲参数，则必须有 $\alpha=1$、$\beta=1$，故 $\pi_1=\dfrac{\sigma}{Xl}$，同理可得

$$\pi_2=\varepsilon;\quad \pi_3=\frac{E}{Xl};\quad \pi_4=\mu;\quad \pi_5=\frac{\overline{X}}{Xl};\quad \pi_6=\frac{\delta}{l}$$

力学相似现象准则为

$$\frac{C_\sigma}{C_X C_l}=1;\quad \frac{C_E}{C_X C_l}=1;\quad \frac{C_{\overline{X}}}{C_X C_l}=1;\quad \frac{C_\delta}{C_l}=1;\quad C_\varepsilon=1;\quad C_\mu=1$$

（3）相似第三定理（逆定理）[5]

1930 年，苏联基尔皮契夫（M. B. Кирнчев）提出相似第三定理，也称逆定理，即凡具有同一特征的现象，当单值条件（系统的几何性质、起始条件、边界条件及介质的物理性质等）彼此相似，且由单值条件的物理量所组成的相似判据在数值上相等时，则这些现象必定相似。

选取围岩应力 $\sigma_s$ 为基本物理量，管片应力弹性力学模型相关参数表达式为

$$\sigma_{管片}=f(\sigma_s,l,\delta,E,\gamma,\mu,\varepsilon,\theta) \tag{5.1}$$

式中：$\sigma_s$——管片围岩应力（自重、膨胀力），Pa；

$l$——长度，m；

$\delta$——位移，m；

$E$——弹性模量，Pa；

$\gamma$——容重，N/m$^3$；

$\mu$——泊松比；

$\varepsilon$——应变；

$\theta$——角位移，rad。

对式（5.1）采用指数法，写出如下量纲关系：

$$\sigma_{管片}=f(\sigma_s{}^a, l^b, \delta^c, E^d, \gamma^e, \mu^f, \varepsilon^g, \theta^h) \tag{5.2}$$

选出围岩应力 $\sigma_s$ 和长度 $l$ 作为本量纲的物理量，量纲分别为［$FL^{-2}$］和［$L$］，代入式（5.2）中得

$$\begin{aligned}[FL^{-2}] &= [FL^{-2}]^a[L]^b[L]^c[FL^{-2}]^d[FL^{-3}]^e \\ &= [F^{a+d+e}L^{b+c-2a-2d-3e}]\end{aligned}$$

比较指数得

$$\begin{cases} a+d+e=1 \\ b+c-2a-2d-3e=-2 \end{cases} \tag{5.3}$$

求得

$$\begin{cases} a=1-d-e \\ b=e-c \end{cases} \tag{5.4}$$

将式（5.4）代入式（5.2）中得

$$\sigma_{管片}=f(\sigma_s{}^{1-d-e},\ l^{e-c},\ \delta^c,\ E^d,\ \gamma^e,\ \mu^f,\ \varepsilon^g,\ \theta^h)$$

$$\sigma_{管片}=\sigma_s\left(\frac{E}{\sigma_s}\right)^d\left(\frac{\delta}{l}\right)^c\left(\frac{\gamma}{\sigma_s}l\right)^e\mu^f\varepsilon^g\theta^h$$

$$\frac{\sigma_{管片}}{\sigma_s}=\left(\frac{E}{\sigma_s}\right)^d\left(\frac{\delta}{l}\right)^c\left(\frac{\gamma}{\sigma_s}l\right)^e\mu^f\varepsilon^g\theta^h$$

写成判据方程为

$$\frac{\sigma_{管片}}{\sigma_s}=\varphi\left(\frac{E}{\sigma_s},\frac{\delta}{l},\frac{\gamma}{\sigma_s}l,\mu,\varepsilon,\theta\right) \tag{5.5}$$

推导出相似判据为

$$\begin{cases} \pi_1=\dfrac{\sigma_{管片}}{\sigma_s}, \quad \pi_2=\dfrac{E}{\sigma_s}, \\ \pi_3=\dfrac{\delta}{l}, \quad \pi_4=\dfrac{\gamma}{\sigma_s}l, \\ \pi_5=\mu, \quad \pi_6=\varepsilon, \quad \pi_7=\theta \end{cases} \tag{5.6}$$

根据力学相似现象准则，模型试验满足以下几个相似判据：

$$\begin{cases}\dfrac{C_{\sigma_{\text{管片}}}}{C_{\sigma_s}}=1, \quad \dfrac{C_E}{C_{\sigma_s}}=1 \\ \dfrac{C_\delta}{C_l}=1, \quad \dfrac{C_\gamma C_l}{C_{\sigma_s}}=1 \\ C_\mu=1, \quad C_\varepsilon=1, \quad C_\theta=1\end{cases} \tag{5.7}$$

本章模型试验在广西大学环境发生器中进行，以试验坑的墙壁作为边界约束，根据试验平台尺寸条件，综合考虑粘贴应变计、指示表等工作的可操作性，模型选择几何相似比 $C_l$=7.5、容重相似常数 $C_\gamma$=1 和混凝土管片衬砌弹性模量相似常数 $C_E$=7.5，则模型管片尺寸为外径 80cm，内径为 72cm，管片厚度为 4cm。

列出 $\pi$ 项式和各相似准则方程，计算得到盾构管片和围岩地层各主要物理量的相似比如下：

1）盾构管片衬砌结构。

线位移：

$$C_x=C_gC_l=1\times 7.5=7.5$$

角位移、应变：

$$C_\theta=C_g=1$$

面积：

$$C_{A_s}=C_\sigma C_l^2/C_g=56.25$$

泊松比和内摩擦角：

$$C_\mu=C_g=C_\phi=1$$

衬砌弹性模量、应力和强度：

$$C_{E_c}=C_\sigma=C_{\sigma_r}=7.5$$

弯矩：

$$C_M=C_l^3=421.875$$

面荷载：

$$C_p=1$$

2）围岩地层。

围岩厚度：

$$C_h=C_l=7.5$$

黏聚力和变形模量：

$$C_c=C_{E_s}=1$$

应变和内摩擦角：

$$C_\varepsilon=C_\phi=1$$

围岩应力

$$C_{\sigma_s}=C_\gamma C_l=1\times7.5=7.5$$

3）盾构管片结构尺寸。

管片外径 $D$=80cm，内径 $d$=72cm，管片厚度为 4cm；长度方向不考虑管片拼接，整体成型，$l$=1.6m。混凝土衬砌材料的弹性模量相似常数 $C_{E_s}$=7.5，模型盾构模型管片的钢筋按等强度原则确定。

$$\frac{A_{ps}f_{py}}{A_{pc}f_{pc}}=\frac{A_{ms}f_{my}}{A_{mc}f_{mc}} \tag{5.8}$$

式中：$A_{ps}$——原型结构钢筋面积，$mm^2$；

$A_{pc}$——原型结构混凝土面积，$mm^2$；

$f_{py}$——原型结构受力钢筋抗拉强度设计值，kPa；

$f_{pc}$——原型结构混凝土抗拉强度设计值，kPa；

$A_{ms}$——模型结构钢筋面积，$mm^2$；

$A_{mc}$——模型结构混凝土面积，$mm^2$；

$f_{my}$——模型结构受力钢筋抗拉强度设计值，kPa；

$f_{mc}$——模型结构混凝土抗拉强度设计值，kPa。

推导出模型管片衬砌结构受力钢筋面积为

$$A_{ms}=\frac{A_{ps}f_{py}}{A_{pc}f_{pc}}\frac{A_{mc}f_{mc}}{f_{my}}=\frac{1}{C_l^2}\frac{f_{mc}}{f_{pc}}\frac{f_{py}}{f_{my}}A_{ps} \tag{5.9}$$

模型试验的相似准则一般应由几何方程、平衡方程、边界条件等根据相似理论来进行严格推导，但在膨胀性岩土层中地铁隧道管片结构的受力变形状态十分复杂，难以全部满足相似关系，只能以一种主要变形为主来推导其相似准则。本章模型试验采用的主要物理量相似比如表 5.1 和表 5.2 所示。

**表 5.1　盾构管片模型和原型之间各物理量相似比**

| 物理量 | 线位移 $l$/m | 角位移 $\theta$/rad | 应变 $\varepsilon$ | 加速度 $g$/(m/s$^2$) | 面积 $A$/m$^2$ | 泊松比 $\mu$ |
|---|---|---|---|---|---|---|
| 原型 | 1 | 1 | 1 | 1 | 1 | 1 |
| 模型 | $n$ | 1 | 1 | 1 | $n^2$ | 1 |
| 物理量 | 内摩擦角 $\varphi$ /(°) | 衬砌弹性模量 $E_c$ / Pa | 面力 $p$ / Pa | 应力 $\sigma$ /Pa | 强度 $\sigma_r$ / (N/m$^2$) | 弯矩 $M$/ (N·m) |
| 原型 | 1 | 1 | 1 | 1 | 1 | 1 |
| 模型 | 1 | $n$ | 1 | $n$ | $n$ | $n^3$ |

**表 5.2　围岩填土模型和原型之间各物理量相似比**

| 物理量 | 覆土厚度 $h$ /m | 黏聚力 $c$ / kPa | 变形模量 $E_s$ / Pa | 内摩擦角 $\varphi$ / (°) | 应变 $\varepsilon$ | 地应力 $\sigma_s$ / Pa |
|---|---|---|---|---|---|---|
| 原型 | 1 | 1 | 1 | 1 | 1 | 1 |
| 模型 | $n$ | 1 | 1 | 1 | 1 | $n$ |

根据上述相似比进行模型试验设计和制作，本次模型试验通过改变土体含水率实现膨胀力施加，在土体和管片中埋设传感器测试其应变情况。试验在广西大学环境发生器试验坑中进行，模型按几何相似比 1∶7.5 制作，整体尺寸的长×深×宽为 5m×3m×1.60m。盾构管片外径为 80cm，内径为 72cm，厚度为 4cm；填土材料取自火车东站，严格控制每层填土的含水率和压实度，分层填筑。土体中埋设土压力盒、土壤湿度传感器，盾构管片中粘贴应变计，管片内壁安装指示表，实现对膨胀土中的管片应力及周边土体的围岩压力、变形等物理力学指标的测试。

模型试验整体效果和尺寸图如图 5.3～图 5.5 所示。

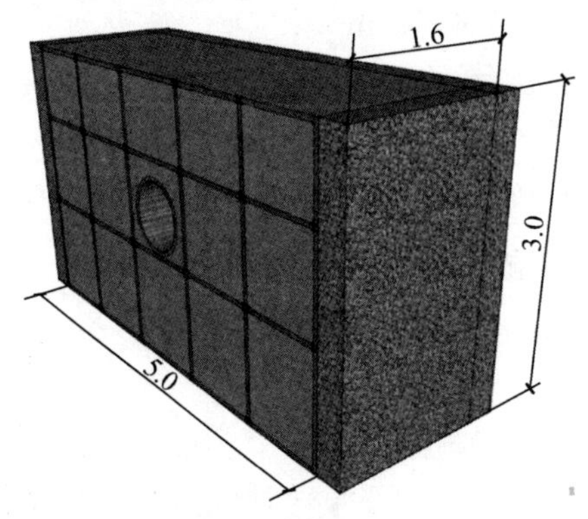


图 5.3　模型试验整体效果图（单位：m）

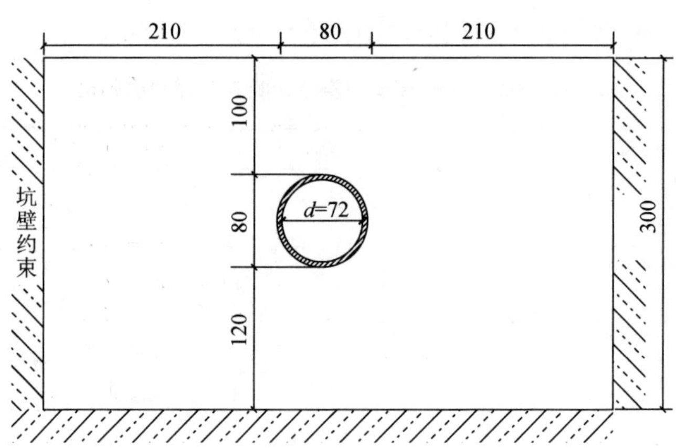


图 5.4　模型试验剖面图（单位：cm）

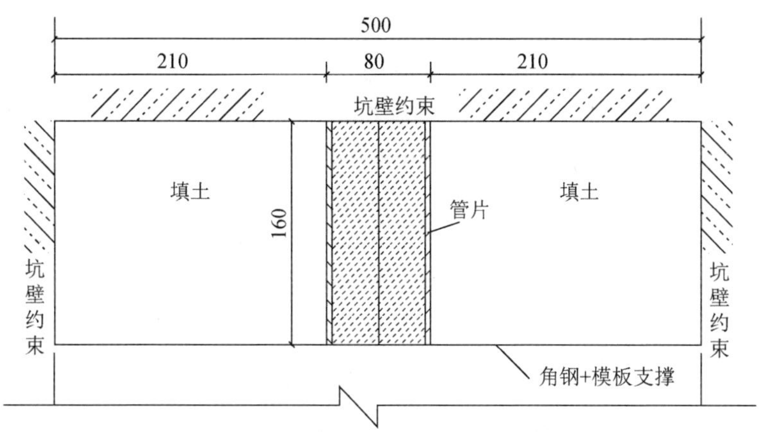


图 5.5　模型试验俯视图（单位：cm）

### 5.1.3　模型试验中传感器设计

在模型试验中，针对土体的含水率变化、土压力变化、管片（钢筋）内力和变形进行了数据采集，共布置了 2 个土压力盒测试断面、4 个应变计测试断面、1 个湿度传感器断面及 1 个管片位移测试断面。各测试断面布置如图 5.6 所示。

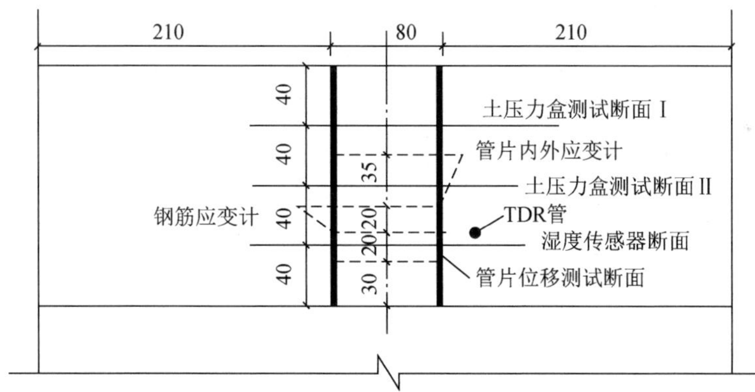


图 5.6　传感器断面布置图（单位：cm）

1. 土体湿度监测

本章模型试验中对土体湿度的变化采用 TDR（time-domain reflectometry，时域反射）法测定。其基本原理是利用高频电子脉冲技术，通过测定电磁波在混合介质中沿着波导棒传播的速度，来确定混合介质的介电常数。一般土壤中水的介电常数是 80，固相介质的介电常数为 3～4，气相介质的介电常数为 1，因此土体的介电常数取决于土体中水的含量，建立两者之间的关系，通过测定土体混合物的介电常数可以推求土体中的体积含水率。TDR 法能够在不破坏土体的前提下对土的含水率进行长期连续的测量，并且具有精度高、稳定性好、操作简便等优点，在现场测量含水率方面比较理想。

本章模型试验设备采用美国 SEC 的 MINI TRASE 土壤水分测试系统，该型号的数据采集设备可以用于不同类型土壤水分的高精度检测和监测。MINI TRASE 是基于时域反射原理的土壤水分测定设备，可以完全实现自动测定、记录、传输的多点土壤水分测定。试验中采用探针式湿度探头传感器，其适用范围为 0～100% 的体积含水率，测量精度为测定范围的±2%，使用标准波导连接器还可以进一步提高精度。本章试验的传感器精度经过实验室标定，测量含水率精度可达到 0.2%。

本章模型试验采用的湿度数据采集设备（MINI TRASE 土壤水分测试系统）和探针式湿度探头传感器如图 5.7 所示。

（a）MINI TRASE 土壤水分测试系统

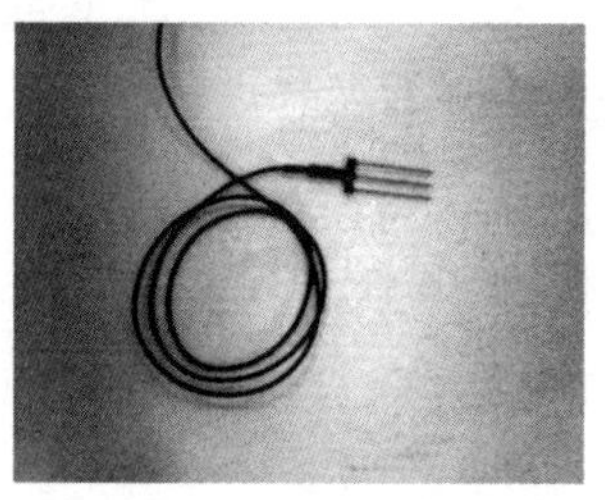

（b）探针式湿度传感器

图 5.7　MINI TRASE 土壤水分测试系统和探针式湿度传感器

模型试验中在管片底部 90° 范围内改变含水率，在距离管片不同位置布设传感器，重点监测范围是管壁下部 90° 土体，离管片近处的传感器多于远处，其布置如图 5.8 和图 5.9 所示。

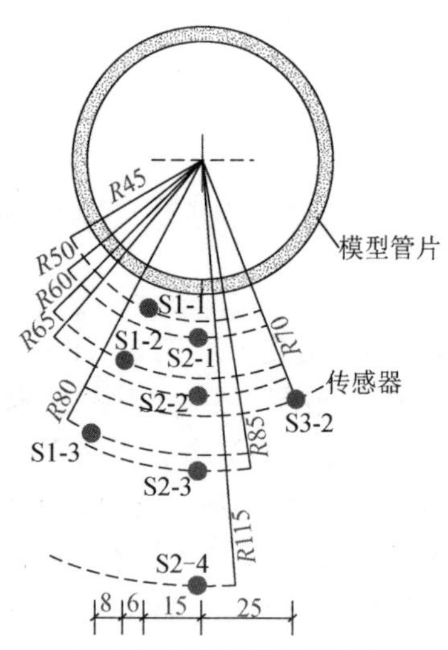


图 5.8　湿度传感器布置图（单位：cm）

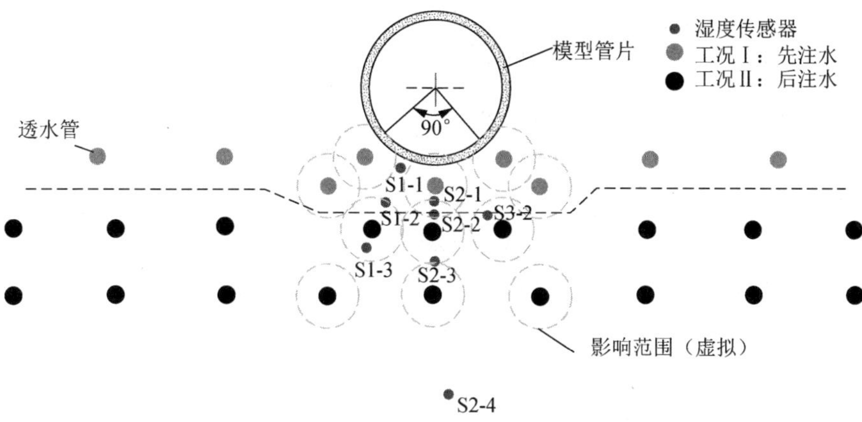


图 5.9　湿度传感器与透水管相对位置（单位：cm）

## 2. 管片内力监测

以应变计沿着管片壁周边每隔 22.5° 的间距进行布置，监测管片的应力、应变，内外对称布置，在管片内、外壁分别布置 16 个应变计。将传感器分别布置于 4 个断面上，以减少测试的尺寸影响。钢筋应变计布置方式与管片内外壁布置一致，应变计布置如图 5.10 和图 5.11 所示。

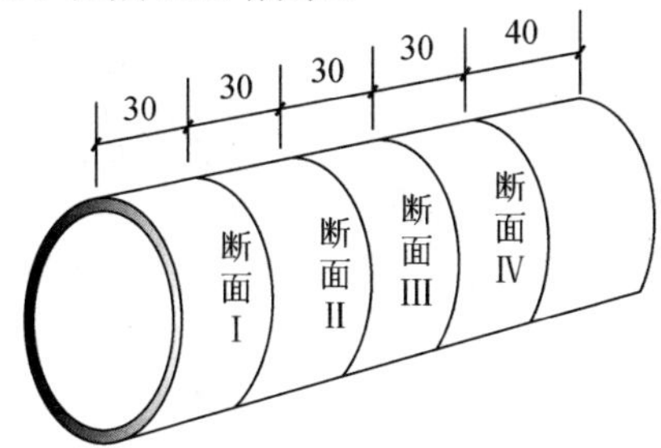


图 5.10　应变计布置断面图（单位：cm）

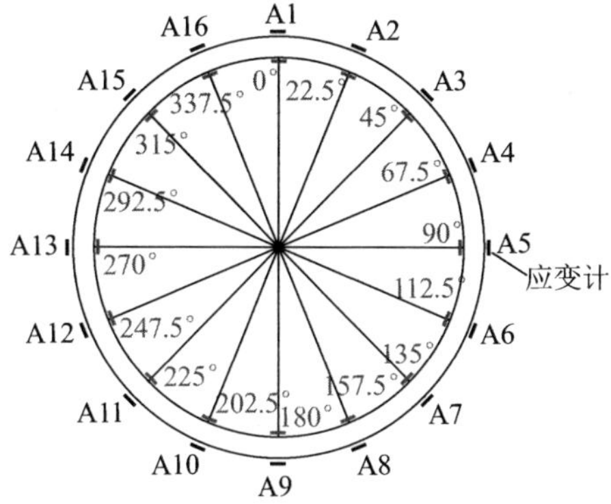


图 5.11　应变计布置平面投影图

本章试验采用浙江黄岩测试仪器厂研制的应变计测量管片及钢筋的应变值，应变计如图 5.12 所示。其中粘贴管片混凝土表面的应变计型号为 BX120-100AA，尺寸为 100mm×3mm；粘贴钢筋表面的应变计型号为 BX120-2AA，尺寸为 3mm×2mm。本章试验中采用电阻式应变计，这种应变计受外界环境影响较大，灵敏系数为 2.08%～2.1%。

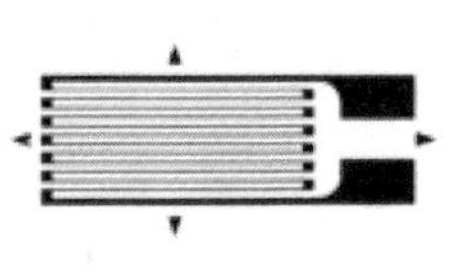

（a）电阻应变计形式

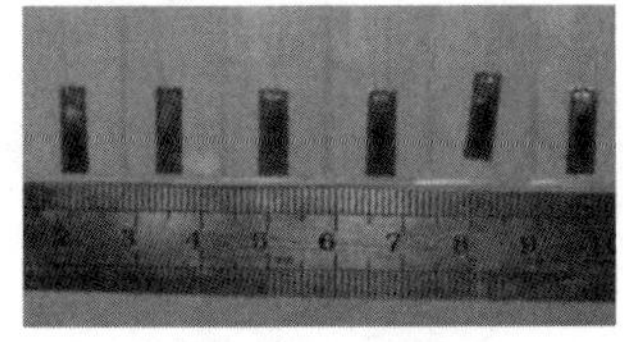

（b）钢筋应变计

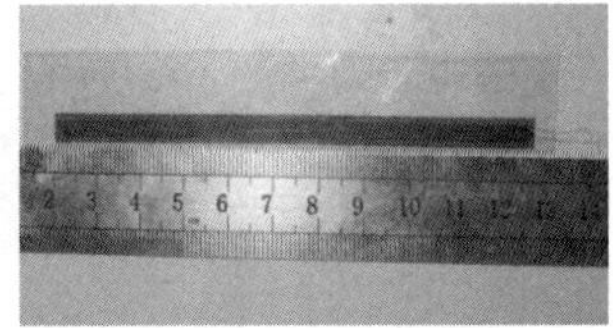

（c）混凝土应变计

图 5.12　应变计

应变计数据采集采用江苏东华测试技术股份有限公司的 DH3815N 分布式静态应变测试系统。该静态应变测试系统是全智能化的巡回数据采集系统，如图 5.13 和图 5.14 所示。

图 5.13　DH3815N 采集箱

图 5.14　现场应变采集（4 台采集箱连接）

3. 管片变形监测

参考前述研究（本书第 4 章数值计算部分）成果，变形监测点采用 9 个大量程的指示表沿着管片内壁 0、45°、90°、135°、180°、202.5°、247.5°、292.5°、337.5° 不对称布置，如图 5.15 和图 5.16 所示。其中，指示表精度为 0.01mm。

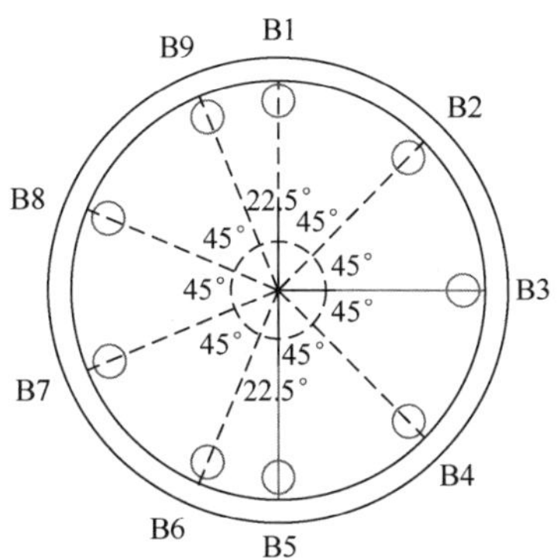


图 5.15　变形测试断面示意图

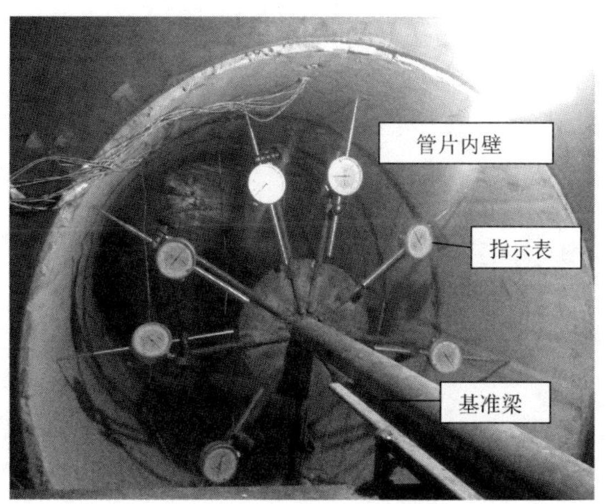


图 5.16　变形监测布置现场

4. 土压力监测

本次模型试验主要通过改变盾构管片下方接触 90° 范围内土体的含水率而产生膨胀力，考虑土压力变化剧烈程度差异，在距离管片附近区域布置较多土压力盒，以采集更多具有针对性的数据。土压力盒分两个断面布置：土压力测试断面 I 有 25 个土压力盒，测试断面 II 有 3 个土压力盒，共计 28 个土压力盒，具体布置如图 5.17 所示。

土压力数据采集采用湖南长沙岩康的电阻式压力盒，土压力数据采集设备为 YKYJ-12 型静态电阻应变仪，如图 5.18 和图 5.19 所示。土压力盒编号为 T1-1～T9-2，产品型号为 YKTY-5203，量程为 0.3MPa，外径规格为 72cm，高度为 2cm，微应变测量精度小于 1.0%，微应变分辨力为 1με。

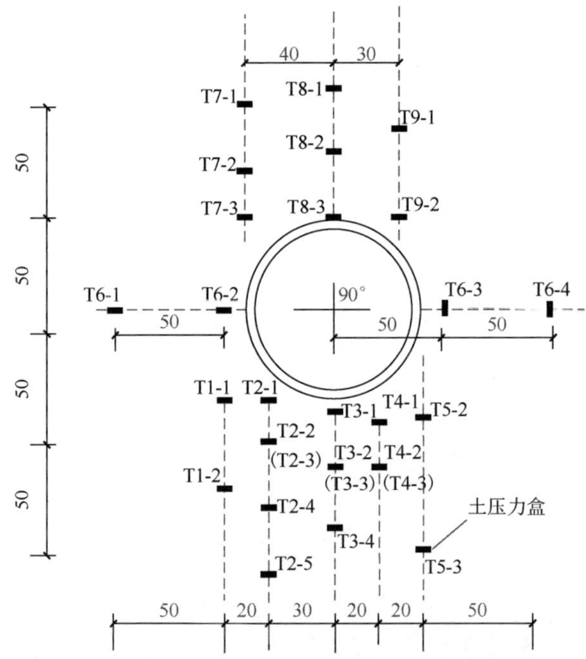


图 5.17　土压力传感器布置断面（单位：cm）

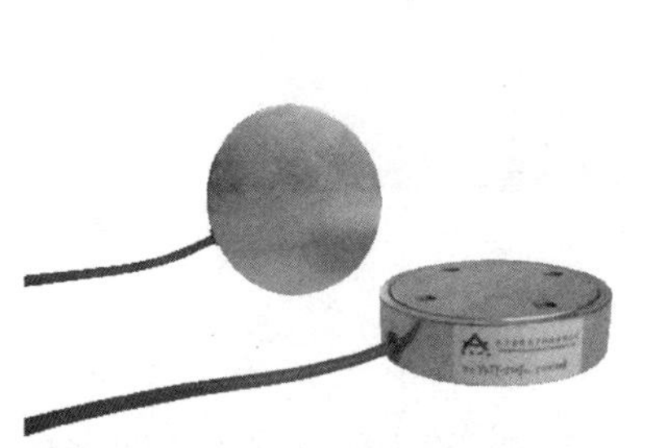

图 5.18　土压力盒

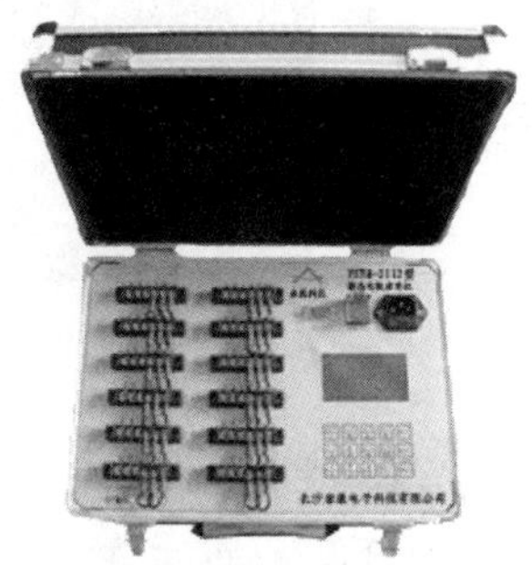

图 5.19　土压力数据采集设备

## 5.2　模型试验的制作及数据采集

### 5.2.1　模型试验边界

膨胀土地区地铁盾构区间的原型中，在一定范围内，管片径向受力沿纵向几乎不变，因此可简化为平面应变状态进行模型试验。地层模拟范围应根据地下结构模型设计精度要求确定，一般要求达到地下结构半径的 3～5 倍，本章模型试验中模型边界取 5.25$R$（$R$ 为管片半径）。模型试验的边界条件一般有位移边界条件和应力边界条件两类。但无论采用何种边界条件，均要考虑边界上与范围以外地层的连续性条件。边界上与结构模型加载架或模型架之间的摩擦力控制是提高地下结构模型试验精度的一个重要因素，常采用摩擦系数较小的材料作为边界的接触材料。本章模型试验在侧壁墙体上先刷一层润滑油，再粘贴双层的聚四氟乙烯薄膜，以减少侧壁的接触摩擦力作用，利用三面试验基坑墙壁作为边界约束，一侧约束以钢架支撑为支挡结构，如图 5.20 和图 5.21 所示。

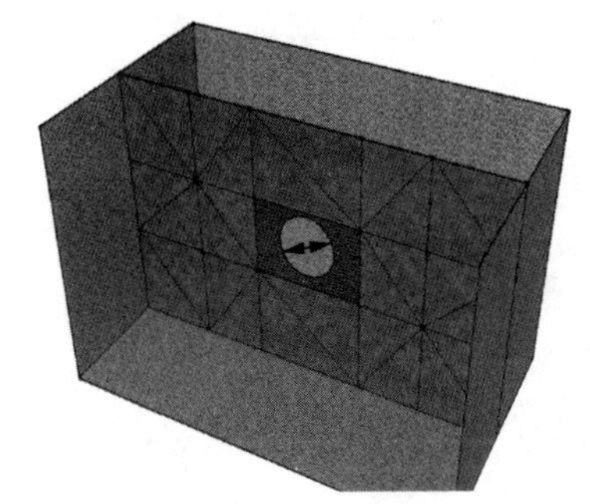

图 5.20　侧壁支撑示意图

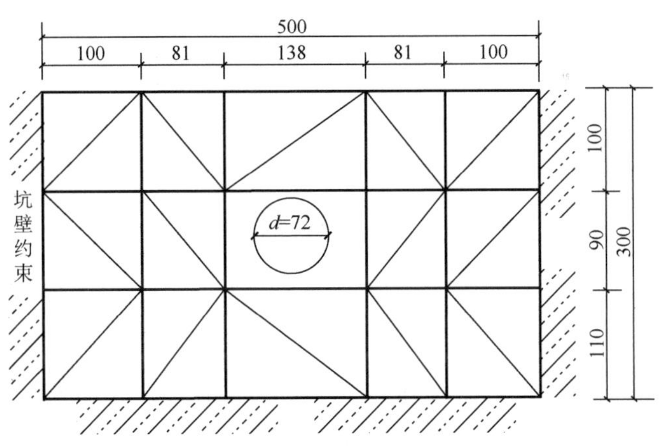


图 5.21　侧壁支撑结构图（单位：cm）

## 5.2.2　盾构管片模型制作及安装

### 1. 材料和配比

模型中盾构管片采用细钢筋网配筋成型，以石膏与水泥混合浇筑而成。石膏制作模型的优点是其弹性模量可以改变，泊松比接近混凝土并具有一定的线弹性，且易成型，成本低，可操作性强；缺点是材料的防水性差，且抗拉强度低。

地铁盾构管片选用的混凝土等级为 C50，弹性模量取值为 34.5GPa[5]，根据之前的相似性推导，管片材料弹性模量相似常数选择 $C_E$=7.5，要求材料弹性模量为 4.6GPa。

选用水泥为外掺剂，通过制作小试样试验测定强度和弹性模量，确定合适的石膏模型的配比掺量。分别按石膏∶水∶水泥=1∶1.3∶0.5、1∶1.3∶0.7、1∶1.3∶0.9 共 3 组配合比，增加或减少水泥的掺量，制作 3 组试样（每组 3 个），在材料强度试验机上进行抗压强度试验，测定试样的抗压强度曲线，得到材料的弹性模量和泊松比；同时按石膏∶水∶水泥=1∶1.1∶0.7、1∶1.3∶0.7、1∶1.5∶0.9 共 3 组配合比，确定混合物的流动性和强度性能，部分试验照片如图 5.22 和图 5.23 所示。

图 5.22　调整配合比制作小试样

图 5.23　材料强度试验机

经过试验，最后确定配合比为石膏∶水∶外加料（水泥）=1∶1.3∶0.7。试块经过 14d 养护，进行强度及弹性模量测试，得到的混合材料抗压强度为 $f_c = 8.13\text{MPa}$，泊松比为 $\mu = 0.201$，弹性模量为 $E = 4.5\text{GPa}$，$C_E = \dfrac{E_p}{E_m} = \dfrac{34.5\text{GPa}}{4.35\text{GPa}} =$ 7.93，误差为 5.7%，满足模型设计要求，且随养护时间增加，其弹性模量略有增大[6]，误差会进一步降低。

混合材料的初凝时间少于 10min，因此需要加入缓凝剂。经过多次试验，选取硼砂掺量为 0.7%，缓凝效果明显，初凝时间可延长到 45min，且对材料的强度影响较小。

2. 钢筋笼制作

模型中钢筋配筋遵循相似理论，按照等强度原则配筋，混凝土衬砌材料的弹性模量相似常数为 7.5，代入式（5.9）得

$$A_{ms} = \frac{1}{C_l^2}\frac{f_{mc}}{f_{pc}}\frac{f_{py}}{f_{my}}A_{ps} = \frac{1}{7.5^2}\times\frac{11.9\text{kPa}}{23.1\text{kPa}}\times\frac{300\text{kPa}}{300\text{kPa}}\times 2412.7\text{mm}^2 = 22.1\text{mm}^2$$

根据初步设计中原型管片设计资料：管片直径为 6.0m，厚度为 30cm；钢筋配置环向受力钢筋内侧 $\phi$12@16，外侧 $\phi$12@18，幅宽为 1.5m。经过计算，模型试验中管片配筋为：保护层 1cm，管片环向受力筋，内圈配筋为 $\phi$3@50，外圈配筋为 $\phi$3@65。纵向构造配筋时，内圈布置 18 根（直径为 3mm），外侧布置 18 根（直径为 3mm），管片模型按双层配筋，环向钢筋为受力筋，纵向钢筋按构造配筋，配筋图如图 5.24 所示。

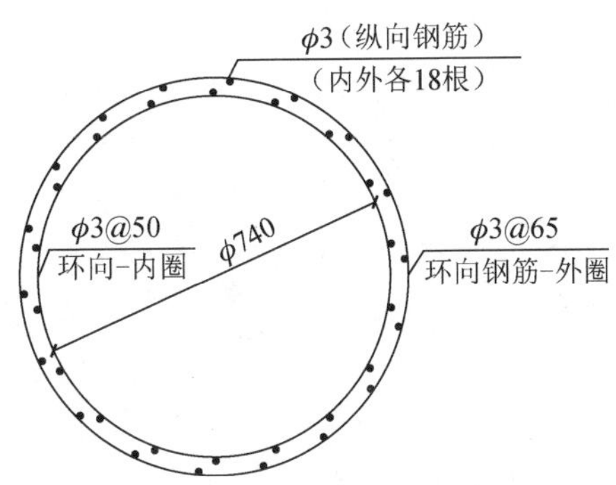


图 5.24　管片-钢筋笼配筋图（单位：mm）

钢筋笼的配筋数量确定后，按照设计尺寸和间距绑扎成型。钢筋笼制作完成后按照模型设计要求粘贴应变计，并做好应变计的保护措施。

3. 管片浇筑及吊装

管片的制作过程如下：①将内外模板粘贴油毡纸，润湿；②将内模板定位，把贴好应变计的钢筋笼固定在设计位置，组合外模，用钢丝绑扎固定；③将混合材料按照设计配合比配制，搅拌，浇入模板，养护 7d 后拆模；④拆模后继续养护 7d 直到强度达到设计要求。现场制作照片如图 5.25 和图 5.26 所示。

图 5.25　管片内模

图 5.26　预制成型的盾构管片

在成型的管片外侧粘贴应变计，操作同钢筋应变计粘贴步骤。粘贴好应变计后，接引出导线，保护好应变计，并在外部涂刷两层防水涂料。整个操作过程应特别注意对应变计和引出线的保护。

先将填土回填至 1.6m 高程，使与管片底部接触的填土能够覆盖平整并达到设计密实度要求。接着开挖一个半圆柱槽，直径为 80cm，底部在安放管片前填充薄层水泥+石膏混合材料，将养护好的管片吊装至设计位置，挤出多余填料，保证管片与填土接触紧密。现场管片安装操作如图 5.27 和图 5.28 所示。

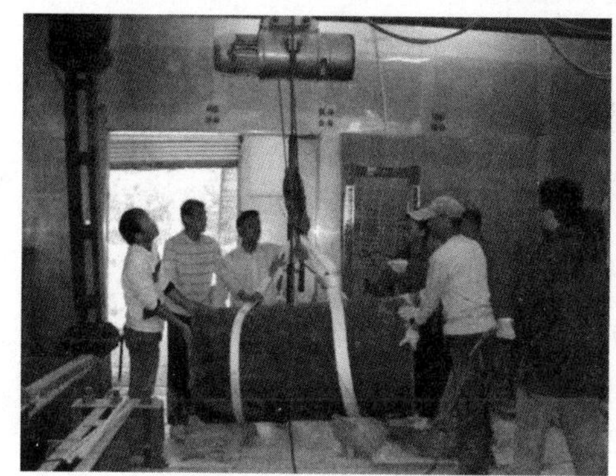

图 5.27　管片吊装

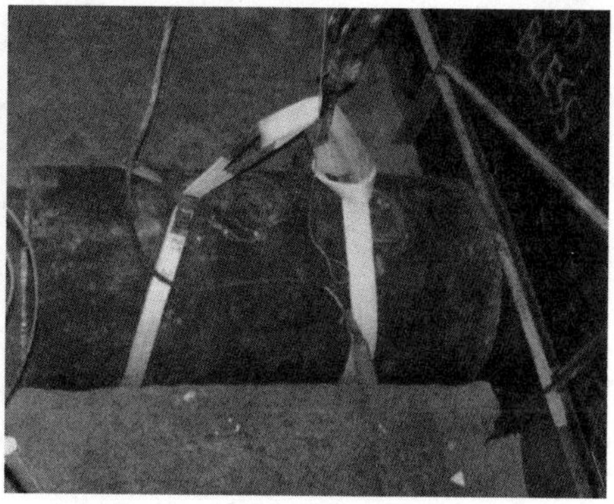

图 5.28　管片吊装到位

## 5.2.3　膨胀性围岩模拟

膨胀性围岩采用重塑样按设计含水率、预定干密度回填制作，土样取自南宁地铁火车东站的膨胀性泥岩，取现场原状土样进行物理力学试验，试验结果如表 5.3 所示。

**表 5.3　土样物理力学指标**

| 土的物理性质 | | | 界限含水率 | | | 直剪试验 | |
|---|---|---|---|---|---|---|---|
| 含水率/% | 湿密度/（g/cm³） | 干密度/（g/cm³） | 液限/% | 塑限/% | 塑性指数 $I_P$ | 黏聚力/kPa | 内摩擦角/（°） |
| 16.40 | 2.21 | 1.9 | 36.9 | 17.2 | 19.7 | 166.6 | 20.9 |
| 收缩试验 | | 不同压力下的膨胀率/% | | | | 膨胀力/kPa | 自由膨胀率/% |
| 缩限/% | 收缩系数 | 0 | 50kPa | 100kPa | 200kPa | | |
| 9.33 | 0.36 | 7.11 | 1.72 | 1.11 | 0.64 | 117.4 | 51 |

该胀缩性岩土颜色为灰绿色，中等风化，其自由膨胀率为 51%，大于 40%，根据《膨胀土地区建筑技术规范》（GBJ 112—2013）中第 2.3.3 条对膨胀土的定义可知，当膨胀土自由膨胀率为 40%< $\delta_{ef}$ <65%时，为弱膨胀土。

根据第 3 章对膨胀力的影响因素研究，土样干密度和含水率是影响膨胀力的最主要因素。在本章模型试验中，碾压填筑土体的干密度一定，改变土体的含水率使围岩土体产生膨胀力。通过进行膨胀力相关室内试验，控制干密度不变（本次模型试验的填土参数取详细勘察报告的干密度平均值 1.80g/cm$^3$），根据含水率由 10%增大至 23%时膨胀力的变化情况，得到含水率-膨胀力关系曲线，结果如图 5.29 所示。

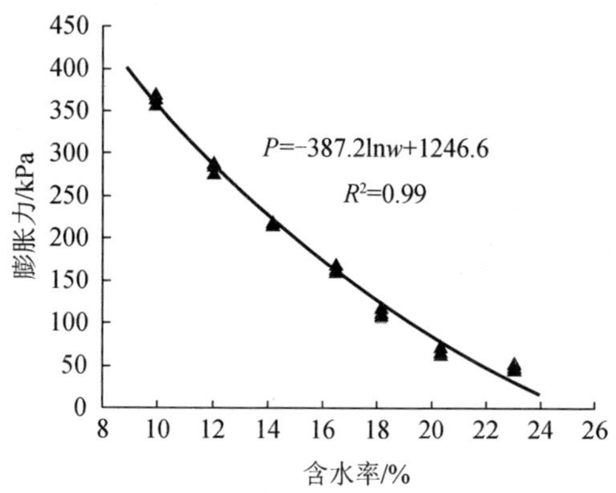


图 5.29　含水率-膨胀力的关系曲线（土样干密度为 1.80g/cm$^3$）

从图 5.29 看出，在干密度一定时，其膨胀力值随着初始含水率增大而呈对数减小，其膨胀力-土体含水率拟合关系式为

$$P = -387.2\ln w + 1246.6 \tag{5.10}$$

式中：$P$——膨胀力，kPa；

$w$——土体初始含水率，%。

通过上述研究，本次模型试验的填土参数取干密度为 1.80g/cm$^3$，初始含水率为 16.5%，当其含水率增大至饱和时，膨胀力约为 130kPa。

模型的填土材料为重塑土样，设计尺寸，即长×高×宽=5m×3m×1.6m=24m$^3$。取土过程如下：现场挖取土样→拍碎晒干→粉碎成细颗粒→袋装土料运回实验室，待进行下一步的闷土制样过程。模型试验的闷土过程如下：平摊土料（一般每层约 2 包土料）→整平→喷雾器洒水（喷洒设计定量的水，要求水滴呈雾状）→平摊土料进行下一层土料→土料 20cm 厚度左右覆盖尼龙纸塑料薄膜，闷料 12h→将闷料重新翻一遍，使含水率尽量均匀→覆盖尼龙纸塑料薄膜，闷料 24h 待用。经过如上操作，通过室内试验测定每堆土料的含水率，控制实际与设计含水率偏差不超过 1%。土料制作过程如图 5.30 所示。

（a）铺土

（b）整平

（c）洒水

（d）闷土

图 5.30　土料制作过程

模型试验土体填筑：土体按每 10cm 一层分层填筑，压实后每层填土取样进行密度和含水率试验，以控制填土达到设计干密度要求，控制现场误差不超过 5%。当填土完成后，选择代表性土层取样，做剪切试验、膨胀力等力学试验。碾压填筑过程如图 5.31 所示，部分现场照片如图 5.32 所示。

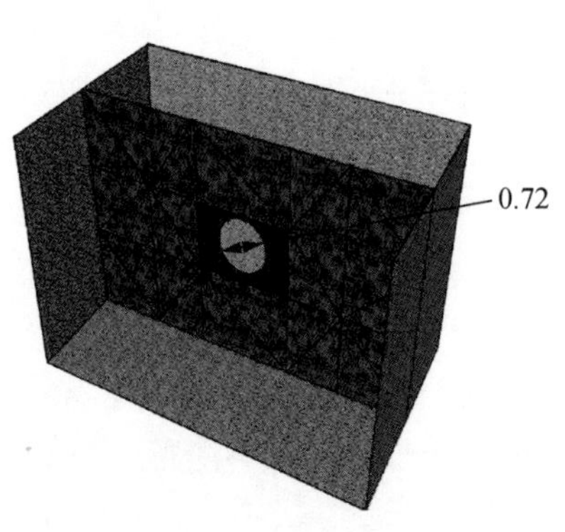


（a）模型边界支撑

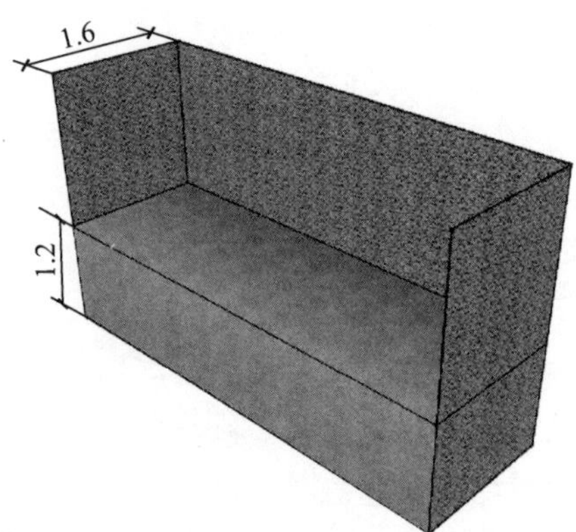


（b）分层填筑填土至高程1.2m

图 5.31　碾压填筑过程（单位：m）

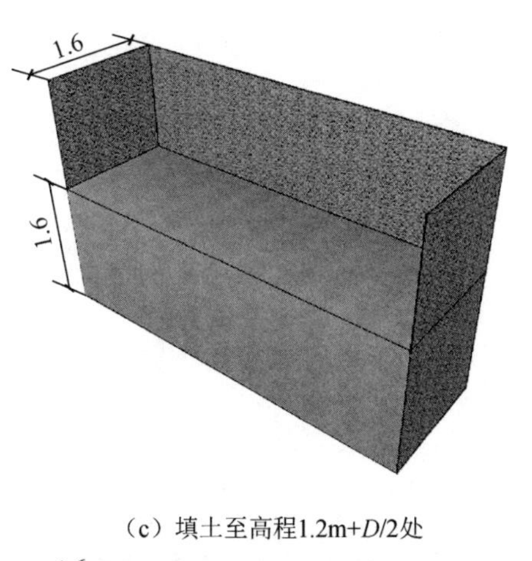


（c）填土至高程1.2m+$D/2$处

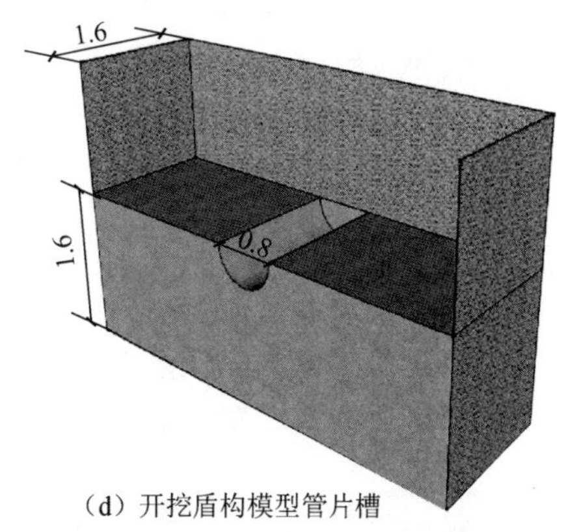


（d）开挖盾构模型管片槽

（e）吊装预制的盾构管片模型

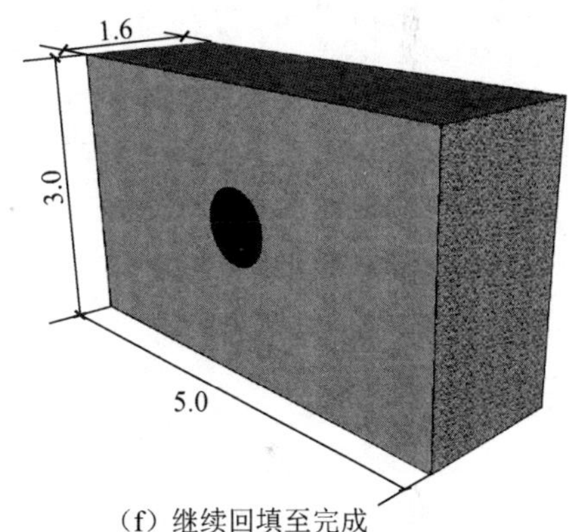


（f）继续回填至完成

图 5.31（续）

（a）模型边界支撑

（b）夯击填筑

图 5.32　部分模型制作现场照片

（c）每层填土取样试验　　（d）填土至 0.6m 埋设注水管

（e）填土至 2.0m 埋设传感器　　（f）填土至 2.5m

（g）填土完成后　　（h）填土完成后各传感器就绪

图 5.32（续）

### 5.2.4　膨胀力荷载施加及数据采集

当膨胀性围岩介质含水率增大时，膨胀土吸水膨胀，当变形受到约束时将会对盾构管片产生一定的膨胀力。本章模型试验以此为主要研究思路，即通过改变盾构管片周边土体的含水率使其产生膨胀力，以研究膨胀土对管片内力和变形的影响。

根据地层组合模型研究和数值计算成果，在底部 90° 范围内施加膨胀力时，对管片结构受力最不利，因此本章模型试验采用在管片底部土体中埋设透水管的方式改变土体含水率。参考实际隧道工程中盾构管片土体含水率的改变，一般由管片附近向远处传递，因此注水时先改变靠近模型盾构管片附近的土体含水率，待其趋于稳定后，再改变较远距离土体的含水率。

根据室内尝试性小模型试验结果，实测透水管改变含水率的有效影响范围，14d 后影响半径约为 15cm，透水管的布置如图 5.33 所示。透水管采用直径为 1.0cm 的软管制作，四周设梅花孔，水可由孔中渗漏。透水管外壁包裹两层土工布，防止透水管孔堵塞，同时将透水管的端头予以封堵，另一端连接进水口。在水管的长度方向间隔 15cm 用导水性能良好的棉线绕一圈并向外延伸，增加渗透路径，以提高渗透效率。

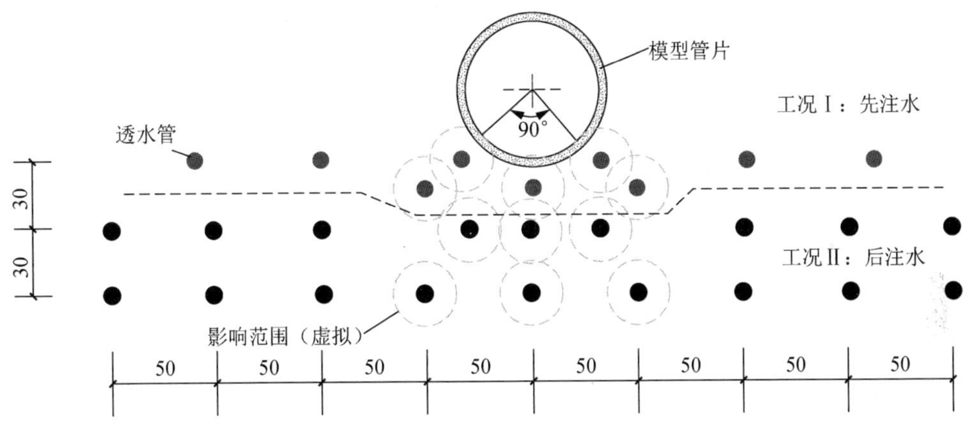


图 5.33　透水管布置剖面图（单位：cm）

填土完成后，模型静置 5d。先改变靠近模型盾构管片附近的土体含水率，即工况 I，先对靠近管片的第一、二层透水管注水，模型静置 5d 稳定后开始注水，每 6h 一次开水龙头注水 1h；注水 3d 后，再同时将第三层、第四层透水管注水以改变较远处的土体含水率，即工况 II，直至整个模型土体的含水率基本稳定；第 20d 注水方式改变，每天只注水 10min，保持透水管中充满水。

含水率数据采集频率：开始注水时每隔 3h 一次，至含水率每隔 6h 改变量小于 0.1%，将读数频率改为 6h 一次（约自开始注水 5d 后）；至含水率每隔 12h 改变量小于 0.1%，将读数频率改为 12h 一次（约自注水 10d 后），持续到试验结束。试验结束标准：土体中 48h 含水率数据变化小于 0.1%。

土压力数据采集：开始注水前 3d，土压力波动较为明显，数据每隔 3h 采集一次；待第 4d 后每 6h 采集一次；注水后第 15d 后，每隔 12h 采集一次，持续到试验结束。管片变形读数采集频率与土压力数据采集相同。

管片的应变数据采集：通过数据采集仪可以实现自动化采集。注水 1d 后，应变数据每隔 1h 采集一次；2d 后发现应变数据略有振荡但是变化不剧烈，因此将应变数据采集时间调整为每隔 3h 采集一次；第 4d 后，每隔 6h 采集一次。注水 15d 后，土压力数据每隔 12h 采集一次，持续到试验结束。

## 5.3 模型试验的数据分析

### 5.3.1 膨胀土围岩湿度

本章模型试验中对土体湿度的变化监测采用美国SEC的MINI TRASE土壤水分测试系统监测，模型试验中改变含水率是在管片底部 90° 范围内，因此在距离管片不同位置布设传感器，重点监测范围是管壁下部 90° 土体，离管近处传感器多于远处。土体含水率通过 9 个湿度传感器采集，其中编号 S3-1 的湿度传感器损坏，其余传感器工作正常。本章模型试验经过近 40d 含水率的数据采集，测得的土体含水率变化如图 5.34 所示。

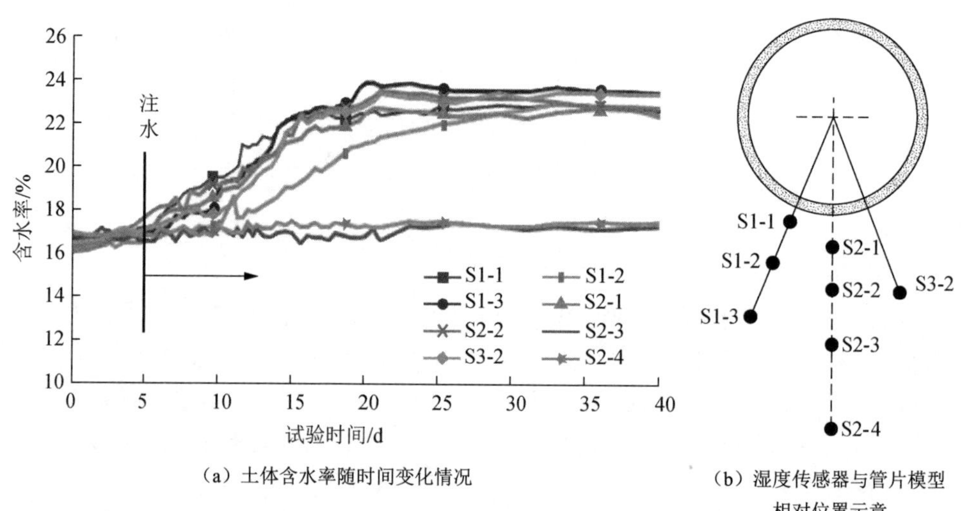


(a) 土体含水率随时间变化情况　(b) 湿度传感器与管片模型相对位置示意

图 5.34　土体含水率变化

由图 5.34 可以看出，随着不断注水，土体含水率不断增加，注水到第 25d 时，基本保持不变。离管片外壁较远的 S2-3 和 S2-4，其含水率变化不明显；而其余湿度传感器的含水率改变明显，且变化规律基本一致。因此选取典型的湿度传感器

S2-2 和 S2-4 数据进行含水率的变化过程分析，其数据结果如图 5.35 所示。

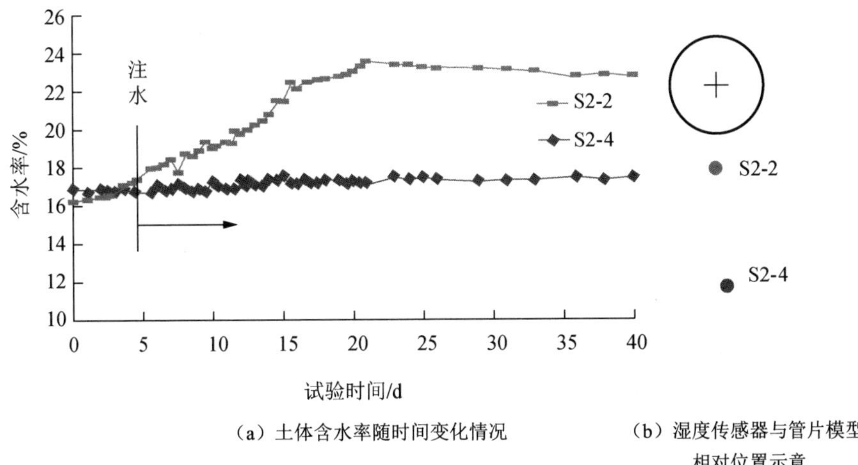


(a) 土体含水率随时间变化情况

(b) 湿度传感器与管片模型相对位置示意

图 5.35 土体含水率改变（S2-2、S2-4）

由图 5.35 看出，S2-4 传感器距离模型盾构管片外壁 70cm，距离透水管较远，实测初始含水率为 16.8%，随着注水时间的增长，含水率值略有升高，至 17.4%时，趋于稳定。整个试验过程土体含水率变化较小，可以认为该传感器周边的土体基本保持原有含水率不变。传感器 S2-2 靠近管片区域，其含水率变化比较典型，随着注水时间增长数值持续增大，第 20d 土体含水率达 23.5%后趋于稳定（约为室内饱和含水率）。因此，可以认为靠近盾构管片附近土体的含水率随注水时间增长而逐渐增大，直至土体趋于饱和状态。

管片底部靠近管片 50cm 以内的土体，初始含水率平均值为 16.8%，在注水 30d 后稳定的含水率平均值为 23%，含水率增加量约为 7%；而距离管壁外壁 50cm 以外土体的含水率基本保持不变。

## 5.3.2 膨胀土围岩土压力变化

本章模型试验在管片周边不同位置布设土压力传感器，以测得其土压力的变化。土体的土压力通过 29 个电阻式土压力盒进行测量（其中土压力盒 T3-1 在注水 28d 后损坏，T5-1 在试验前期损坏）按照与管片中线距离进行分组整理。

经过近 40d 土压力数据采集，随着填土体含水率增大，靠近管片处土压力有所增大。将数据进行分组整理，如图 5.36 所示。在土压力随时间变化关系曲线中，增加土体的含水率-时间变化曲线，以反映土压力与土体含水率的变化关系。

对图 5.36 中土体中各组土压力传感器数据进行分析，如表 5.4 所示。

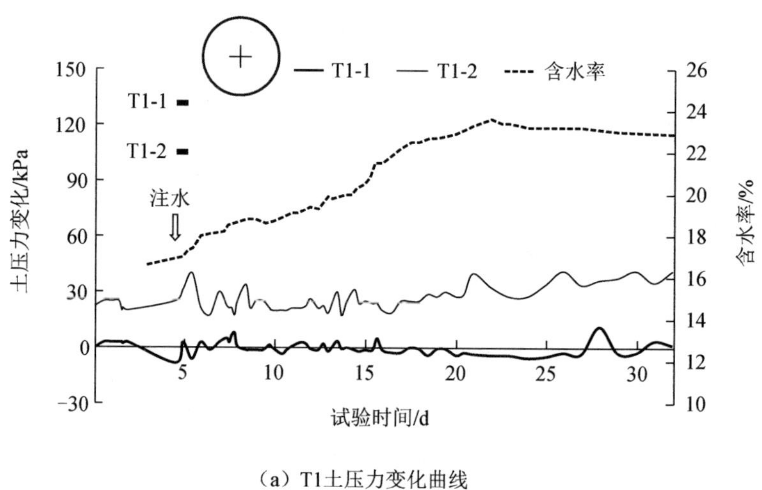


（a）T1土压力变化曲线

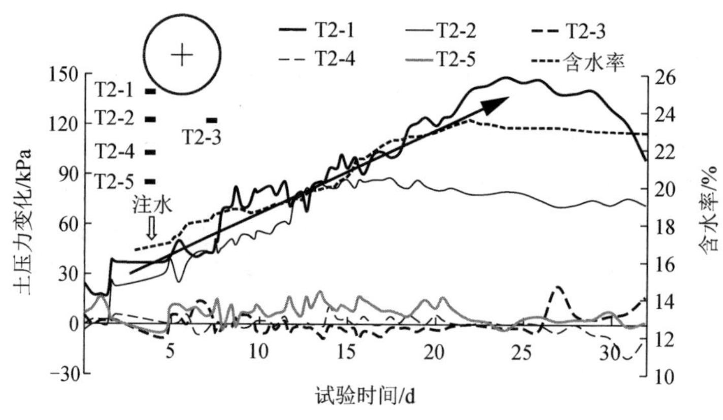


（b）T2土压力变化曲线

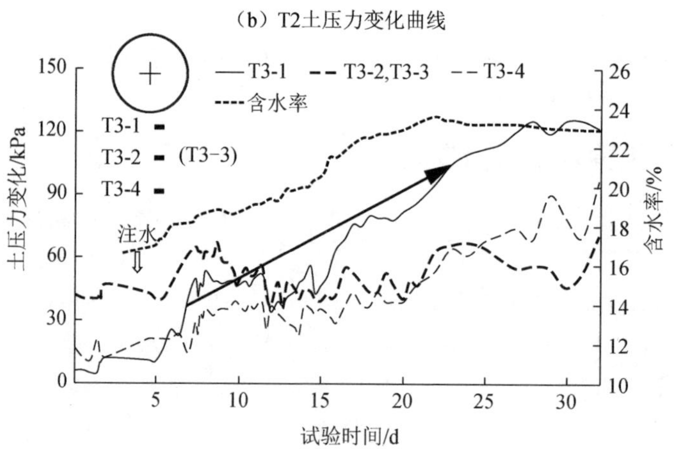


（c）T3土压力变化曲线

图 5.36 土压力变化曲线

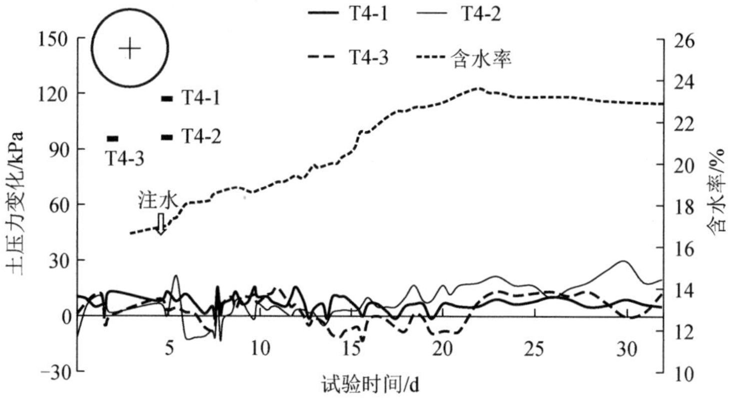


（d）T4土压力变化曲线

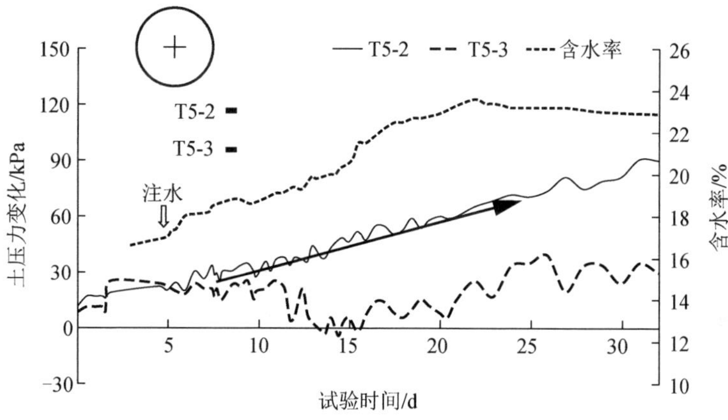


（e）T5土压力变化曲线

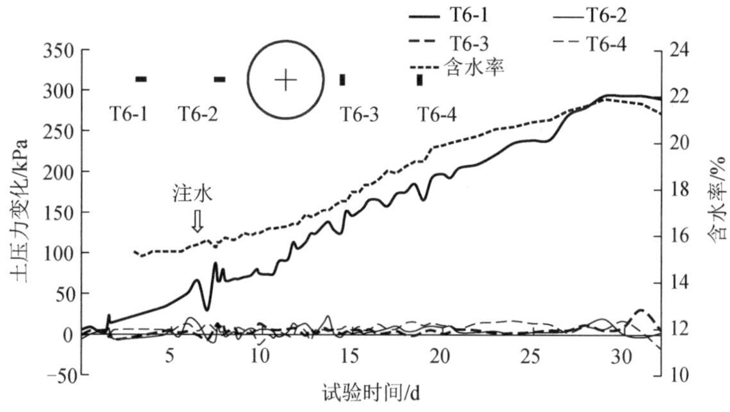


（f）T6土压力变化曲线

图 5.36（续）

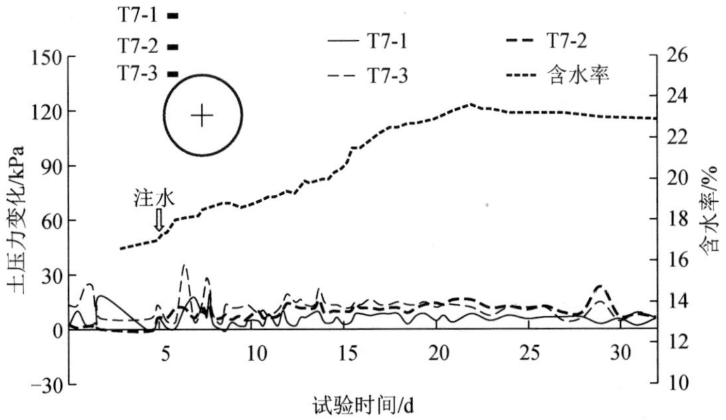


（g）T7土压力变化曲线

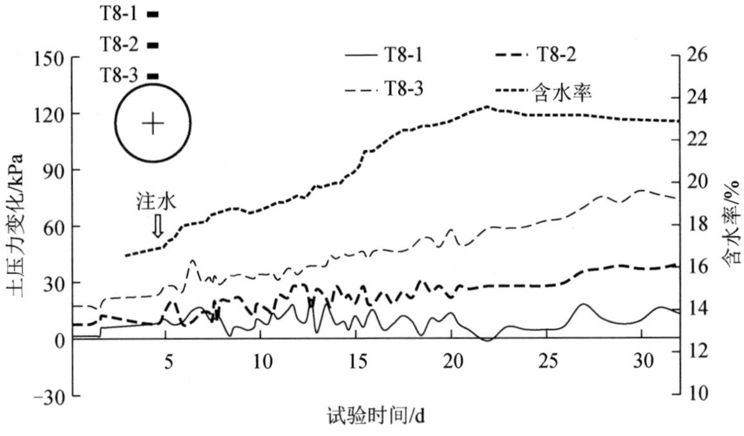


（h）T8土压力变化曲线

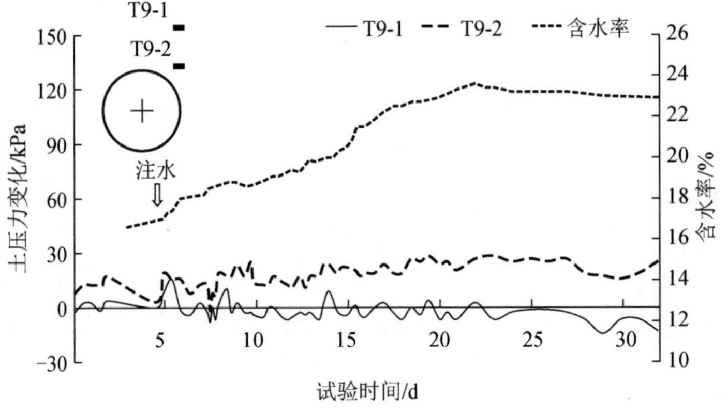


（i）T9土压力变化曲线

图 5.36（续）

表 5.4　土压力变化情况

| 序号 | 图名 | 描述 |
|---|---|---|
| 1 | 图 5.36（a）中 T1 土压力变化 | T1-1、T1-2 土压力随着加水时间略有增大，但是变化不明显 |
| 2 | 图 5.36（b）中 T2 土压力变化 | T2-1 在注水初值，土压力增大趋势明显；直至增加到第 28d，土压力有所降低；土压力在最大时为 150 kPa，后期有减小，28 d 时约为 120kPa。T2-2 规律同 T2-1，在初始注水时，土压力增加，但增加幅度较 T2-1 小，最大数值约为 70kPa，且在第 20d（注水方式改变，基本保持土体中含水率不变）后土压力基本保持不变。T2-3、T2-4、T2-5 随含水率改变其土压力略有波动，但是无明显变化 |
| 3 | 图 5.36（c）中 T3 土压力变化 | T3 规律与 T2 一致。T3-1 在注水初期，随着含水率增加土压力增大明显，直至增加到第 28d，土压力增加至最大时数值为 120kPa。T3-2 与 T3-3 变化规律一致，由注水初期的 20kPa 增大到 28d 的 80kPa，增大量约 60kPa。T3-4 随着含水率的增大而波动变化，规律不明显 |
| 4 | 图 5.36（d）中 T4 土压力变化 | T4-1、T4-2、T4-3 随着含水率增大而波动变化，略有增大，土压力变化规律不明显 |
| 5 | 图 5.36（e）中 T5 土压力变化 | T5-1 失效未能获得其土压力数据。T5-2 随着含水率增加土压力增大，土压力增加数值约为 50kPa。T5-3 随着含水率增大而波动，规律不明显 |
| 6 | 图 5.36（f）、(g)、(i) 中 T6、T7、T9 土压力 | 土压力无变化，主要原因是 T6、T7、T9 位于管片中部和上部，本次模型试验只改变管片底部土体含水率，对管片中部以上土体含水率无影响，因此实测其土压力虽略有波动，但无明显变化（其中 T6-1 数据异常） |
| 7 | 图 5.36（h）中 T8 土压力 | T8 传感器位于管片中心正上方，虽然管片中部以上土体含水率没有改变，但是受管片底部膨胀力影响，其土压力仍有增大趋势，数值变化不大，且越接近管片外壁土压力变化值越大，距离管片较近的 T8-3 增加数值为 30kPa，T8-2 增加数值为 20kPa，而 T8-1 无明显变化 |

通过对以上土压力数据整体变化规律的分析，得到以下结论：

1）在同一断面中，传感器在管片中心轴线上土压力数值变化最大，随着距离管片中心轴线距离越大其土压力变化数值越小：处于管片中心轴线的 T3 土压力变化明显，T3-1 土压力变化约为 110kPa，T3-2 土压力变化约为 70kPa；距离管片中心轴线 30cm 的 T2-1 土压力变化为 120kPa，T2-2 土压力变化约为 50kPa；距离管片中心轴线 40cm 的 T5-2 最大土压力变化为 50kPa，T5-3 土压力变化约为 10kPa；距离管片中心轴线 50cm 的 T1 土压力无明显变化。处于管片顶部中心轴线的近管片的 T8-3 土压力变化为 30kPa，稍远的 T8-2 土压力变化为 10kPa。

2）同一剖面中不同高程处，靠近盾构管片的土压力变化较大，距离越远处土压力变化数值越小。以中心轴线上的传感器 T3 和 T8 分析：位于管片底部中线的 T3，距离盾构管片外径 10cm 的 T3-1 土压力变化数值约为 110kPa，距离盾构管片外径 30cm 的 T3-2 土压力变化数值约为 70kPa，距离盾构管片外径 60cm 的 T3-3 土压力数值无明显变化；而位于管片顶中线的 T8，距离盾构管片外径 5cm 的 T8-3 土压力变化数值约为 30kPa，距离盾构管片外径 35cm 的 T8-2 土压力变化数值约为 20kPa，距离盾构管片外径 60cm 的 T8-1 土压力数值变化不明显，且比盾构管片底部土压力数值变化小。

将以上土压力按与管片中线距离分两组（一组为距离小于 50cm，另一组为大于 50cm）进行整理，结果如图 5.37 所示。

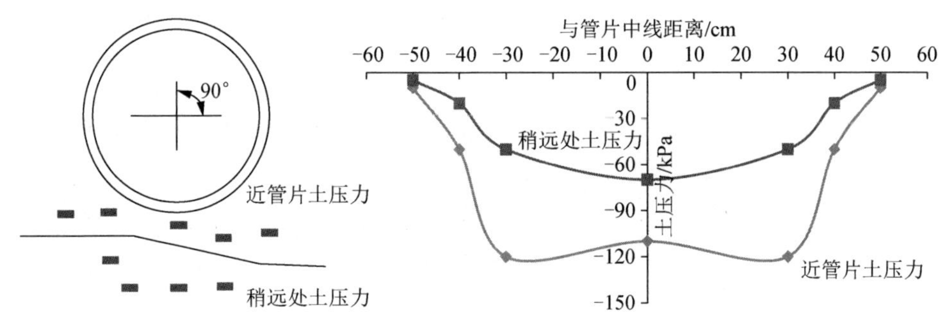


图 5.37　管片-土压力中线距离关系

3）本章模型试验中，填土干密度为 1.80g/cm$^3$，含水率为 16.5%，通过注水管向土体加水，土体含水率增大至饱和状态（约 23%），根据第 2 章中膨胀力室内试验得到的膨胀力-含水率拟合关系即

$$P = -387.2\ln w + 1246.6 \tag{5.11}$$

将含水率取值代入式(5.11)，计算得到其周边填土对模型管片的膨胀力为 129kPa。

模型试验中，考虑测量误差，管片因土体含水率增加而受到的最大土压力取实测值和室内试验公式估算值的较大值，约为 130kPa。

### 5.3.3　盾构管片变形情况

本章模型试验在管片内壁不同位置布设百分表以测量管片在受到土体膨胀力作用时变形情况。参考数值计算结果，变形监测采用 9 个大量程的指示表沿着管片内壁 0、45°、90°、135°、180°、202.5°、247.5°、292.5°、337.5°不对称布置。经过近 40d 的变形数据采集，应变数据表明随着填土体含水率增大，管片变形增大，将实测模型管片的累计变形数据进行整理，结果如图 5.38 所示。

图 5.38 反映了管片内壁随着时间变化的累计变形情况（其中变形值为正值表示内向收敛，负值表示外向伸张）。从图 5.38 还可以看出，管片的变形随着时间增长而增大，而增长至注水 15d 后变形量趋于稳定。变形绝对值最大是 B5，依次为 B4、B1、B2、B8、B6、B7、B9、B3，其中 B3 变化量最小。管片底部土体含水率增大时，土体膨胀，管片的最大变形量发生在 B5 处，即管片底部中心处，方向向上，最大值为 1.18mm。

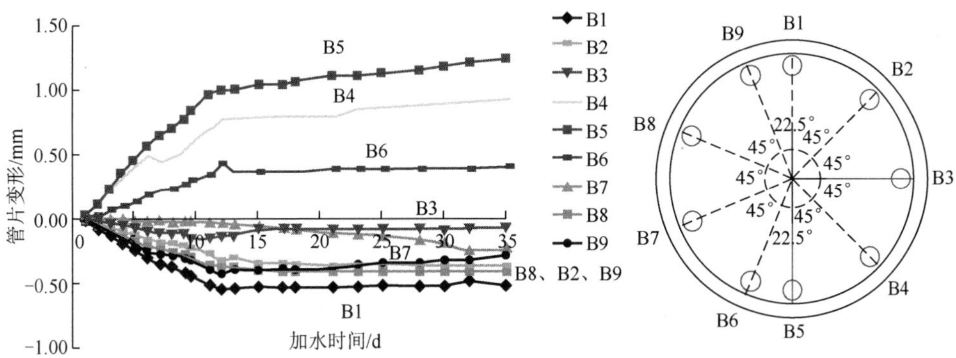


图 5.38 管片变形-时间关系

将各管片内壁各点的累计变形，投影到管片位置中，如图 5.39 所示。

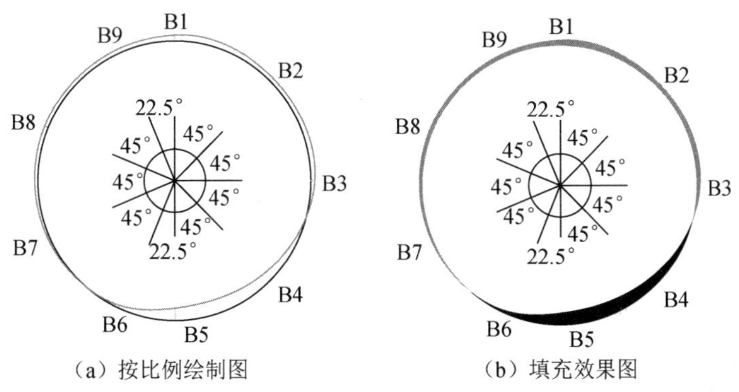


图 5.39 管片累计变形图

从图 5.39 看出，管片顶部 B1 和管片上部 B2、B9，变形数值都为负值，即向外挤压，向上数值最大为 0.5mm，分析其原因可能是底部受到膨胀力，而管片上部填土的压实度偏低，土体中存在一定孔隙，因此管片略有向上变形。管片中部两侧 B3、B8、B7 变形为负值，即向外伸展，B3 变形值变化最小。管片底部 B6、B5、B4 变形为正值，向内径向收敛，即管片底部向上隆起变形；变形最大的为管壁底部中心点 B5，其变形值为 1.18mm。

## 5.3.4 盾构管片内力变化

对于盾构管片的内力监测，采用应变计沿着管片壁周边每隔 22.5° 间距内外对称布置进行应变监测，在管片内、外壁分别共布置 32 个应变计，实时采集管片内力变化数据。

实测管片的内外应变数值分别为$\varepsilon_{内}$和$\varepsilon_{外}$，根据材料的本构关系，$\sigma_{内}=E\varepsilon_{内}$，$\sigma_{外}=E\varepsilon_{外}$，由式$M=\sigma W$，$W$为抗弯截面系数（或截面模量），可以计算出管片的弯矩，得到单位长度衬砌的截面弯矩计算公式为

$$M=\frac{1}{12}E(\varepsilon_{内}-\varepsilon_{外})\ bh^2 \tag{5.12}$$

式中：$E$——管片衬砌的弹性模量，Pa，根据试验结果取值；

$b$——单位长度或管片幅宽，m；

$h$——管片衬砌厚度，m，按管片厚度取值。

其中本章模型试验的$E$根据试验实测值取4.5GPa，$b$=1m，$h$=0.04m，代入截面弯矩计算公式，则有

$$\begin{aligned}M&=\frac{1}{12}\times 4.5\times 10^9\,\text{Pa}\times(\varepsilon_{内}-\varepsilon_{外})\times 1\text{m}\times(0.04\text{m})^2\\&=6\times 10^5(\varepsilon_{内}-\varepsilon_{外})\ \text{N}\cdot\text{m}\end{aligned} \tag{5.13}$$

将模型试验实测的内外应变数值代入式（5.13）计算弯矩值，其结果如图5.40和图5.41所示。

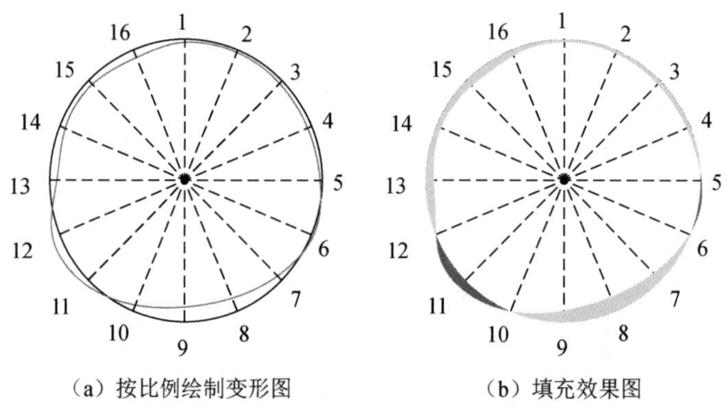

（a）按比例绘制变形图　　（b）填充效果图

图5.40　钢筋应变差值-弯矩图

图5.40为管片的内外钢筋应变计差值换算弯矩分布情况，其中设弯矩值以管片衬砌内弧面受压为正，内弧面受拉为负。实测管片弯矩分布为底部受压为主，管片顶部弯矩值较小，两侧弯矩值受压出现小幅正值。其中最大负弯矩为−0.46kN·m，位于管片底部。图5.41为管片的内外壁应变计差值分布情况，其规律与管片钢筋弯矩分布规律一致，实测应变经过换算，其中最大负弯矩值发生在应变计A8处，为−0.488kN·m，位于管片底部中心处。内外钢筋弯矩图与管片内外壁弯矩值相比较，两者分布情况基本一致，但管片内外壁弯矩分布更合理一些，且弯矩值略大，因此后续分析取管片内外壁弯矩值。

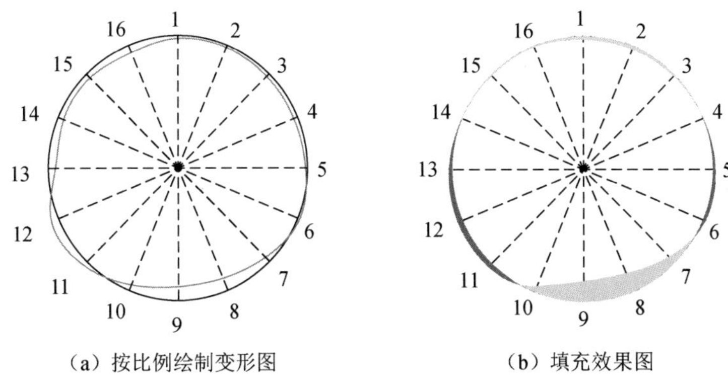

（a）按比例绘制变形图　　（b）填充效果图

图 5.41　管片内外壁应变差值-弯矩图

# 5.4　物理模型试验与数值计算的结果对比

## 5.4.1　盾构管片变形

采用有限元分析软件 ANSYS 对本章试验模型进行数值模拟，计算在膨胀力作用下模型管片变形规律。模拟条件：管片模型直径为 0.8m，壁厚为 0.04m，管片顶部覆土厚度为 1m。通过计算获得膨胀力增大时管片变形如图 5.42 所示，随着膨胀力增大管片最大变形量的变化过程如图 5.43 所示。

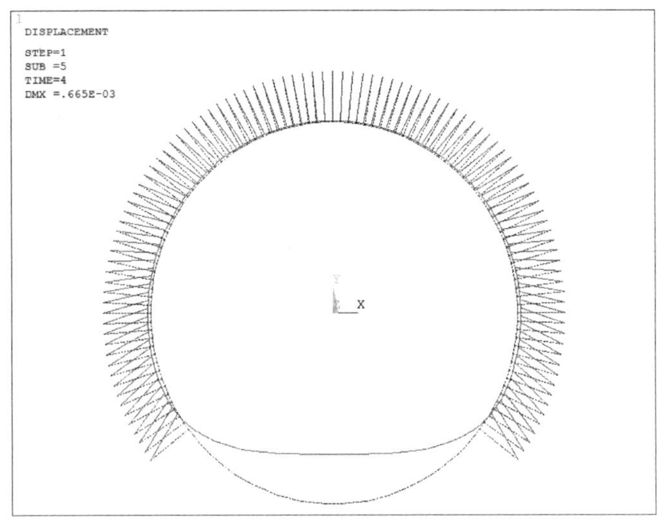


图 5.42　130kPa 时管片变形图

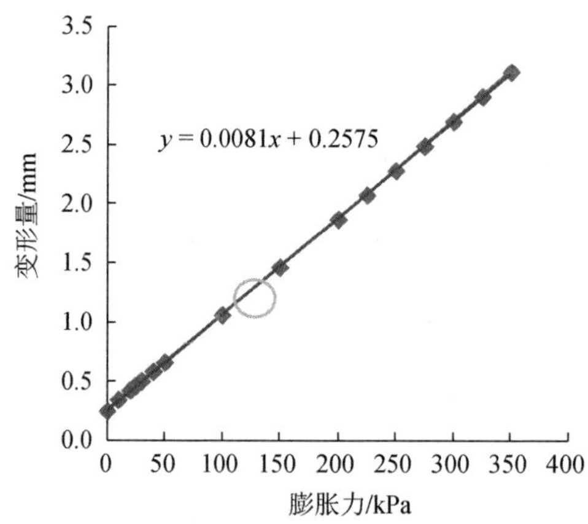


图 5.43　管片最大变形量-膨胀力关系

从图 5.42 可以看出，管片上部变形微小，以管片底部向上隆起为主，且变形随着膨胀力增大而呈线性增加。当管片底部受到 130kPa 膨胀力时，管片最大变形量为 1.31mm，方向向上；管片顶部变形量为 0.1mm，方向向上，即管片顶部略有抬升。试验实测的管片最大变形量发生在管片底部中心位置，数值为 1.18mm，与数值计算结果 1.31mm 相比，误差为 10%。

土与结构的相互作用涉及自重、土体的强度等有关的非线性参数，其需要满足的相似条件十分复杂。因此，尝试对试验模型进行数值模拟并做相似性推导，即将数值计算原型与试验模型之比作为一个参考相似比。

本章试验模拟原型为较浅覆土层，管片顶部到地表距离为 7.5m，管片直径为 6m，壁厚为 0.3m。数值计算其最大变形量-膨胀力关系如图 5.44 所示。将数值计算原型与试验模型的最大变形量的比值进行分析，结果如图 5.45 所示。

从图 5.44 看出，管片的最大变形最随着膨胀力增大而增加，且在膨胀力较小（小于 100kPa）时最大变形量增量较大，随着膨胀力增大其最大变形量增大趋势减弱。当管片底部受到 130kPa 的膨胀力时，管片最大变形量数值为 4.66mm，方向向上；当管片底部受到 350kPa 的膨胀力时，最大变形量为 8.31mm，方向向上。

在本次试验中膨胀土体对管片施加的最大膨胀力为 130kPa，从图 5.45 中可以查到其对应的相似比约为 3.68。从图 5.43 中可知，膨胀力 130kPa 时，模型试验的管片变形为 1.18mm，按照数值计算所得参考相似比，其对应原型变形量为 4.82mm。

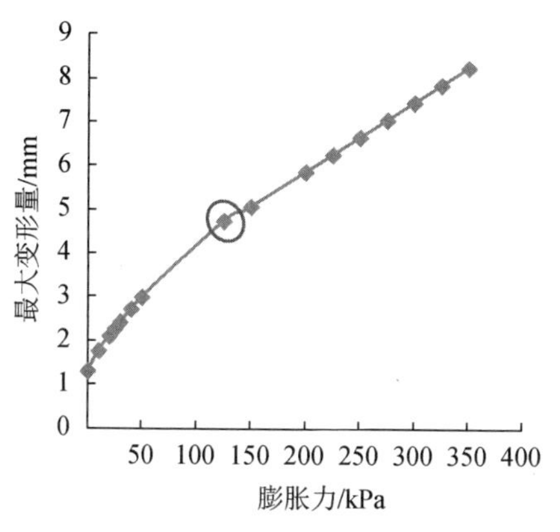


图 5.44　管片最大变形量-膨胀力关系

图 5.45　变形量相似比

本章对试验模型进行数值模拟引出相似性推导，即将数值计算原型与试验模型之比作为一个参考相似比。这种二次引入数值计算相似比的方法，是大尺寸模型试验相似理论的一种探索，可为后续模型试验研究提供参考。

### 5.4.2　盾构管片内力

对本次试验的模型进行数值模拟，计算在膨胀力作用下模型管片弯矩分布情况，得到管片膨胀力为 130kPa 时管片弯矩如图 5.46 所示，管片最大弯矩值-膨胀力关系如图 5.47 所示。

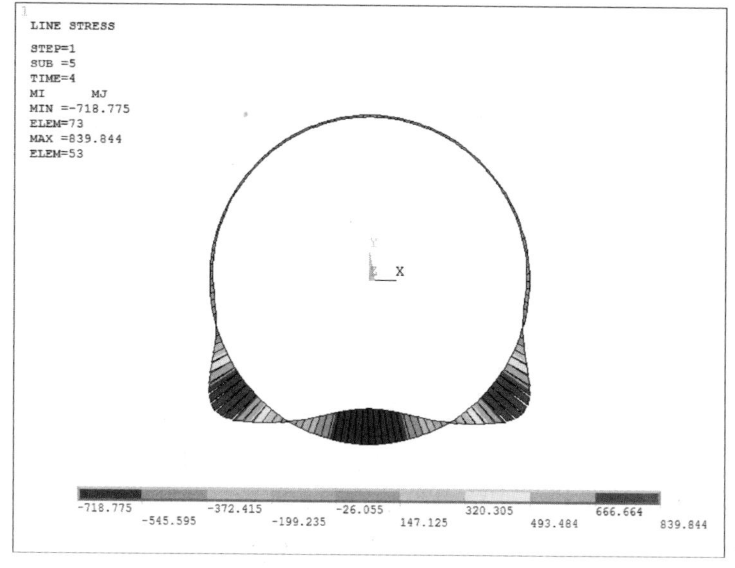


图 5.46　130kPa 时管片弯矩图（单位：N • m）

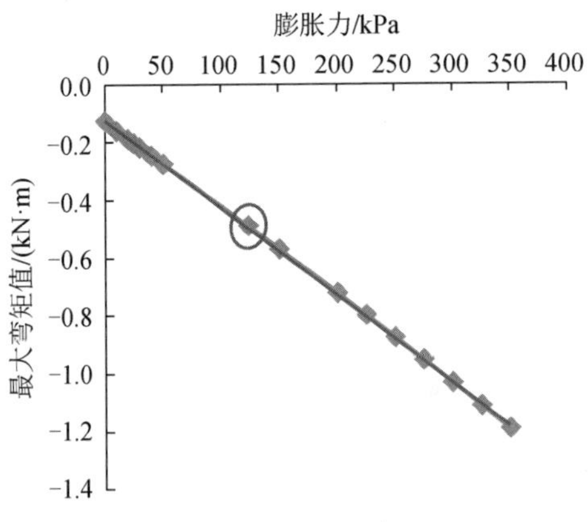


图 5.47　管片最大弯矩-膨胀力关系

从图 5.46 和图 5.47 看出，管片上部和两侧弯矩值很小，以管片底部向内的负弯矩为主，且最大负弯矩位于管片底拱中心位置，随着膨胀力增大而呈线性增加。当管片底部受到 130kPa 的膨胀力时，管片最大负弯矩值为−0.514kN·m，为内侧受拉。

本章模型试验实测管片最大负弯矩发生在管片底部中心位置，其数值为−0.488kN·m，与数值计算结果−0.514kN·m 相比，误差为 5%。

通过模型试验模拟原型工况，得到膨胀力作用下管片的弯矩分布规律。数值计算原型管片的最大负弯矩-膨胀力关系，如图 5.48 所示。

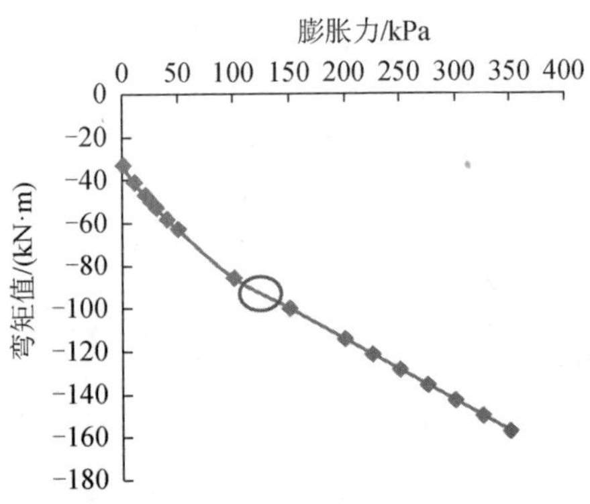


图 5.48　管片最大弯矩-膨胀力关系

从图 5.48 看出，管片的最大负弯矩随着膨胀力增大而增加，且在膨胀力较小（小于 100kPa）时增量较大，随着膨胀力增大其增量略减小。当管片底部受到 130kPa 的膨胀力时，管片最大负弯矩数值为−105.3kN·m。

## 5.5 本章小结

本章大型模型试验在广西大学环境发生器试验坑内完成，试验通过改变盾构管片底部土体的含水率以实现对管片施加膨胀力，实测围岩土体压力、盾构管片内力分布和变形变化规律，获得膨胀力作用下管片变形和受力性能，主要结论如下：

1）试验中土体湿度数据表明，靠近管片的土体含水率在加水初期增长较快，直至土体达到“饱和”状态，含水率保持稳定。管片底部靠近管片土体含水率增加量约为 7%，而距离管片外壁 50cm 以外土体的含水率基本保持不变。

2）通过大量室内试验，得到在干密度一定时膨胀力与含水率的关系。通过实测获得管片周边土压力分布规律，中心轴线上土压力值增大量最大，距离管片中心轴线距离越大其土压力变化值越小。在与管片中心轴线距离相同时，靠近盾构管片底部的土压力变化最大，距离底部越远其土压力变化越小。

3）模型管片变形以底部向上隆起变形为主，管片顶部有略向上的小变形，管片中部两侧有向外变形，但数值较小。

4）本次试验实测管片钢筋、管片内外表面的应变值，试验结果表明，内外钢筋弯矩分布与管片的内外壁弯矩分布规律基本一致，均以底部受压为主，管片顶部弯矩值较小，两侧弯矩值受压为小幅正值，其中钢筋应变计和管壁外侧应变计最大负弯矩均位于管片底部中心位置。

5）实测值与数值计算结果较为接近，两者吻合较好。

### 参考文献

[1] 唐志成，何川，林刚．地铁盾构隧道管片结构力学行为模型试验研究[J]．岩土工程学报，2005，27（1）：85-89.

[2] 何川，封坤，杨雄．南京长江隧道超大断面管片衬砌结构体的相似模型试验研究[J]．岩石力学与工程学报，2007，26（11）：2260-2269.

[3] 何川，朱合华，徐前卫，等．土压平衡盾构施工的顶推进力模型试验研究[J]．岩土力学，2007，28（8）：1587-1594.

[4] 黄强兵．地裂缝对地铁隧道的影响机制及病害控制研究[D]．西安：长安大学，2009.

[5] 杨俊杰．相似理论与结构模型试验[M]．武汉：武汉理工大学出版社，2005.

[6] 童斌华，夏俊吾，蒋红星．空心板梁混凝土强度与抗压弹性模量随龄期增长趋势探讨[J]．施工技术，2004，33（4）：49-50.

# 第 6 章　地铁车站与膨胀土的相互作用研究

## 6.1　膨胀土地铁车站的数值研究

南宁膨胀土埋置深度浅，下卧基岩成岩年代晚。在邕江Ⅱ级阶地，基岩的埋置深度为 15～20m。近年来，随着南宁的城市建设发展，许多建筑基坑支护结构分布在泥岩范围内，而泥岩在遇水或被扰动的情况下，支护结构底部将发生位移，变形呈踢脚形，对工程安全造成不利影响[1-3]。因此需要着重针对该区域的地铁车站结构进行受力分析。

前期资料显示，南宁地铁车站基坑深度一般达到 16m 以上，底板及侧墙局部与具有膨胀性的泥岩接触。在开挖过程中，膨胀土吸水膨胀，对地铁车站基坑侧墙产生侧向膨胀力，对底板产生向上作用，影响基坑安全。当前，就设计而言，一般采用库仑土压力进行土压力计算，在选择综合内摩擦角时取低值或适当降低，同时考虑膨胀土的一些特性。对于膨胀力大小取值，往往根据室内土工试验获得，再折减采用。南宁已有的基坑工程，如南宁地王国际商会中心、佳得鑫水晶城等，虽然开挖深度达到 15m，但其建筑均为高层或超高层，且未与膨胀性泥岩接触或未处于膨胀土区域，因此不能直接为地铁车站基坑设计与施工提供参照依据。

本章首先通过有限元软件进行数值计算分析，对膨胀岩土条件下地铁车站结构的在不利工况下的受力、变形情况予以分析；同时进行大型相似模型试验，通过改变膨胀土体的含水率以实现膨胀力的施加，得到地铁车站结构受力和变形，将其与数值计算结果进行对比分析。

采用大型通用有限元软件 ANSYS 按荷载-结构法进行模拟计算，其研究思路如下。

1）取典型膨胀土区域车站模型，绘制计算简图，并依据规范要求，计算结构受到的荷载值。

2）确定膨胀力作用的位置和大小。基坑采用明挖施工，车站结构顶部为回填土，可以避免膨胀力的产生；侧边存在支护桩或者地下连续墙，可以削弱膨胀力对车站结构的作用，因此忽略侧边膨胀力的影响；仅考虑在车站结构底部施加膨胀力。

3）根据南宁地铁 1 号线的详细勘察报告和南宁已建涉及膨胀土的工程资料

统计结果确定膨胀力的大小，膨胀力取值大小与盾构相同。

4）采用荷载-结构法计算地铁车站在各种工况下的结构内力，绘制相应的内力和变形图，分析其变化规律，确定引起结构出现最大内力的工况。

### 6.1.1 计算断面及参数

拟采用标准车站断面（以心圩江站为例）车站尺寸进行膨胀力作用下车站结构的变形受力特性分析，其几何尺寸如图 6.1 所示。

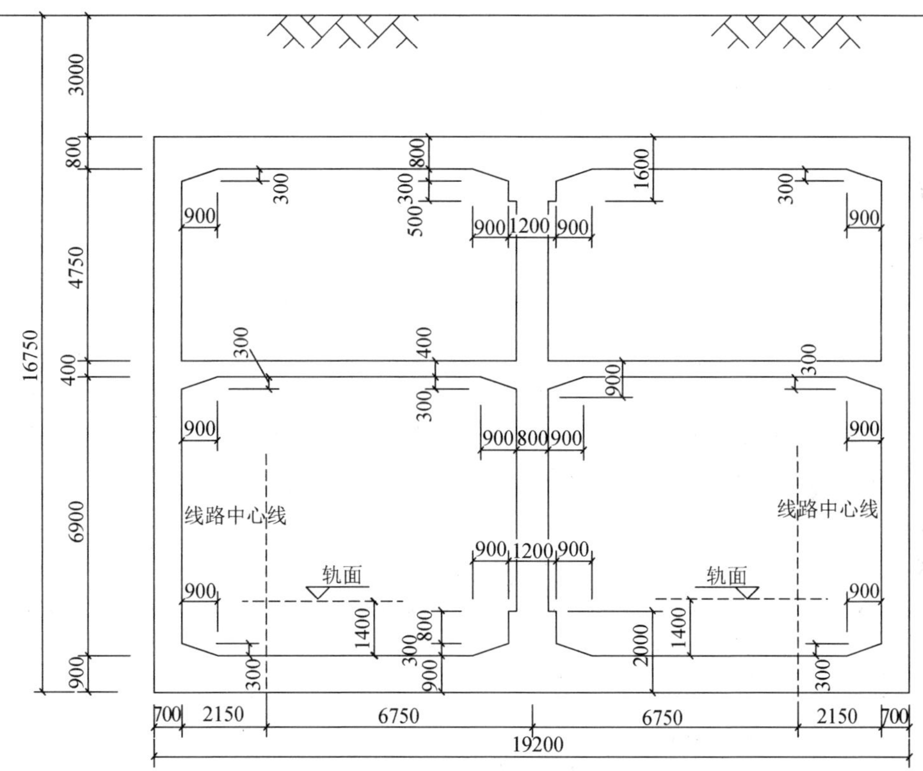


图 6.1　车站几何尺寸（单位：mm）

本章的数值模拟采用荷载-结构法，在计算时做如下基本假定。

1）梁、板、柱由梁单元模拟，并按小变形弹性梁进行计算。

2）周边土体与结构的相互作用由不承受拉力的弹簧模拟。

3）车站结构长宽比较大，可简化为平面应变问题进行模拟。

4）作用于结构的荷载由地面荷载、土压、水压及结构自重进行确定，车站结构受力简图如图 6.2 所示。

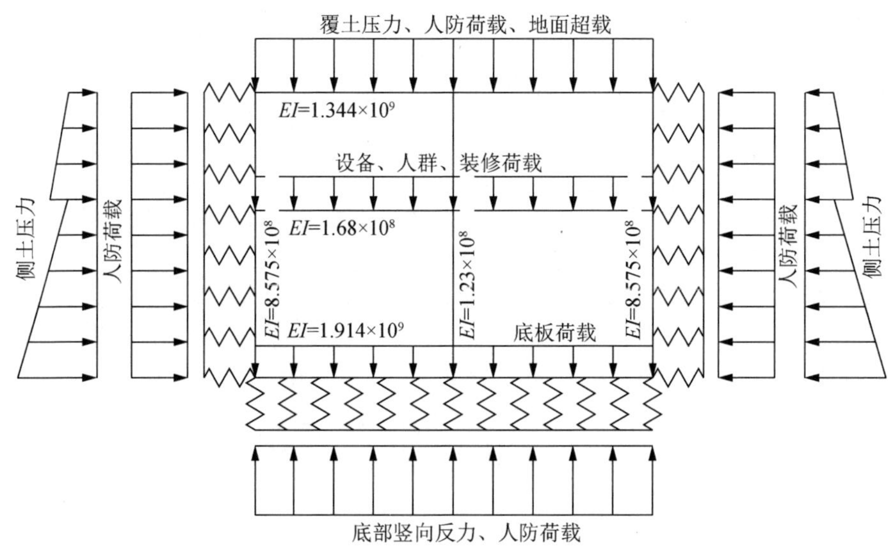


图 6.2　车站结构受力简图（$EI$ 单位：N·m$^2$）

另外，①材料属性：地下连续墙采用 C30，梁、板采用 C35，柱采用 C50；根据《混凝土结构设计规范（2015 年版）》（GB 50010—2010），混凝土泊松比采用 $\mu_c$=0.17。混凝土采用 3 种标号，即 C30、C35、C50，其弹性模量 $E_c$ 分别为 30000MPa、31500MPa、34500MPa。②土层参数：土层及各部分材料的相关参数如表 6.1 所示。

**表 6.1　土层及各部分材料的相关参数**

| 材料 | 密度/（kg/m$^3$） | 弹性模量/MPa | 泊松比 | 黏聚力/kPa | 内摩擦角/（°） |
|---|---|---|---|---|---|
| 素填土 | 1775 | 20 | 0.3 | 18 | 15 |
| 泥岩 | 2100 | 40 | 0.22 | 40 | 20 |
| 泥质粉砂岩 | 2100 | 50 | 0.20 | 45 | 20 |
| 梁、板 | 2500 | 31500 | 0.17 | — | — |
| 柱 | 2500 | 34500 | 0.17 | — | — |

### 6.1.2　荷载及膨胀力的大小

地面荷载与盾构区间一致，取 20kPa，覆土压力、侧土压力、底部竖向反力按照水土合算计算，侧土压力取主动土压力，具体算法参照盾构区间部分。中板的设备、人群、装修荷载总和取 10kPa；底板荷载取 40kPa，包括人群、设备等荷载及站台。人防荷载按六级取值。顶板等效静荷载标准值为 70kPa，外墙等效静荷载标准值为 60kPa，底板等效静荷载标准值为 55kPa。

地铁车站施工大多采用明挖方式，这种方式要求先对车站基坑进行支护。南宁地铁车站基坑支护主要采用“地下连续墙+内撑”“支护桩+内撑”两种方式。在地下连续墙或支护桩施工时，一般均为水下施工，使膨胀土的膨胀潜势能得到释放，这样会减小膨胀土产生的膨胀力对车站侧面的影响；另外，车站施工完成后地下连续墙或支护桩仍然存在，地下连续墙或支护桩嵌入土层较深，即使侧面分布膨胀土，已经存在的支护体也会使膨胀力有所削弱。综上所述，车站在施工时的支护措施有利于削弱膨胀土对车站结构的作用，采用荷载-结构法计算时仅考虑膨胀力施加于车站结构底部的情况。

车站数值计算膨胀力取值与盾构相同，参考第 2 章中对详细勘察报告的统计分析成果，膨胀力分别取 0、50kPa、100kPa 和 150kPa 进行计算。结合车站施工工艺，膨胀力作用于车站结构主要考虑两种类型，即膨胀力作用于全部底板、膨胀力作用于底板部分区域，如图 6.3 和图 6.4 所示。

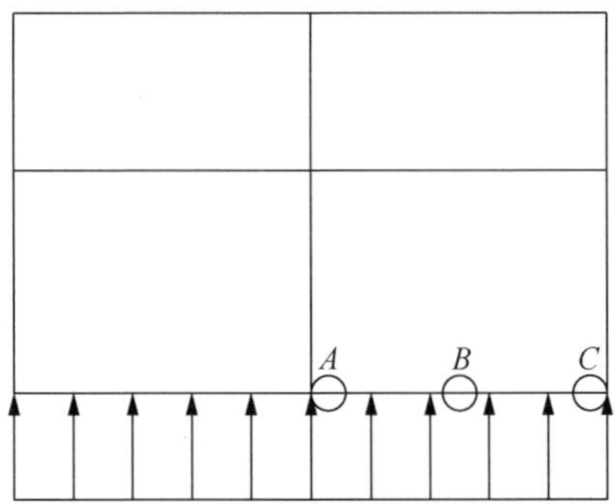


图 6.3　底板全部施加膨胀力（工况一）

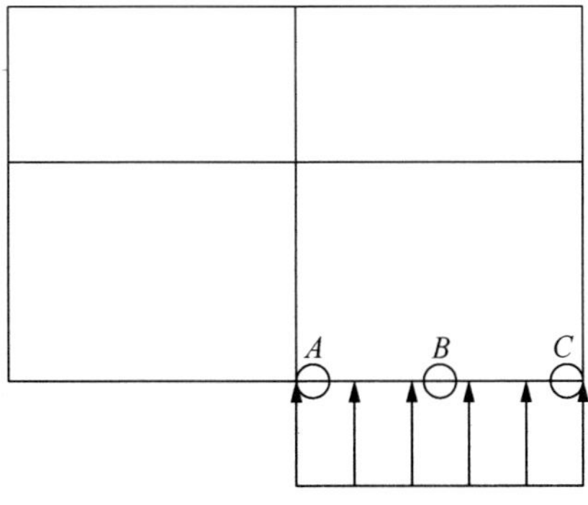


图 6.4　底板一侧施加膨胀力（工况二）

### 6.1.3 模型试验的计算结果

本章通过数值模拟获得两种工况条件下膨胀力作用下结构的内力计算结果。当结构受到 150kPa 作用时，对车站结构底板、侧墙及顶板的内力与变形影响最明显，两种工况下差异显著，其中，工况一底板支座弯矩出现最大值，工况二底板跨中弯矩出现最大值。现将两种工况下结构弯矩、变形图分别列出，如图 6.5～图 6.10 所示，弯矩及变形随膨胀力变化统计如表 6.2 所示。

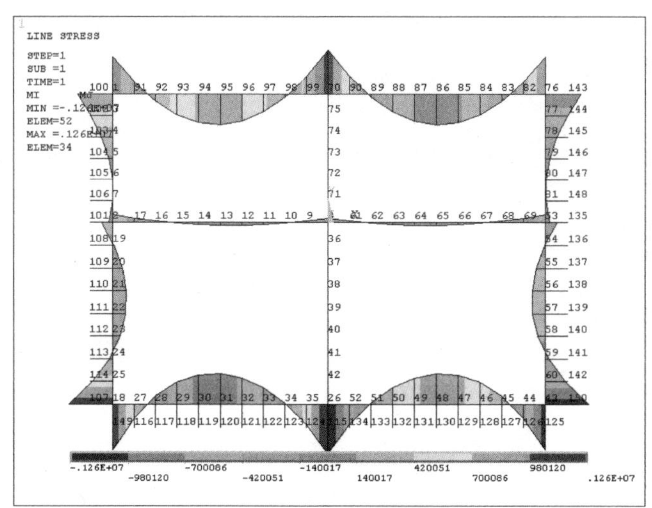


图 6.5　不施加膨胀力的结构弯矩图（单位：N · m）

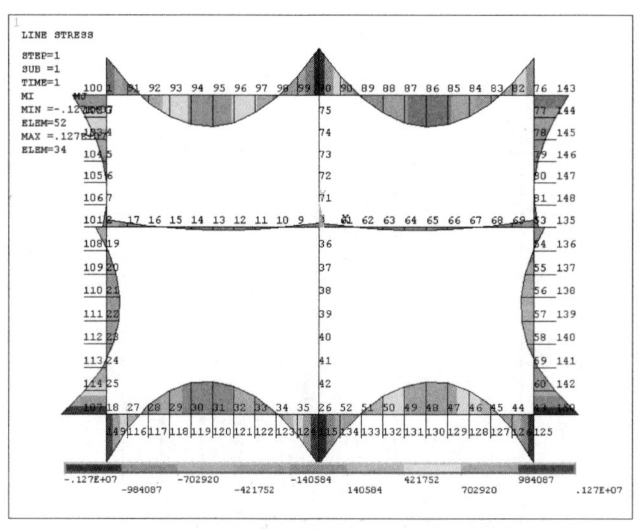


图 6.6　工况一的结构弯矩图（膨胀力：150kPa）（单位：N · m）

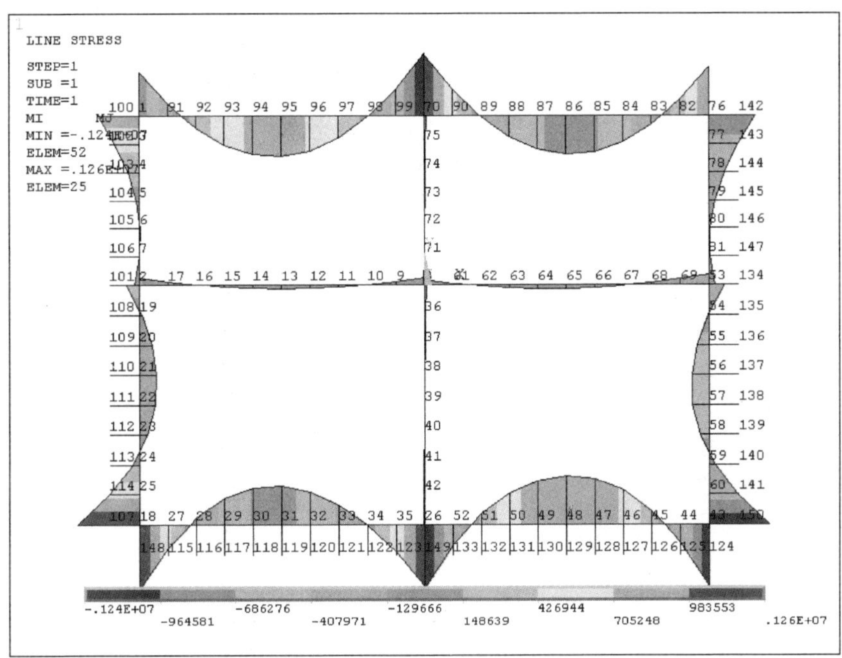


图 6.7　工况二的结构弯矩图（膨胀力：150kPa）（单位：N·m）

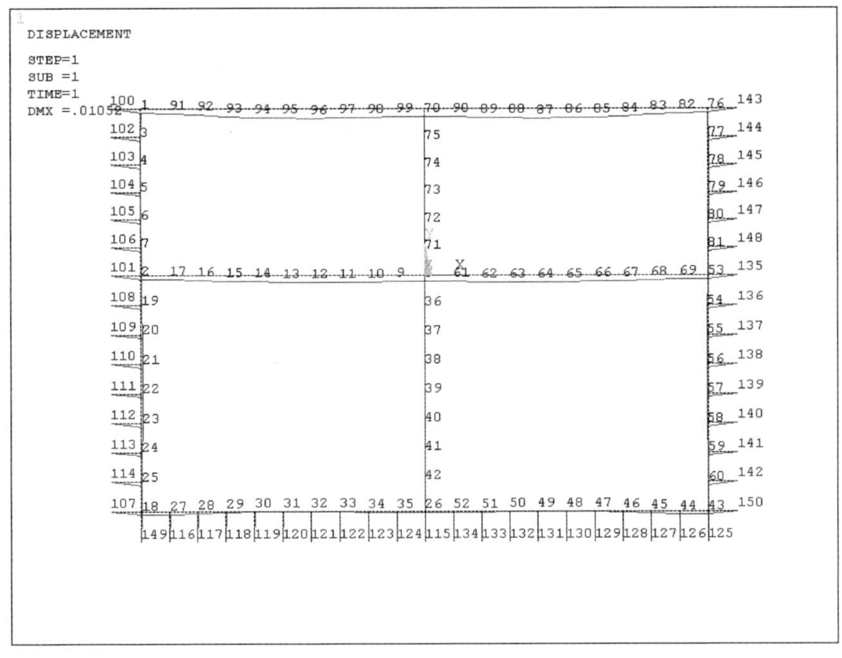


图 6.8　不施加膨胀力的结构变形图

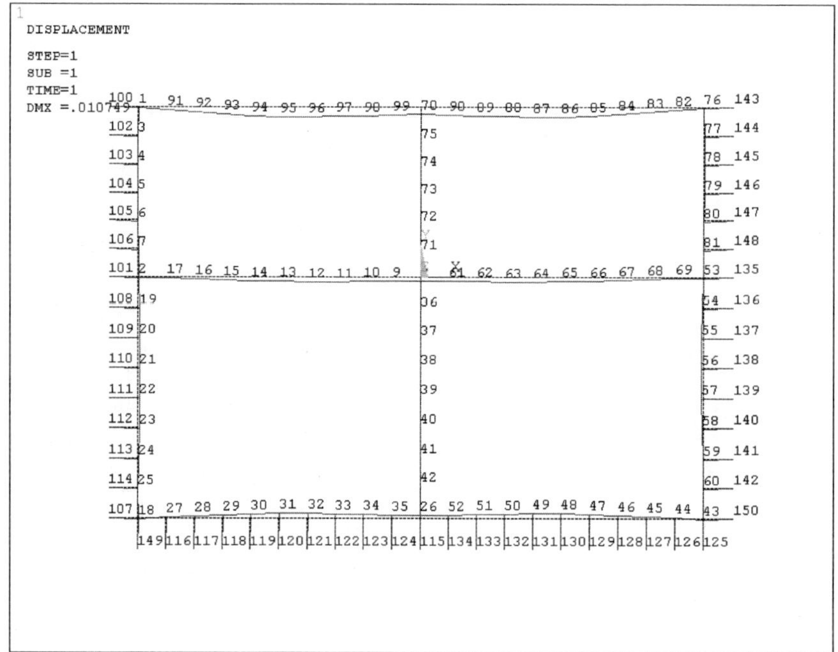


图 6.9　工况一的结构变形图（膨胀力：150kPa）

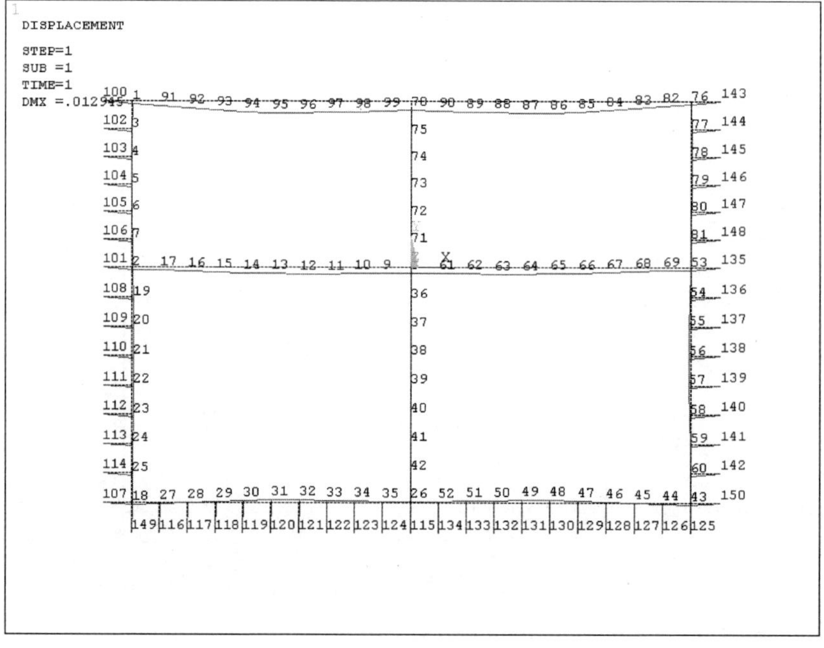


图 6.10　工况二的结构变形图（膨胀力：150kPa）

**表 6.2　弯矩及变形随膨胀力变化统计**

| 膨胀力施加情况 | | 支座弯矩/（N·m） | 支座弯矩变化率/% | 跨中弯矩/（N·m） | *B* 点跨中弯矩变化率/% | *B* 点变形/mm |
|---|---|---|---|---|---|---|
| 工况一 | 0 | −1158500 | — | 781130 | — | −0.006 |
| | 50kPa | −1261900 | 8.9 | 790040 | 1.1 | 1.136 |
| | 100kPa | −1263600 | 9.1 | 798940 | 2.3 | 2.277 |
| | 150kPa | −1265300 | 9.2 | 807840 | 3.4 | 3.419 |
| 工况二 | 0 | −1167200 | — | 796300 | — | −0.043 |
| | 50kPa | −1239600 | 6.2 | 842700 | 5.8 | 0.998 |
| | 100kPa | −1241200 | 6.3 | 889090 | 11.7 | 2.038 |
| | 150kPa | −1242900 | 6.5 | 935490 | 17.5 | 3.079 |

由表 6.2 可以看出，支座弯矩、跨中弯矩及最大变形量等都随着底部膨胀力的增大而增加，但增大的幅度较小。不同条件下的规律如下：

1）当底板全跨施加膨胀力为 50kPa 时，其支座弯矩变化不大（最大增幅为 8.9%），跨中弯矩仅增大 1.1%，跨中变形量为 1.136mm；当底板全跨施加膨胀力为 150kPa 时，其支座弯矩增大 9.2%，跨中弯矩增大 3.4%，跨中变形量为 3.419mm。

2）在底板其中一跨施加膨胀力情况下，随着膨胀力增大，其支座弯矩和变形量变化不大，跨中弯矩增大幅度较大（由 50kPa 时的 5.8%增大至 150kPa 时的 17.5%）。其中，当膨胀力为 50kPa 时，其支座弯矩比未施加膨胀力时增大 6.2%，跨中弯矩增大 5.8%，跨中变形量为 0.998mm；当膨胀力为 150kPa 时，其支座弯矩增大 6.5%，跨中弯矩增大 17.5%，跨中变形量为 3.079mm。

## 6.2　地铁车站的大型力学模型试验

### 6.2.1　模型试验设计

地铁车站属于狭长形车站，横截面与车站长度相比较小，可以将结构简化为平面应变问题，沿车站长度方向取单位长度进行模拟；结构横截面为左右对称分布，因此可以取结构宽度的一半进行模拟。本章模型试验原型为标准车站断面，如图 6.11 所示。

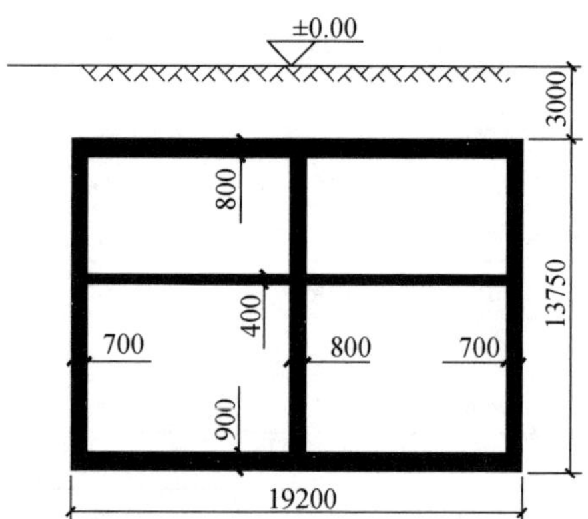


图 6.11　车站横截面尺寸图（单位：mm）

在本章模型试验中，板厚度与长度、宽度尺寸相比很小，如按同一相似比进行模型设计，不易实现，因此采用变态模型，即在模型中对具有同一量纲的变量采用不同的比例尺，使模型的水平（长和宽）比例尺与垂直比例尺不相等或其他力学性质方面不相似。模型试验中构件厚度方向相似常数 $C_h$=50，横截面尺寸相似常数 $C_l$=20，由此确定车站模型尺寸。车站结构模型各构件尺寸如表 6.3 所示。

**表 6.3　车站结构模型各构件尺寸**

| 构件参数 | 相似常数 | 原型尺寸/mm | 模型尺寸/mm |
|---|---|---|---|
| 底板厚度 | 50 | 900 | 18 |
| 中板厚度 | 50 | 400 | 8 |
| 侧墙厚度 | 50 | 700 | 14 |
| 中墙厚度 | 50 | 800 | 8 |
| 底板长度 | 20 | 19200 | 480 |
| 侧墙高度 | 20 | 13750 | 687.5 |

考虑本章模型试验中车站结构存在薄壁构件，如中板厚度为 8mm，为满足模型试验的精度要求，采用易于成型的有机玻璃板制作。根据地铁车站设计资料与《混凝土结构设计规范（2015 年版）》（GB 50010—2010），车站模型试验的材料属性如表 6.4 所示。

**表 6.4　车站模型试验的材料属性**

| 构件 | 原型（混凝土构件） | | | | 模型（有机玻璃材料） | | | |
|---|---|---|---|---|---|---|---|---|
| | 混凝土等级 | 弹性模量/GPa | 泊松比 | 容重/（kN/m³） | 弹性模量/GPa | 泊松比 | 容重/（kN/m³） | 相似常数 |
| 连续墙 | C30 | 30 | 0.2 | 24 | 3.37 | 0.25 | 11.6 | 8.90 |
| 梁、板 | C35 | 31.5 | | | | | | 9.41 |
| 柱 | C50 | 34.5 | | | | | | 10.24 |

根据模型几何尺寸相似常数与材料弹性模量相似常数，同时为了换算方便，取 $C_\sigma=1$，则可以得到模型其余相似常数。

弯矩相似常数为

$$C_{\mathrm{M}} = C_\sigma C_{\mathrm{l}} C_{\mathrm{h}}^2 = 1\times 20\times 50^2 = 5\times 10^4$$

截面惯性矩相似常数为

$$C_{\mathrm{I}} = C_{\mathrm{l}} C_{\mathrm{h}}^3 = 20\times 50^3 = 2.5\times 10^6$$

应变相似常数为

$$C_\varepsilon = \frac{C_\sigma}{C_E} = \frac{10}{10} = 1$$

本章模型试验中，车站结构纵向长度取 1m，车站模型剖面图及示意图如图 6.12 和图 6.13 所示。

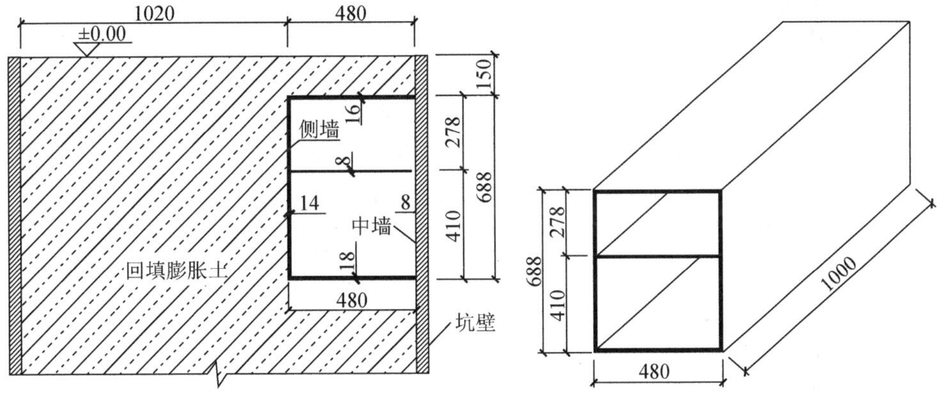


图 6.12　车站模型剖面图（单位：mm）　　图 6.13　车站模型示意图（单位：mm）

车站模型试验中结构围岩为重塑膨胀岩土，通过改变土体含水率实现膨胀力施加，其制作工序和控制指标、注水方式等同盾构模型试验一致，在此不再详细叙述。

注水管布置图如图 6.14～图 6.16 所示。

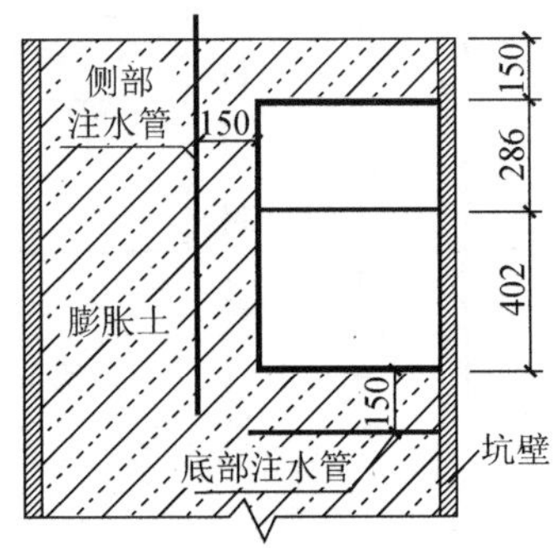


图 6.14　注水管布置图（单位：mm）

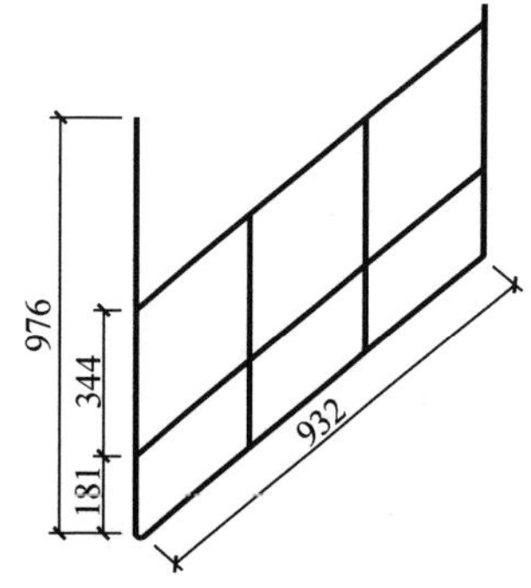


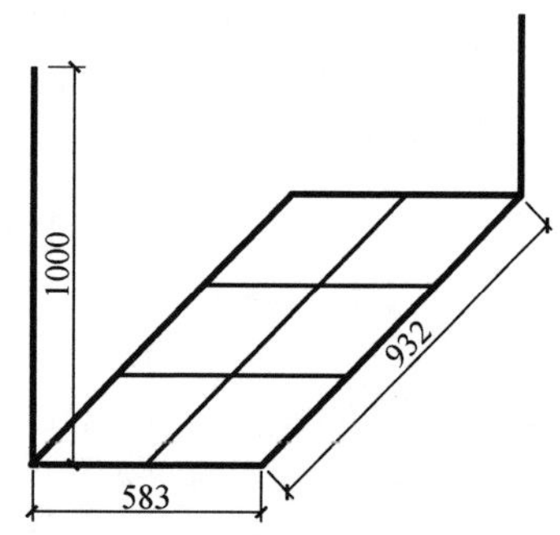


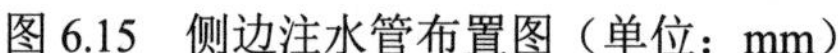

图 6.15　侧边注水管布置图（单位：mm）　　图 6.16　底部注水管布置图（单位：mm）

## 6.2.2　传感器布置

1. 土体湿度传感器

为测定土壤水分变化，在回填膨胀土中预埋湿度传感器，本章模型试验采用的湿度传感器，其技术参数如表 6.5 所示。土壤湿度传感器布置距离车站结构外边缘约 100mm，其平面布置如图 6.17～图 6.19 所示。

**表 6.5　湿度传感器的技术参数**

| 量程/% | 0～100 |
|---|---|
| 测量精度/% | ±3 |
| 测量原理 | 频域（FDR） |
| 响应时间/s | <1 |
| 测量稳定时间/s | 2 |
| 测量区域 | 以中央探针为中心，直径为 7cm、高为 7cm 的圆柱体 |

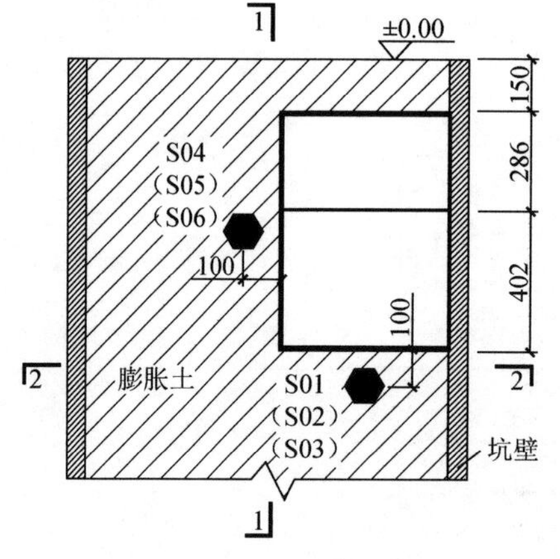


图 6.17　湿度传感器布置剖面图（单位：mm）

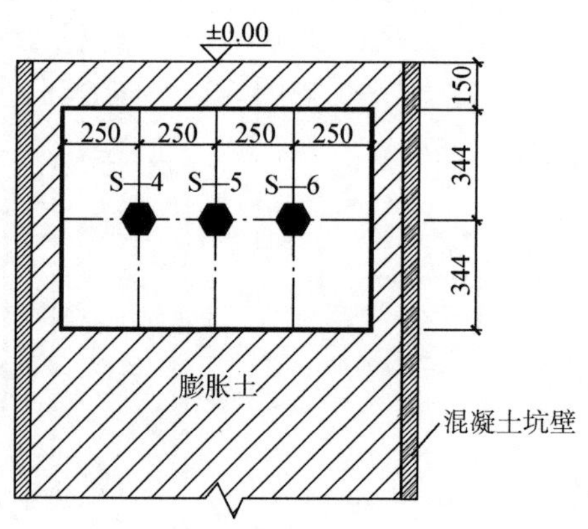


图 6.18　侧墙湿度传感器布置图(1—1 剖面)（单位：mm）

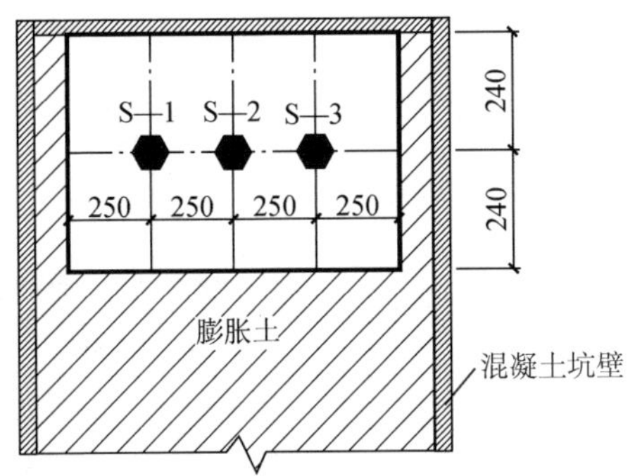


图 6.19　底板湿度传感器布置图（2—2 剖面）（单位：mm）

## 2. 应变传感器布置

车站结构模型制作完成后安装应变传感器，以测定当周边土体含水率改变时其膨胀力对车站结构的内力变化情况，即通过测定结构应变，经应力-应变的关系换算得到结构内力分布。选用振弦式应变传感器，其技术参数如表 6.6 所示。根据前期数值分析结果，在膨胀力作用下，车站结构出现显著变化的特点：底板与侧墙以弯曲变形为主，中层楼板以轴向力压缩为主。因此，本章模型试验中，主要就上述 3 个结构构件进行应变观测。传感器分布与布置图如图 6.20～图 6.23 所示，模型结构粘贴应变传感器后照片如图 6.24 所示。

**表 6.6　振弦式应变传感器技术参数**

| 型号 | JMZX-212 |
|---|---|
| 量程/με | ±3000 |
| 灵敏度/με | 1 |
| 标距/mm | 128 |
| 外形尺寸（长×宽×高） | 144mm×20mm×17mm |
| 备注 | 通用型表面应变计 |

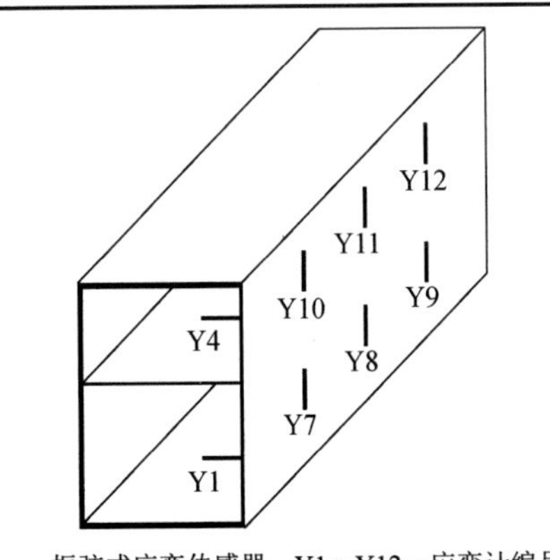


— 一振弦式应变传感器；Y1～Y12—应变计编号。

图 6.20　振弦式应变传感器分布图

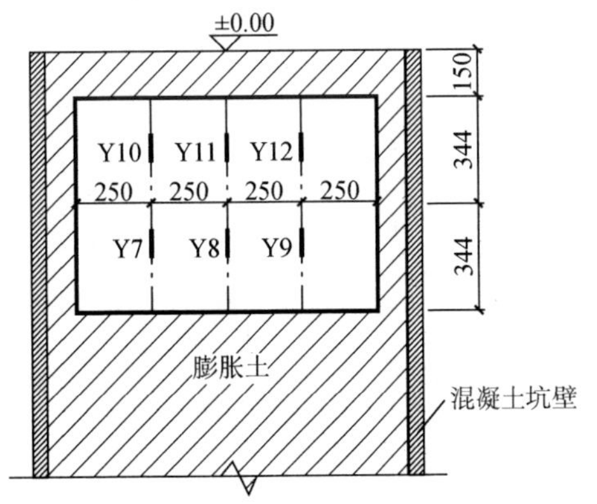


图 6.21　侧墙应变传感器布置图(单位: mm)

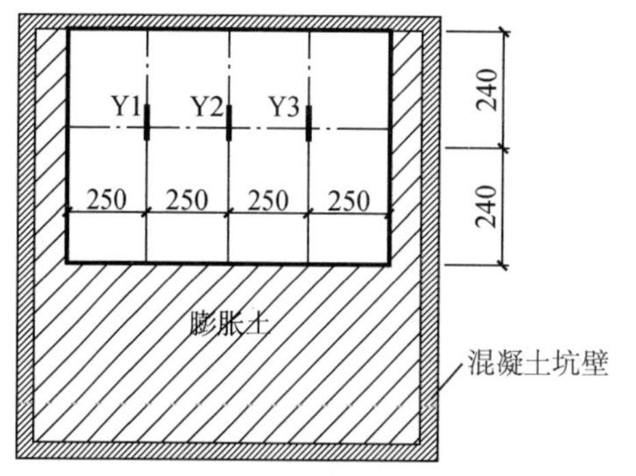


图 6.22　底板应变传感器布置图（单位：mm）

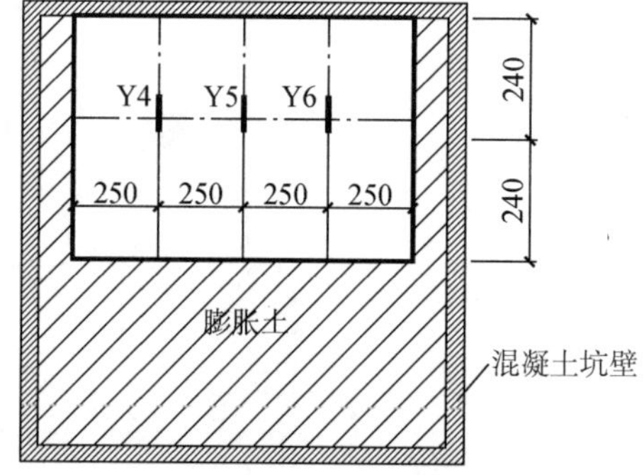


图 6.23　中板应变传感器布置图（单位：mm）

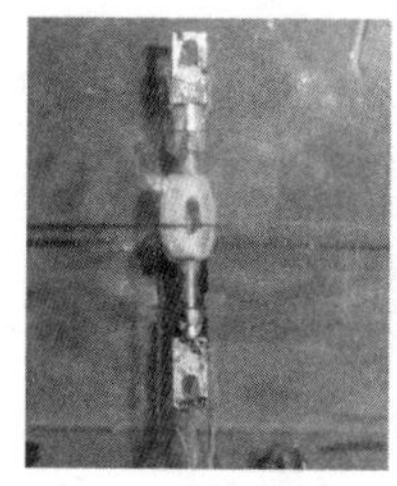
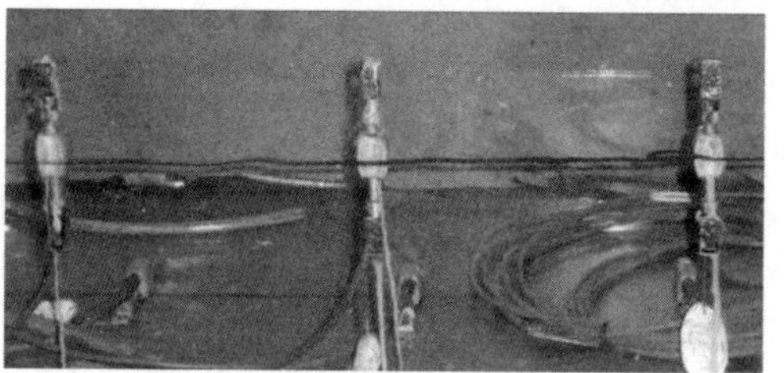

图 6.24　模型结构粘贴应变传感器后照片

3. 土压力盒布置

为测定膨胀土遇水膨胀后的变化，在距离车站结构 50mm 处安装土压力盒（型号为 XY-TY02A），土压力数据采集仪器和设备与盾构模型试验相同。根据土压力盒分布位置，将其分为 3 组，即 T1～T3 为第 1 组，T4～T6 为第 2 组，T7～T8 为第 3 组。土压力盒布置如图 6.25～图 6.27 所示。

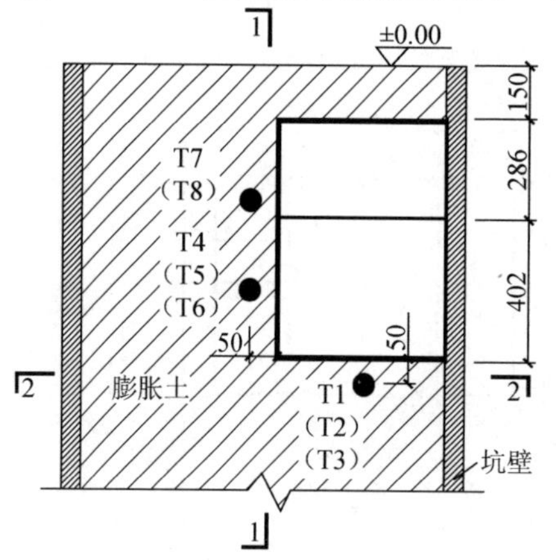


图 6.25　土压力盒布置图（单位：mm）

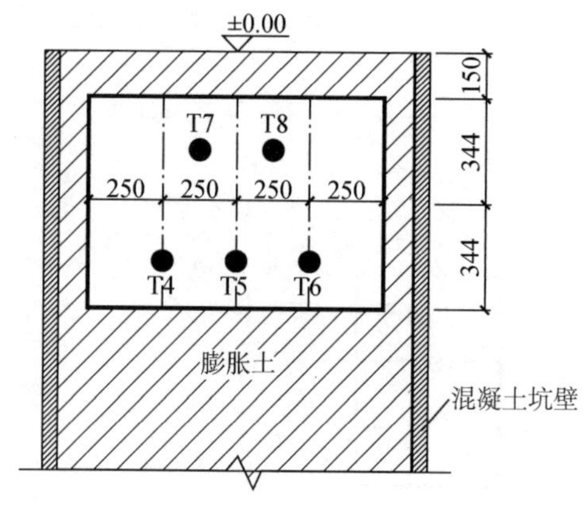


图 6.26　侧墙土压力盒布置图（1—1 剖面）（单位：mm）

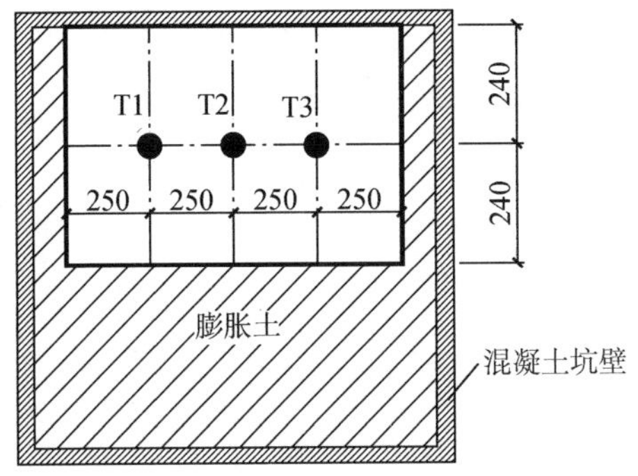


图 6.27　底板土压力盒布置图（2—2 剖面）（单位：mm）

## 6.2.3　试验过程及数据分析

### 1. 土体含水率

本章模型试验注水过程分两个阶段进行：首先进行底部土体注水试验，侧部土体暂时不予注水；当底部土体含水率接近饱和含水率或土压力盒测量值不再变化时，则进行侧部土体注水试验，同时底部注水继续进行；当两部分土体含水率变化值满足试验结束条件时，停止注水试验。利用土壤湿度传感器采集数据，土体含水率变化情况如图 6.28 所示。

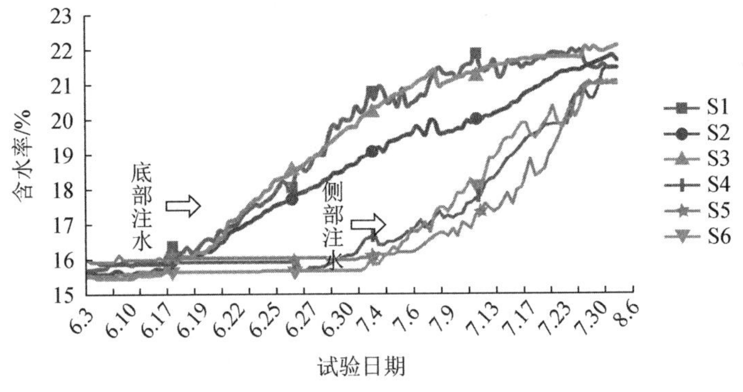


图 6.28　土体含水率变化图

由图 6.28 可知含水率随着注水时间变化规律。结构底部土体含水率增加（初始含水率为 16.5%，逐渐增加至 22%左右），当注水试验进行约 20d 后土体含水率趋于饱和，含水率增长速率开始降低。与此同时，侧部土体注水试验开始，该部分土体含水率迅速增加（初始含水率为 16.2%，逐渐增加至 21%左右），注水试验进行约 20d，侧部土体含水率不再增加。

### 2. 车站结构围岩土压力

对膨胀土产生的膨胀力进行测定，剔除异常波动数据，得到车站结构底部与侧部土压力盒实测的膨胀力变化曲线，如图 6.29 和图 6.30 所示。

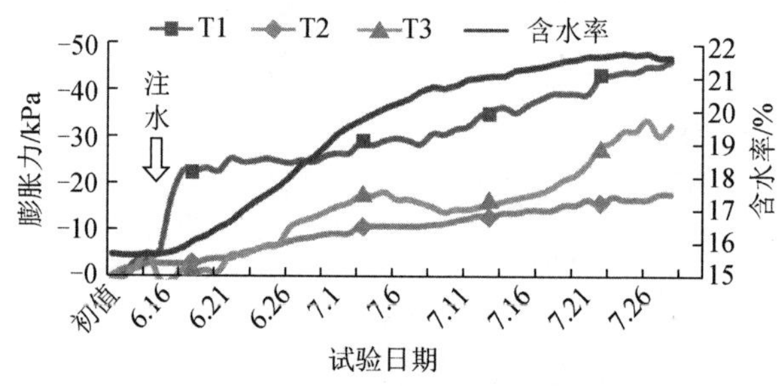


图 6.29　底部膨胀力变化曲线

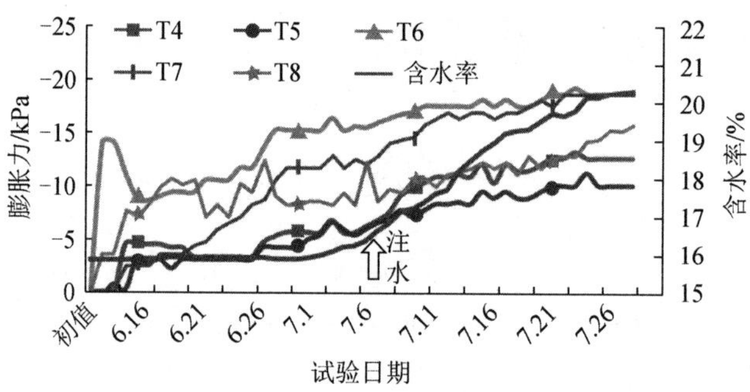


图 6.30　侧部膨胀力变化曲线

由图 6.29 和图 6.30 可以看出，土体注水后，车站结构底部土体和侧部土体的膨胀力增大，且膨胀力在前期迅速增加，后期逐步放缓，即在注水试验前期（5～10d），膨胀力增长迅速，当注水进行约 10d 后，膨胀力增长数值减小。从底部与侧部土压力测试结果看，底部膨胀力（32.1kPa）大于侧部膨胀力（15.1kPa）。

3. 车站结构内力

根据材料本构关系及材料力学原理计算结构的内力，具体过程如下：

$$\sigma = E \times \varepsilon\ ;\quad \sigma = \frac{M \times y}{I}$$

式中：$\sigma$——应力，kPa；

$E$——弹性模量，GPa；

$\varepsilon$——应变；

$M$——截面弯矩，kN·m；

$I$——截面对中性轴的惯性矩，$m^4$；

$y$——应力点的纵坐标，即与中性轴距离，m。

联立两式可得

$$M = \frac{E \times \varepsilon}{y} \times I \tag{6.1}$$

式中：$I = \frac{1}{12}bh^3$，$h$ 为管片衬砌厚度，m，按管片厚度取值。通过应变传感器，得到结构在荷载作用下构件边缘产生的应变 $\varepsilon$，此时 $y = \frac{1}{2}h$，因此式（6.1）可改写为

$$M = \frac{1}{6} \times E \times \varepsilon \times b \times h^2 \tag{6.2}$$

本章模型试验过程中，通过振弦式应变传感器测量车站结构底板、中板与侧墙的应变，并经过统计整理，运用式（6.2）计算车站结构模型受到膨胀力作用的结构内力的变化；由模型结构内力与相似常数，反算得到原型结构的内力。例如，对于底板跨中弯矩，则有

$$M_{原型} = C_M \times M_{模型} = 5 \times 10^4 \times M_{模型} \tag{6.3}$$

式（6.3）同样适用于计算原型结构中板、侧墙的弯矩。根据应变值得到模型结构在膨胀力作用下的弯矩变化曲线，如图 6.31～图 6.33 所示。

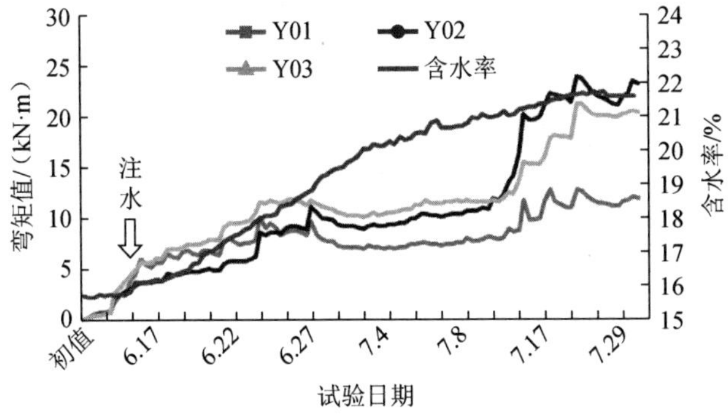


图 6.31　底板弯矩变化曲线

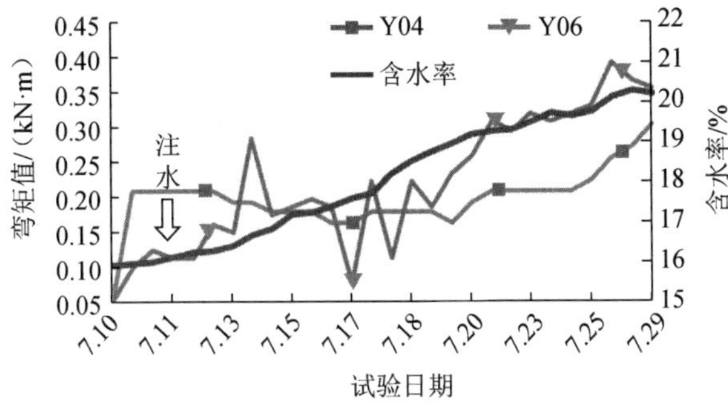


图 6.32　中板弯矩变化曲线

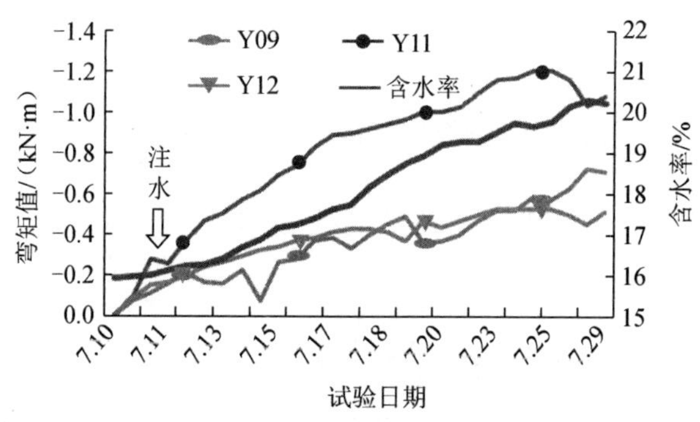


图 6.33　侧墙弯矩变化曲线

由图 6.31～图 6.33 可以看出，随着土体含水率的增大，在膨胀力作用下，车站结构的弯矩持续增加；当膨胀力增大至于一定值时，车站结构发生变形，导致结构内力进行二次重分布，因此在试验后期，各个部位的弯矩值出现波动，并有减小迹象。将本章模型试验结果与车站结构数值模拟结果进行对比分析，结果如表 6.7 所示。

表 6.7　模型试验与数值计算结果对比表

| 比较内容 | 模型试验结果/（kN·m） | 相似比换算为原型/（kN·m） | 数值计算结果/（kN·m） | 模型与数值计算比值/% |
| --- | --- | --- | --- | --- |
| 底板跨中弯矩 | 18.6 | 930.0 | 807.8 | 115.1 |
| 中板跨中弯矩 | 0.28 | 14.0 | 14.1 | 99.3 |
| 侧墙跨中最大弯矩 | 1.08 | 54.0 | 70.2 | 76.9 |

由表 6.7 可以看出，本次车站模型试验能够反映车站结构受到膨胀力作用下的内力响应；模型试验结果和数值计算的底板跨中弯矩、中板跨中弯矩值较为接近；而侧墙跨中最大弯矩模型试验结果较数值结果计算小，仅为其 76.9%，分析原因可能是车站模型结构周边填土碾压不密实。

## 6.3　本章小结

本章对膨胀土区域地铁车站进行数值计算和大型模型试验。数值计算反映各工况下膨胀力对车站结构的内力影响，确定不利工况；而模型试验通过实测土压力变化，获得车站结构受到膨胀力作用后内力与变形规律，揭示膨胀土区域地铁车站受力机理[4]。本章研究成果总结如下：

1）数值计算结果显示，支座负弯矩、跨中弯矩及最大变形量等随着底部膨胀力的增大而增加，但增大的幅度较小。

2）模型试验中：①土体含水率实测数据表明，含水率随着注水时间而增大，直至土体达到饱和状态，含水率保持稳定。②土压力监测数据显示，土体注水后，膨胀性岩土吸水剧烈膨胀，车站结构底部土体和侧部土体的膨胀力增大，且膨胀力增加速率在前期较大而后期趋于稳定甚至略有减少，即在注水试验前期，膨胀力增长迅速，当注水进行约 10d 后，膨胀力增长减小。试验中底部膨胀力大于侧部膨胀力。

3）车站模型试验结果和数值计算结果的底板跨中弯矩、中板跨中弯矩值较为接近，而侧墙跨中最大弯矩模型试验结果较数值计算结果小，仅为其 76.9%，分析原因可能是车站模型结构周边填土碾压不密实所致。

## 参 考 文 献

[1] 杨庆，焦建奎，栾茂田．膨胀岩土侧限膨胀试验新方法与膨胀本构关系[J]．岩土工程学报，2001，23（1）：49-52.

[2] 黄建华．膨胀岩的特性及其对隧道稳定性的影响[J]．铁道工程学报，2001（1）：56-57.

[3] 王博．明挖地铁车站整体建模结构受力分析[J]．铁道标准设计，2012（11）：75-78，88.

[4] 钟子文．涉泥岩区地铁车站结构模型试验研究[D]．南宁：广西大学，2013.

# 第 7 章　地铁车站深基坑中膨胀土桩土的相互作用研究

本章以南宁地铁火车东站基坑支护桩为工程依托，通过在施工现场埋设监测点，对基坑开挖过程中的桩体位移、桩侧土压力、桩顶和地表竖向位移等进行长时间的跟踪监测，将监测结果与有限元数值进行对比分析，探讨基坑开挖条件下桩侧土压力与桩体水平位移的关系，揭示膨胀力对基坑围护结构的影响。

## 7.1　现场试验设计

### 7.1.1　监测内容及测点位置选择

1. 监测内容

在基坑开挖过程中，由于坑内土方开挖，围护桩原有的力学平衡体系被打破，在桩侧土压力作用下，桩体将向基坑内发生偏移。本章主要研究基坑开挖过程中桩侧土压力与桩体位移之间的关系，结合现场的实际条件，对桩体的深层水平位移、桩侧土压力、桩顶和地表竖向位移进行埋点监测。

2. 测点位置选择

本章试验依托工程为南宁地铁火车东站，位于南宁青秀区凤岭北片区，为地下岛式车站，地下 3 层，采用明挖法施工，坑底标高为 73.0m，84m 标高平台（简称 84m 标高）以上坡体采用 1∶1 放坡开挖，84m 标高以下采用“排桩+桩顶内支撑”支护垂直开挖。依托工程的基坑总长度达 683m，涉及土层有回填土，残、坡积黏性土，粉质黏土，泥岩，粉砂质泥岩，粉砂岩，泥质粉砂岩；其中泥岩、粉砂质泥岩、泥质粉砂岩属于南宁盆地新近系和古近系膨胀岩土，具有明显的胀缩性。为了对南宁新近系和古近系胀缩性泥岩展开研究，需选择合适的基坑标段进行监测。根据勘察资料，基坑东端约 60m，除了表层 2～6m 深度（1∶1 放坡开挖）属于素填土或残积土以外，84m 标高以下（排桩支护部分）均属于新近系和古近系的泥岩、粉砂质泥岩或粉砂岩、泥质粉砂岩，符合研究的土层要求。因此，在该区域选择 3 个位置布置监测点，测点平面和断面布置图如图 7.1 和图 7.2 所示。

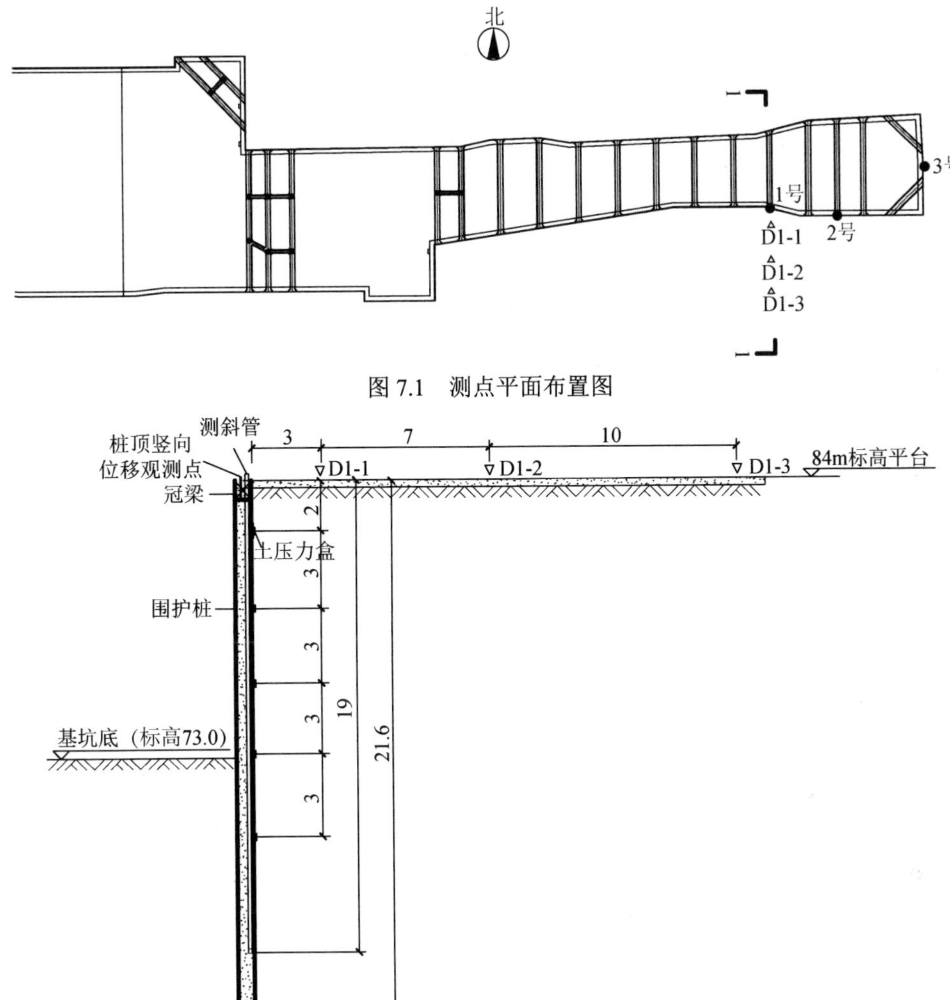


图 7.1　测点平面布置图

图 7.2　测点断面布置图（单位：m）

### 7.1.2　监测点埋设和测量方法

1. 桩体深层水平位移

桩体深层水平位移采用 CX-803D 型测斜仪进行测量，测斜管事先预埋，测量时先将测斜仪探头放入测斜管底部约 5min，待探头温度接近管内温度后从底部开始测量。将测斜仪探头从测斜管底部开始往上拉，每隔 0.5m 测一次读数，每个测斜管均进行正、反两次测量。

2. 桩侧土压力

土压力盒采用钻孔法进行埋设，围护桩施工完成后，按照监测方案选定 3 根比较有代表性的桩 1 号、2 号、3 号，如图 7.1 所示。每根桩在埋置深度为 2m、5m、8m、11m、14m 处埋设土压力盒。为使孔中砂土有足够的时间沉淀，保证土压力盒与土体良好接触，土压力盒在基坑开挖前一个月完成埋设。土压力采用 XP99C 振弦式频率仪进行测量。

3. 桩顶和地表竖向位移

单从桩侧土体的水平位移情况，难以确定桩侧土体在开挖过程中是否发生膨胀，为探究桩侧土体的胀缩特征，还需对桩侧土体进行竖向位移观测，竖向位移采用 ZDL700 精密水准仪进行测量。结合现场情况，选择在 1 号桩所在的 1—1 横断面布设桩顶及土体竖向位移观测点。

桩顶竖向位移监测点采用预埋法，将直径为 14mm、长 90cm 的螺纹钢与围护桩主筋焊接在一起，圆头一端高出冠梁顶面 5cm，以方便在其上立尺测量。地表竖向位移监测点共埋设 3 个，距离 1 号围护桩桩顶的水平距离分别为 3m、10m、20m。

### 7.1.3 试验数据采集

基坑土方工程常见的施工方法有明挖法和暗挖法两种，南宁地铁火车东站土方工程采用的是明挖顺作法施工。为防止因基坑一次性开挖深度过大而影响排桩支护结构的安全，土方开挖实行分段分层开挖，分层厚度为 1～2m。结合现场土方开挖的实际情况，为方便研究，将基坑土方开挖过程分成 4 个阶段（开挖距地表 2m、5m、8m、11m）的工况进行分析。

在基坑开挖前，采集各监测点的初始值，取 3 次稳定数据的平均值作为初始值。3 根观测桩土方开挖时间为 2013 年 1 月 18 日～1 月 21 日，在确定监测点初始值后，随着基坑土方开挖的进行，按照一定的监测频率对桩体水平位移、桩侧土压力及 1—1 断面上桩顶及地表的竖向位移进行监测。为确保监测结果的可靠性，每一工况下均对各监测点进行多次测量。在基坑开挖过程中，正常情况下监测频率为 1 次/2d，当监测数据变化较大或者基坑开挖深度较大时，监测频率为 1 次/1d 或 2 次/1d。监测时间为 2013 年 1～8 月，历时 8 个月，历经该地区整个雨季。

## 7.2 现场试验监测结果的分析

为探究基坑开挖过程中围护桩与桩侧土体的相互作用，本章将不同工况（4 种开挖工况、底板浇筑、中板或侧墙浇筑、支撑拆除和支撑拆除后 3 个月时间间隔等）的桩侧土压力累计变化量、桩体水平位移及 1—1 断面的桩顶和地表竖向位移监测成果进行整理分析。

### 7.2.1 桩体水平位移

3 组试验点 1 号、2 号、3 号的测斜管埋置深度均为 19m，根据现场实际情况，其实际测量深度分别为 17m、18.5m、18m。整理监测结果，各桩不同工况时桩体水平位移曲线如图 7.3 所示。

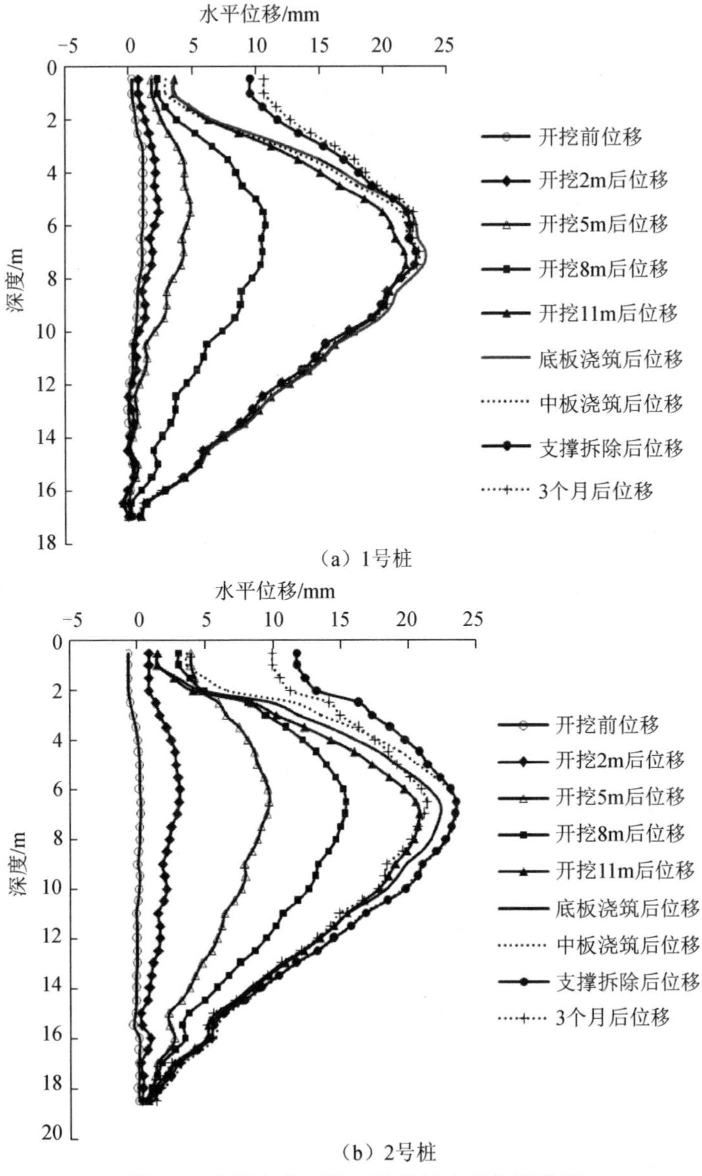


(a) 1号桩

(b) 2号桩

图 7.3 各桩在各工况下的桩体水平位移曲线

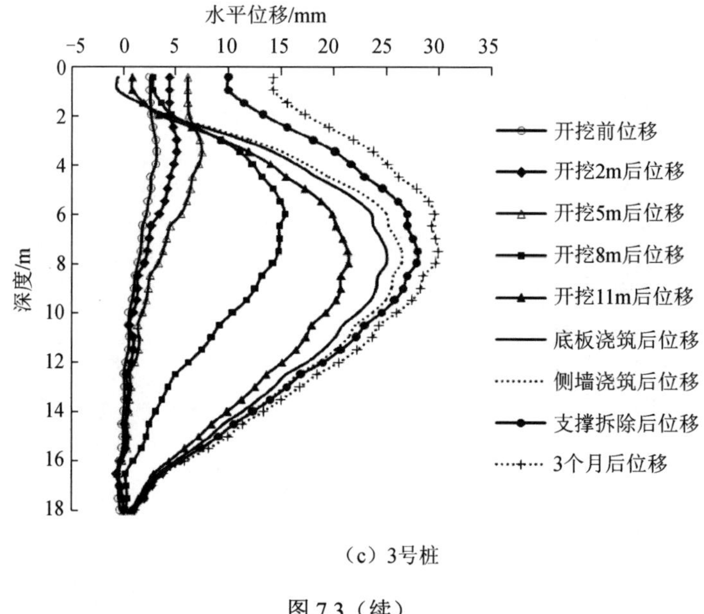


（c）3号桩

图 7.3（续）

由图 7.3 可知，基坑开挖后，围护桩两侧土体的力学平衡被打破，桩侧土体的水平土压力导致桩体向基坑内偏移，偏移量随着基坑开挖深度的增加而增大；对于桩顶内撑式排桩支护结构，3 根桩的变形规律大致相似，桩体水平位移均表现为中间大、两头小，最大位移约为 20mm，远小于设计允许值±75mm，发生在开挖面以上约 3m 处。

对于桩顶内撑式排桩支护结构，基坑开挖深度小于 5m 时，桩体水平位移受基坑开挖的影响较小，位移曲线较为平缓；在基坑开挖深度为 5～11m 时，基坑开挖深度对桩体变形影响显著，桩体位移曲线斜率较大；在基坑底板浇筑后，桩体变形趋于稳定，位移曲线斜率接近于 0；桩体最大变形位置随着基坑开挖深度的增大自上而下移动，最终停留在开挖面以上 3m 处；由于中板的支撑作用，中板（−3.5m 处）以下部分桩体的变形几乎不受拆除支撑梁的影响；桩体变形止于基坑中板的施工，侧墙完成施工并未能彻底阻止桩体的水平变形。

### 7.2.2 桩侧土压力

根据已经埋设的 1 号、2 号、3 号的桩侧 3 组土压力盒数据，绘出各工况下的桩侧土压力累计变化量与埋置深度的变化曲线如图 7.4 所示。

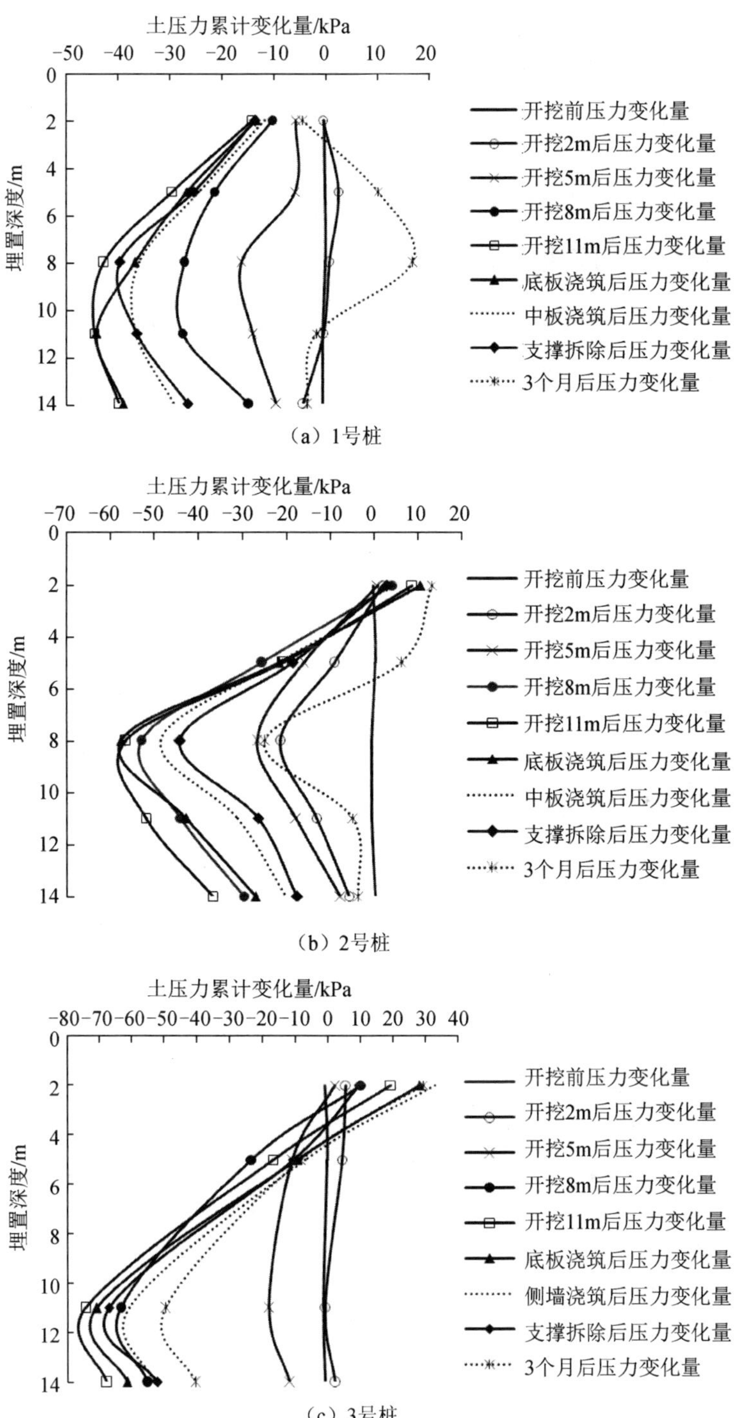


（a）1号桩



（b）2号桩



（c）3号桩

图 7.4　各桩各工况下土压力累计变化量与埋置深度的变化曲线

由图 7.4 可知，3 组土压力变化量均为负数，这表示桩侧土压力相对开挖前减小，基坑开挖的过程就是桩侧土压力释放的过程，开挖后桩侧土压力小于初始土压力（静止土压力）；桩侧土压力累计变化量绝对值具有中间大、两头小的特征，最大土压力绝对值变化量为-74.31kPa；土压力变化量的绝对值大小与桩体变形情况密切相关，桩体水平位移越大，土压力减小量越大。

### 7.2.3　桩侧土压力与桩体水平位移关系

实测数据表明，在基坑开挖过程中，3 组土压力盒 1 号、2 号、3 号，除了距离冠梁顶部深度为 2m 处的监测点外，其余 5m、8m、11m、14m 深度处各监测点水平位移-桩侧土压力累计变化量曲线变化趋势相似，3 组土压力盒在深度为 2m 处土压力的变化差异与该位置支撑梁的反力作用有关。随着桩体水平位移的持续增大，桩侧土压力累计变化量的绝对值也相应增大（即土压力减小得更多），二者具有一定的正相关性，桩侧土压力的变化形态符合经典土压力理论。

在不同深度处（5m、8m、11m、14m）3 组土压力曲线变化规律类似，因此，为进一步探究土压力变化量与桩体变形的关系，整理各深度处的 3 组土压力变化量与桩体位移变化曲线如图 7.5 所示。

由图 7.5 可知，在基坑开挖过程中，当桩体位移约小于 9mm 时，桩侧土压力变化量与桩体水平位移之间呈线性关系；当桩体水平位移大于 12mm 时，桩侧土压力变化量与桩体水平位移之间的关系符合二次曲线关系，拟合曲线详如图 7.5 所示，相关性良好。这表明，桩体位移较小时，桩侧土体的位移与土压力变化量的关系为线弹性关系，当桩体位移较大时，桩侧土体发生塑性变形。

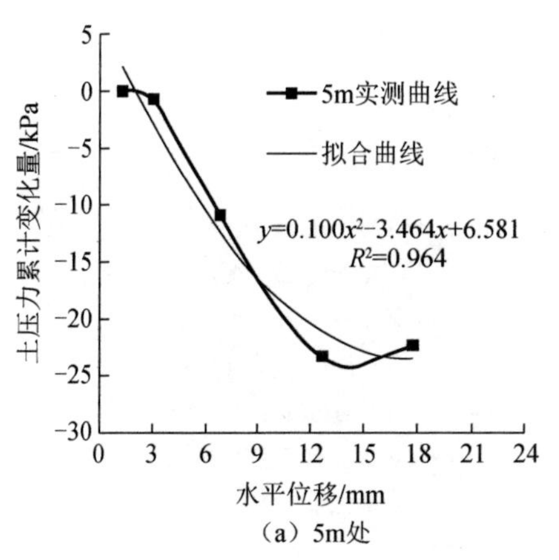


（a）5m处

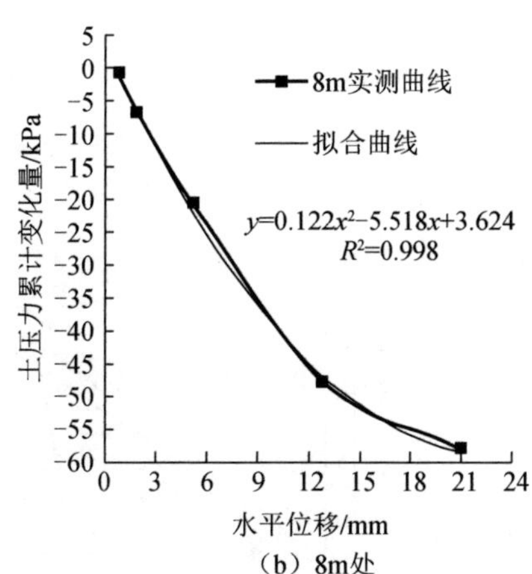


（b）8m处

图 7.5　土压力累计变化量与桩体水平位移变化曲线

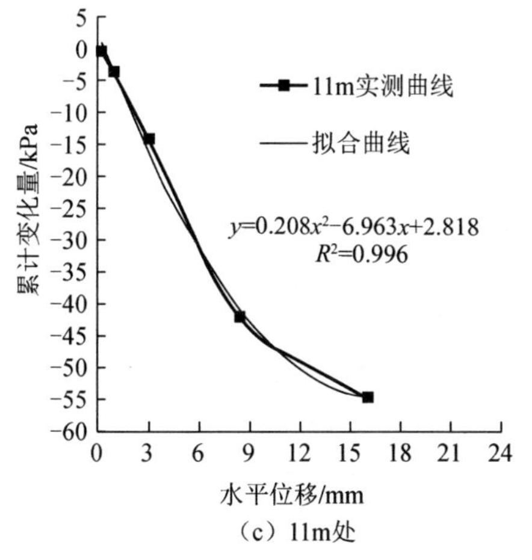

（c）11m处

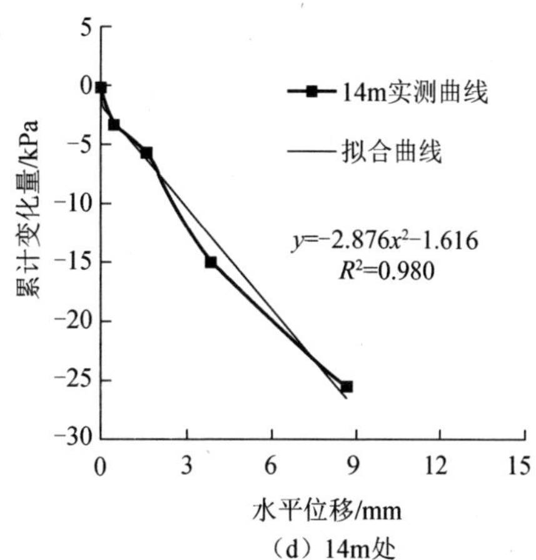

（d）14m处

图 7.5（续）

## 7.2.4　桩侧土体胀缩性对土压力重分布的影响分析

1．桩侧土体的胀缩性

膨胀土与其他土体最显著的区别在于其吸水膨胀、失水收缩的胀缩性，这也是由其引发各种工程地质灾害的主要原因之一。课题组对南宁盆地新近系和古近系重塑膨胀土微变形条件下的膨胀力进行过相关研究，发现当线性变形率分别为1%、2.5%、5%时，其变形膨胀力仅为对应的零变形膨胀力的 75%、55%、35%。本章试验通过土体的变形特征来研究现场膨胀土的膨胀力变化。为测量土体的线性变形，本章试验选取现场的 1—1 断面，在水平方向上用测斜仪测量桩体的水平位移，在竖直方向上用精密水准仪测量土体的竖向位移，整理 1—1 断面上各竖向位移监测点的位移与其对应工况的关系曲线如图 7.6 所示。

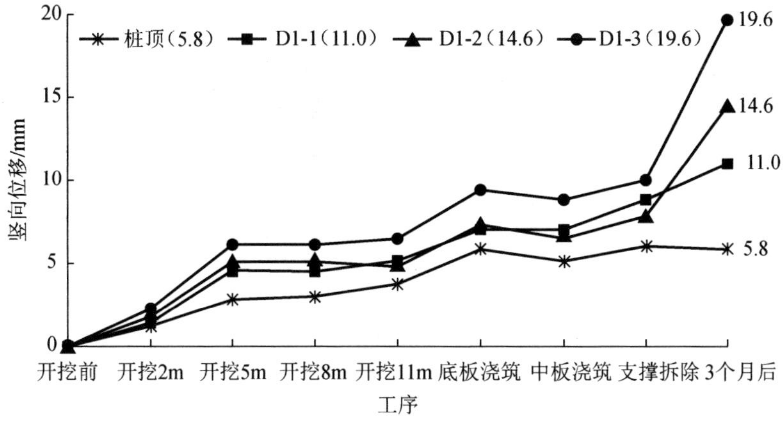


图 7.6　1—1 断面监测点竖向位移

由图 7.6 可以看出，该断面上土体竖向变形均大于 0，表示土体向上发生膨胀变形；在各工况下，地表上距离基坑侧壁越远的监测点，其竖向位移量（向上膨胀）越大，如 D1-3 最大，D1-1 最小；桩体在基坑底板浇筑前缓慢上升，底板浇筑后由于受到底板的约束作用上升趋于稳定，桩侧土体则一直处于缓慢上升的状态；桩体上升量在各种工况下均小于该断面上任一位置处土体的上升量，在底板浇筑前，桩体上升量分别是距桩顶水平距离为 3m、10m、20m 处土体上升量的 61%～86%、54%～80%、46%～60%，平均为 74%、68%、54%，说明在水平距离上等于 1 倍基坑开挖深度（11m）的土体，其地表竖向位移与桩体的上升量关系比较密切；基坑开挖后，受大气降水的影响，泥岩在自然状态下发生膨胀变形，在该地区进行建筑设计时需注意泥岩的膨胀力对建筑物的危害。原因分析如下。

1）84m 标高平台土体发生长期缓慢的竖向膨胀变形是，其上覆的残积土、杂填土等约 5m 厚的土层被挖除后，基坑施工导致大气影响深度下移至 84m 标高平台的泥岩、粉砂质泥岩⑦$_1$层，引起该层土体吸水膨胀（上覆残积土挖除约 5 个月后才开始 84m 标高平台的围护桩施工，监测则是在围护桩施工完之后才开始，土体上升应该与土体超固结作用无关）。由车站地质勘察报告可知，80～84m 标高土层为强胀缩性的泥岩、粉砂质泥岩⑦$_1$层，该土层处于受大气影响急剧的深度范围内，故地表土体膨胀较为明显。

2）在基坑开挖过程中围护桩上升是因为在大气影响深度范围内的胀缩性泥岩发生膨胀变形，其胀切力导致桩体上升。王年春等[1]研究了浸水对膨胀土中桩体上升和胀切力的影响，结果表明浸水后膨胀土发生软化，桩侧摩擦力明显下降，而胀切力却导致桩体上升。高忠和熊仲明[2]对膨胀土中桩的胀切力和上升量计算公式进行推导，认为桩的总上升量是由土层上升高度、桩的埋置深度与桩侧摩擦力对桩产生的上升的高度决定的，其计算公式与实测上升位移量吻合良好。

3）桩顶上升量小于地表任意监测点的上升量，是因为桩体埋置深度为 22m，远大于本地区膨胀土的大气影响深度 8m，虽然桩体中某一点以上部分受到向上的胀切力作用，但是桩体的自重及该点以下部分的桩侧摩擦力阻止了桩体的上升。只有当桩体埋置深度小于膨胀土的大气影响深度时，桩体上升量才有可能等于桩侧土体的上升量，这种情况在膨胀土地区的桩基设计中需要引起注意。

2. 桩侧土压力的重分布

土压力盒是一种测差型感应器，只能通过前后两次频率读数计算出两次读数之间的土压力差值（变化量）。在土压力盒埋设好之后，对于某一土压力盒，其地下温度等外界因素基本上已无多大变化，这时所测得的土压力变化量才比较可靠，在探究桩侧土压力的重分布时可考虑通过实测该土压力变化量来实现。根据已知的土层参数，分别求得土层的静止土压力和主动土压力，再由已测得的桩侧土压力累计变化量（土压力变化量=静止土压力-土压力累计变化量绝对值）求出不同工况下的桩侧土压力，绘制出 3 根桩在不同工况下的桩侧土压力分布曲线如图 7.7 所示。

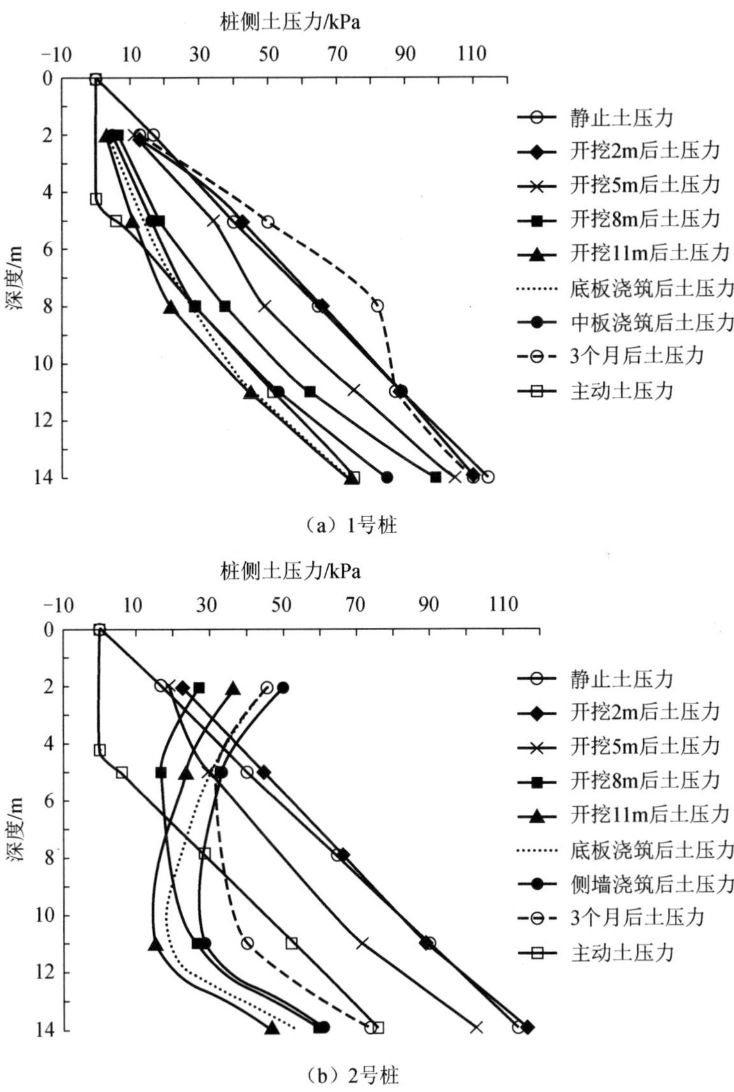


（a）1号桩

（b）2号桩

图 7.7 1 号、2 号、3 号桩在不同工况下的桩侧土压力分布图

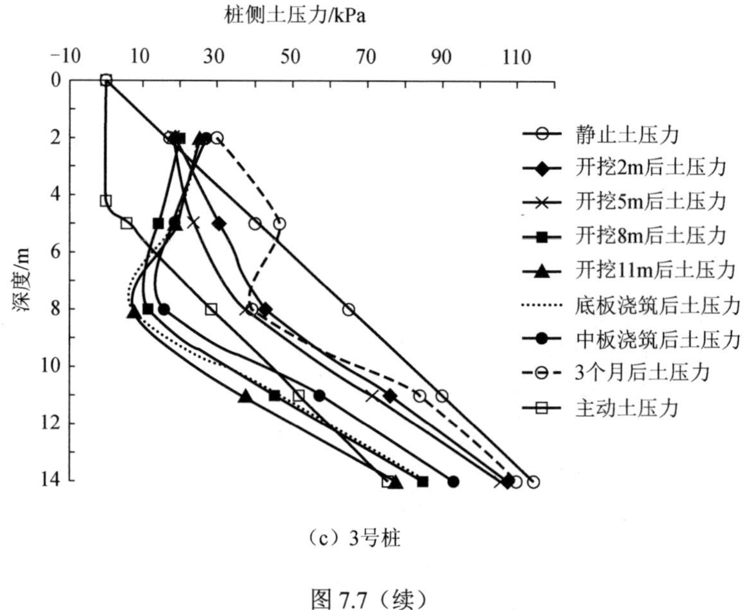


（c）3号桩

图 7.7（续）

由图 7.7 可看出，在基坑开挖深度小于 2m 之前，各深度处的土压力基本上等于静止土压力；当开挖深度为 2～11m 时，土压力曲线下降坡度较大；在基坑底板浇筑后，土压力曲线又出现平缓上升，并且在拆除支撑梁 3 个月后仍然在上升，部分土压力甚至大于静止土压力。这说明桩侧土压力在基坑开挖过程中主要是发生应力释放，在基坑主体结构施工完成后则出现回弹增大。本次监测结果表明，基坑内中板及侧墙等横向刚度较大的结构施工完成后，即使环境湿度和降雨量等未出现较大变化，围护桩的桩侧土压力也出现明显增大。这说明，南宁盆地胀缩性泥岩与其他地区的膨胀土有着比较明显的区别，在支挡结构施工完成后，泥岩的膨胀力将会对建筑物产生危害。

基坑开挖过程中，虽然泥岩受到大气环境的影响会发生缓慢的膨胀，但是由于基坑开挖过程时间相对较短，桩侧土体在短时间内向基坑内发生较大的水平位移，总体上桩侧土压力因发生应力释放而小于静止土压力，该过程中泥岩的膨胀力对围护结构无多大威胁。在基坑内中板等结构施工完成后，桩体水平位移受到约束，桩体变形趋于稳定，桩侧土压力出现反弹增大的趋势，大部分土压力大于静止土压力。这表明，该地区新近系和古近系泥岩的膨胀力对围护结构的危害主要发生在主体结构施工完成之后，在该地区的基坑设计中应予以重视。

## 7.3　桩土相互作用的数值研究

本节根据南宁地铁火车东站地质勘察报告所提供的土层岩土参数，利用有限元分析软件 MIDAS/GTS 建立数值模型，对数值模拟结果与现场监测结果进行对比分析，研究基坑开挖过程中排桩支护结构的变形和桩侧土压力情况。在数值模拟计算时是基于实际工程案例的分析，在建模时既要尽可能地考虑现场的实际因素，使模型各参数能够反映工程的实际情况，同时也要使建模及计算不至于太过复杂，对模拟对象的土层和混凝土围护结构等需做适当的简化。

### 7.3.1　计算断面及参数

南宁地铁火车东站基坑总长度为683m，宽度最窄为14m、最宽为47m，是典型的条形基坑。对这种长度远比宽度大且宽度有变化的线型基坑建立数值模型时，如果对整个基坑进行立体建模分析，模拟结果的可靠性难以保证。原因是在683m的长度范围内，基坑涉及的土层相当复杂，很多区段内的土层不是所要研究的胀缩性泥岩，模型针对性不强。另外，模型太过复杂，网格划分容易出错，有限元软件在计算时对计算机内存要求高，收敛会变得更加困难。

1. 参数

本章研究区段内基坑宽度为 20m，开挖深度为 11m，围护桩长度为 22m。基坑开挖对周边环境的影响范围在水平距离上一般为 1～3 倍基坑开挖深度，本章按 2 倍基坑开挖深度的水平距离建模；冠梁顶（84.00m 标高）以上厚度约为 2m 的素填土$①_2$层和厚度约为 4m 的残积土$⑥_{1-1}$层在基坑围护桩施工前数月就已经挖除，该部分土体的卸载对基坑的影响已经很小，本章不予考虑。结合现场的实际情况，同时考虑模型的对称性，最终确定模型尺寸如下：沿基坑宽度方向取 66m，沿长度方向取 14.4m，深度取 25m，数值模型尺寸示意图如图 7.8 所示。

根据车站勘察报告及数值模型的尺寸，本章模型涉及的土层有泥岩$⑦_1$层和泥质粉砂岩$⑦_2$层。根据车站勘察报告得到建模所需的土层参数如表 7.1 所示，地质纵断面图和简化后地质断面图分别如图 7.9 和图 7.10 所示。

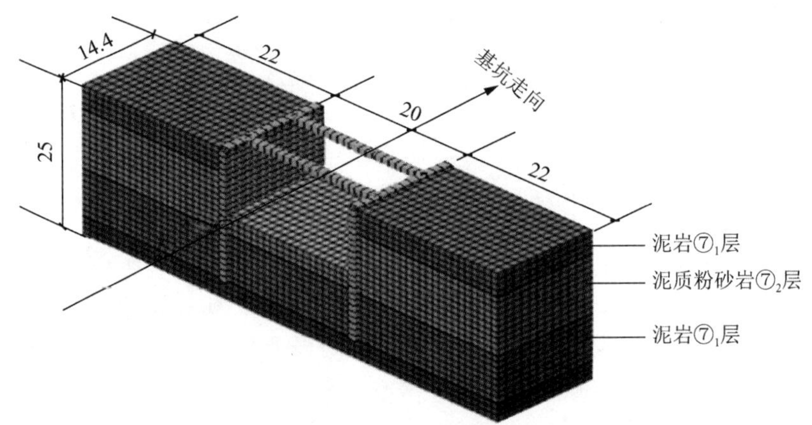


图 7.8　数值模型尺寸示意图（单位：m）

**表 7.1　土层参数**

| 土层名称 | 厚度/m | 容重/（kN/m$^3$） | 黏聚力/kPa | 内摩擦角/（°） | 压缩模量/MPa | 泊松比 | 静止侧压力系数 |
|---|---|---|---|---|---|---|---|
| 泥岩⑦$_1$层 | 4 | 20.0 | 45 | 20 | 12.0 | 0.30 | 0.42 |
| 泥质粉砂岩⑦$_2$层 | 10 | 20.5 | 26 | 27 | 13.5 | 0.29 | 0.40 |
| 泥岩⑦$_1$层 | 1 | 20.0 | 45 | 20 | 12.0 | 0.30 | 0.42 |

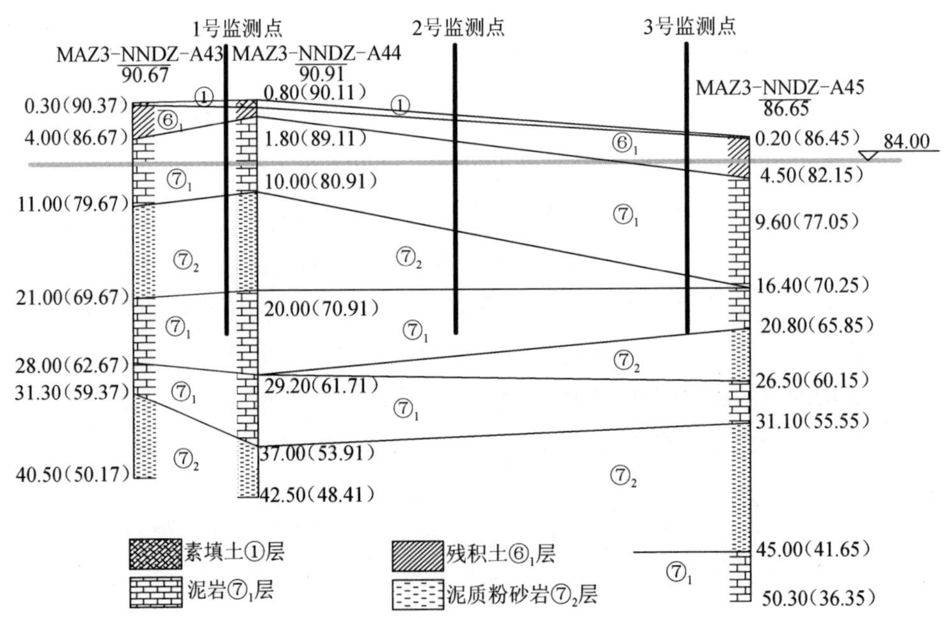


图 7.9　基坑地质纵断面图（单位：m）

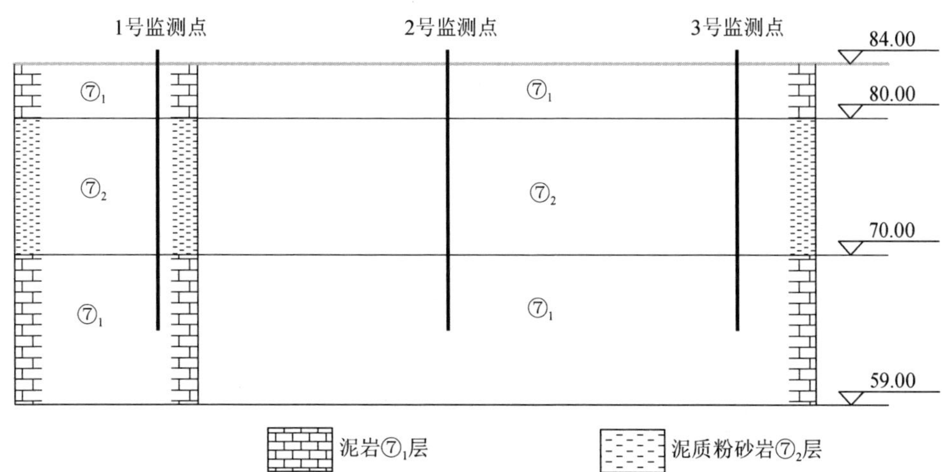


图 7.10　简化后基坑地质纵断面图（单位：m）

车站现场监测区段内桩顶冠梁和内支撑均为截面 1000mm×1000mm 的 C30 混凝土方梁，支撑水平间距为 7200mm，二者均采用梁单元模拟。围护桩为圆形钻孔灌注桩，桩径为 1000mm，桩长为 22m，桩间距为 1200mm，C30 混凝土。为便于围护桩与梁单元之间节点的耦合，按照等刚度的原则将围护桩简化成截面为 870mm×870mm 的混凝土梁，采用梁单元模拟。简化后的基坑混凝土围护结构模型参数如表 7.2 所示。

**表 7.2　围护结构模型参数**

| 结构类型 | 混凝土强度等级 | 截面尺寸 | 容重/（$kN/m^3$） | 弹性模量/（$10^6$ $kN/m^2$） | 泊松比 |
|---|---|---|---|---|---|
| 围护桩 | C30 | 870mm×870mm | 25 | 30 | 0.2 |
| 冠梁 | C30 | 1000mm×1000mm | 25 | 30 | 0.2 |
| 支撑梁 | C30 | 1000mm×1000mm | 25 | 30 | 0.2 |

2. 边界条件及荷载

本章基坑分析数值模型的位移边界条件为：模型底面为固定约束，其各个方向的位移均为 0；模型的 4 个侧面，即前、后、左、右用法向约束，允许其发生竖向位移，但水平位移为 0；模型的顶面不加约束，即为自由边界，可以发生水平和竖向位移。

基坑周边超载（超载为基坑周边受到的地表荷载）包括恒载和活荷载，恒载主要是指周边已有建筑物产生的荷载，活荷载主要包括施工荷载（如车辆）和临时堆积物[3]。超载的大小、离基坑边缘的距离和作用宽度等均对围护结构的变形及侧土压力产生影响，因此，在建立数值模型时需合理考虑超载的情况。目前基坑支护设计的周边超载一般凭经验确定，多数情况下取 10～20kPa，个别情况取

30kPa[4]。张小彦和周嘉宾[5]研究发现，超载在墙外距离 0.2～0.5 倍开挖深度范围内引起围护结构的水平位移最大，距基坑 0.2 倍开挖深度处超载对地表沉降有较大影响，超载对坑内土体的回弹影响不大。

本章模型模拟基坑的周边没有已建建筑物，其超载主要来自现场施工车辆及钢筋、模板等堆积物，超载大小及作用位置均不固定。本章模型统一取超载值为 15kPa，均匀分布于距离基坑侧壁 2 倍开挖深度（即 22m）范围内的地面上，模型立体图和前立面图如图 7.11 和图 7.12 所示。

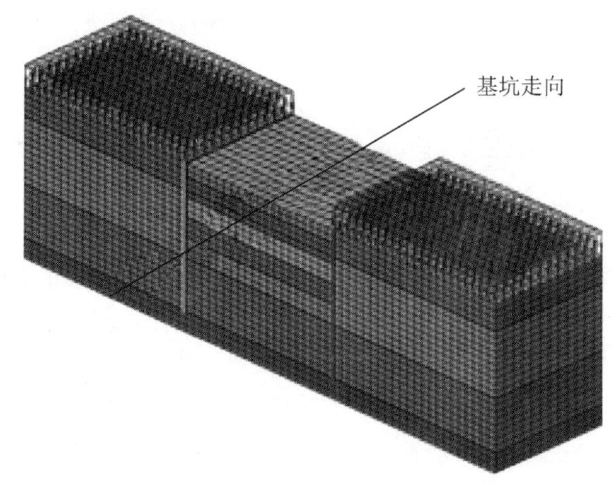


图 7.11　模型立体图

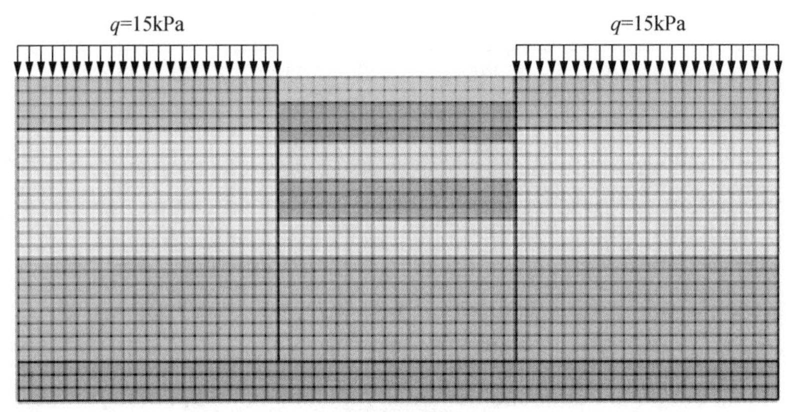


q—基坑周边超载。

图 7.12　模型前立面图

## 7.3.2　网格划分及模拟工况

网格划分是有限元数值模型中至关重要的一步，网格的质量直接影响模型计算的收敛性及结果的准确性。尤其是在结构的重点研究部位，即使仅有个别质量很差的网格，也可引起较大的计算误差。本模型采用 8 节点 6 面体实体单元，单元几何尺寸大小为 1.2m×1m×1m，共划分为 19836 个单元、21970 个节点。坐标系如下：*X* 轴方向表示基坑宽度方向，*Y* 轴方向表示基坑长度方向（基坑走向），*Z* 轴方向表示基坑深度方向。

由于支护结构和土体的应力、应变主要在基坑开挖过程中发生变化，在中板及侧墙浇筑后已经趋于稳定，因而本章有限元模拟也仅限于基坑开挖过程。为便于与现场监测数据进行对比分析，本章模型采用与现场监测一致的工况划分方法，工序共分为五步：

1）初始地基应力分析，激活围护桩和冠梁，施加自重力。

2）第一步开挖至地表以下 2m，设置内支撑（−1.0m 处），施加地面超载。

3）第二步开挖至地表以下 5m。

4）第三步开挖至地表以下 8m。

5）第四步开挖至基坑底 11m 处。

## 7.4　桩土相互作用的数值分析

### 7.4.1　模拟结果与监测结果验证分析

本章模型是基于 1 号桩经适当简化后的土层建立的，现场监测部分已对桩体深层水平位移、桩顶及地表竖向位移、桩侧土压力进行长达半年的监测，现将模拟结果与 1 号桩的监测结果进行对比分析。

1. 桩体水平位移结果对比分析

根据现场监测数据和有限元数值模型的模拟结果，得出各工序下距离桩顶 17m 深度范围内桩体的水平位移，如表 7.3 和表 7.4 所示。当开挖至坑底时，1 号桩所在横断面的土体水平位移云图如图 7.13 所示，各工序下的实测值与模拟值曲线如图 7.14 所示。

**表 7.3　实测桩体的水平位移值**

| 距桩顶深度/m | 水平位移值/mm | | | |
|---|---|---|---|---|
| | 开挖至 2m | 开挖至 5m | 开挖至 8m | 开挖至 11m |
| 0.5 | 0.82 | 1.85 | 2.23 | 3.59 |
| 1 | 0.82 | 1.85 | 2.23 | 3.59 |
| 2 | 1.29 | 2.56 | 3.84 | 6.22 |

续表

| 距桩顶深度/m | 水平位移值/mm | | | |
|---|---|---|---|---|
| | 开挖至 2m | 开挖至 5m | 开挖至 8m | 开挖至 11m |
| 3 | 1.81 | 3.79 | 6.50 | 11.15 |
| 4 | 2.12 | 4.36 | 8.47 | 15.09 |
| 5 | 2.26 | 4.74 | 9.96 | 18.57 |
| 6 | 2.05 | 4.55 | 10.70 | 20.63 |
| 7 | 1.89 | 4.33 | 10.50 | 21.68 |
| 8 | 1.36 | 3.46 | 9.70 | 21.23 |
| 9 | 1.31 | 3.00 | 8.84 | 20.12 |
| 10 | 0.85 | 2.02 | 7.35 | 17.74 |
| 11 | 0.65 | 1.43 | 5.85 | 15.27 |
| 12 | 0.26 | 0.85 | 4.56 | 12.60 |
| 13 | 0.30 | 0.65 | 3.63 | 10.19 |
| 14 | 0.16 | 0.35 | 2.62 | 7.46 |
| 15 | 0.45 | 0.70 | 2.26 | 5.51 |
| 16 | −0.08 | 0.05 | 1.00 | 2.79 |
| 17 | −0.02 | 0.00 | 0.31 | 0.99 |

**表 7.4　模拟桩体的水平位移值**

| 距桩顶深度/m | 水平位移值/mm | | | |
|---|---|---|---|---|
| | 开挖至 2m | 开挖至 5m | 开挖至 8m | 开挖至 11m |
| 0 | 2.56 | 3.02 | 4.09 | 4.18 |
| 1 | 2.98 | 3.66 | 5.33 | 6.06 |
| 2 | 3.42 | 4.32 | 6.71 | 8.10 |
| 3 | 3.83 | 4.91 | 8.10 | 10.13 |
| 4 | 4.26 | 5.53 | 9.39 | 12.02 |
| 5 | 4.63 | 6.14 | 10.48 | 13.65 |
| 6 | 4.91 | 6.53 | 11.33 | 14.92 |
| 7 | 4.93 | 7.01 | 11.89 | 15.78 |
| 8 | 4.80 | 7.39 | 12.16 | 16.17 |
| 9 | 4.62 | 7.42 | 12.19 | 16.07 |
| 10 | 4.36 | 7.13 | 11.95 | 15.50 |
| 11 | 4.05 | 6.76 | 11.42 | 14.51 |
| 12 | 3.56 | 6.15 | 10.57 | 13.18 |
| 13 | 3.25 | 5.46 | 9.41 | 11.56 |
| 14 | 2.66 | 4.52 | 7.96 | 9.66 |
| 15 | 2.03 | 3.76 | 6.27 | 7.55 |
| 16 | 1.39 | 2.73 | 4.43 | 5.30 |
| 17 | 0.79 | 1.89 | 2.60 | 3.10 |

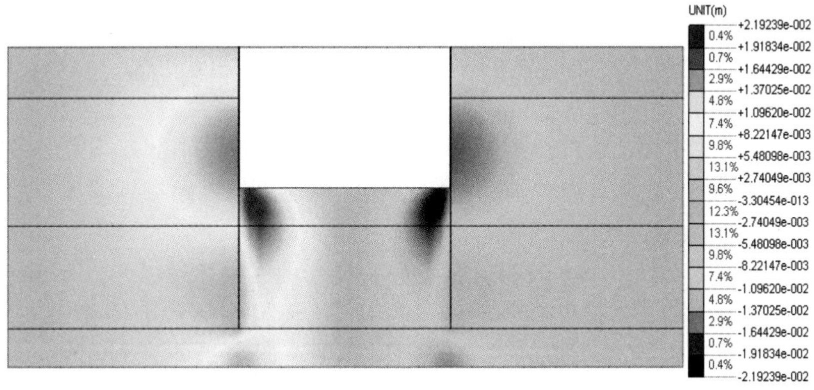


图 7.13　土体水平位移云图

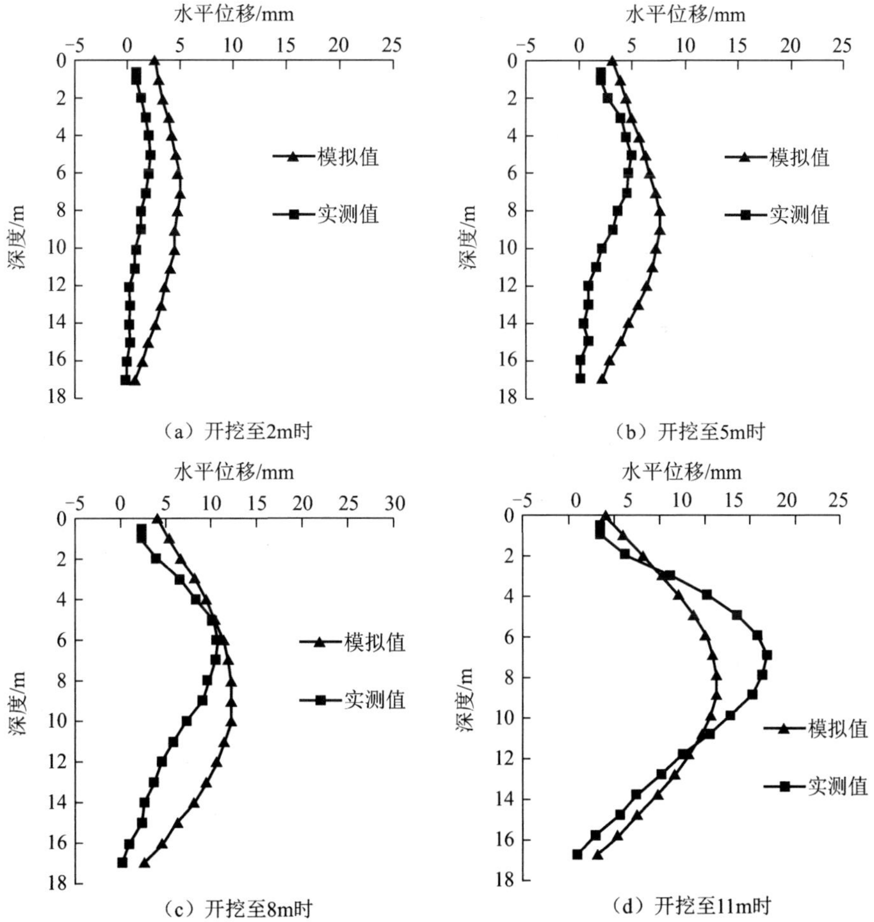

（a）开挖至2m时

（b）开挖至5m时

（c）开挖至8m时

（d）开挖至11m时

图 7.14　开挖至不同深度时的水平位移

对于泥岩地区顶部内支撑排桩支护结构，从模拟值与实测结果可以看出：

1）基坑土方开挖至 8m 深度前，模拟值与实测值相差不大，同一工况下二者最大值相差为 1.49～2.67mm；开挖至坑底（11m）深度时，二者相差较大，实测最大水平位移为 21.68mm，模拟最大水平位移为 16.17mm，相差 5.51mm，最大模拟值是最大实测值的 74.6%，实测和模拟最大位移距桩顶深度分别为 7m 和 8m 处，规律相似。

2）开挖深度越大，实测变形曲线与模拟变形曲线规律越相近。

3）总体上看，在基坑开挖至 8m 深度前，模拟桩体水平位移最大值与实测桩体水平位移最大值出现的位置不一样，但是数值大小比较接近；在基坑开挖至基坑底时，虽然二者最大值差别较大，但是变化规律却非常相似。由此可见，利用 MIDAS/GTS 软件建立的数值模型，基本满足基坑开挖过程的围护桩变形分析要求。

### 2. 桩侧土压力结果对比分析

各工况下距桩顶 2m、5m、8m、11m、14m 深度处模拟的土压力和实测的土压力如表 7.5 和表 7.6 所示，1 号桩所在横断面土体侧向土压力云图如图 7.15 所示，开挖至不同深度时桩侧的土压力分布曲线如图 7.16 所示。

**表 7.5　实测桩侧的土压力**　（单位：kPa）

| 距桩顶深度/m | 开挖前 | 开挖至 2m | 开挖至 5m | 开挖至 8m | 开挖至 11m |
|---|---|---|---|---|---|
| 2 | 16.8 | 16.32 | 11.02 | 6.55 | 2.83 |
| 5 | 40.2 | 42.78 | 34.29 | 18.88 | 10.79 |
| 8 | 64.8 | 65.60 | 48.61 | 37.62 | 22.12 |
| 11 | 89.4 | 89.03 | 75.38 | 61.85 | 44.81 |
| 14 | 114.0 | 109.67 | 104.53 | 99.16 | 74.26 |

**表 7.6　模拟桩侧的土压力**　（单位：kPa）

| 距桩顶深度/m | 开挖前 | 开挖至 2m | 开挖至 5m | 开挖至 8m | 开挖至 11m |
|---|---|---|---|---|---|
| 2 | 16.8 | 31.9 | 13.1 | 9.3 | 9.0 |
| 5 | 40.2 | 39.1 | 47.7 | 22.4 | 14.9 |
| 8 | 64.8 | 63.1 | 46.6 | 64.3 | 33.6 |
| 11 | 89.4 | 89.3 | 68.2 | 63.8 | 88.0 |
| 14 | 116.9 | 117.9 | 99.8 | 88.8 | 89.2 |

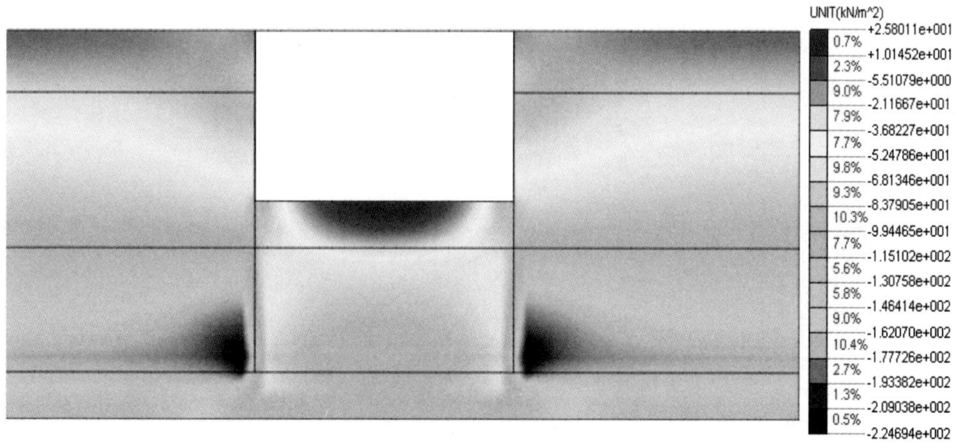


图 7.15　1 号桩所在横断面土体侧向土压力云图

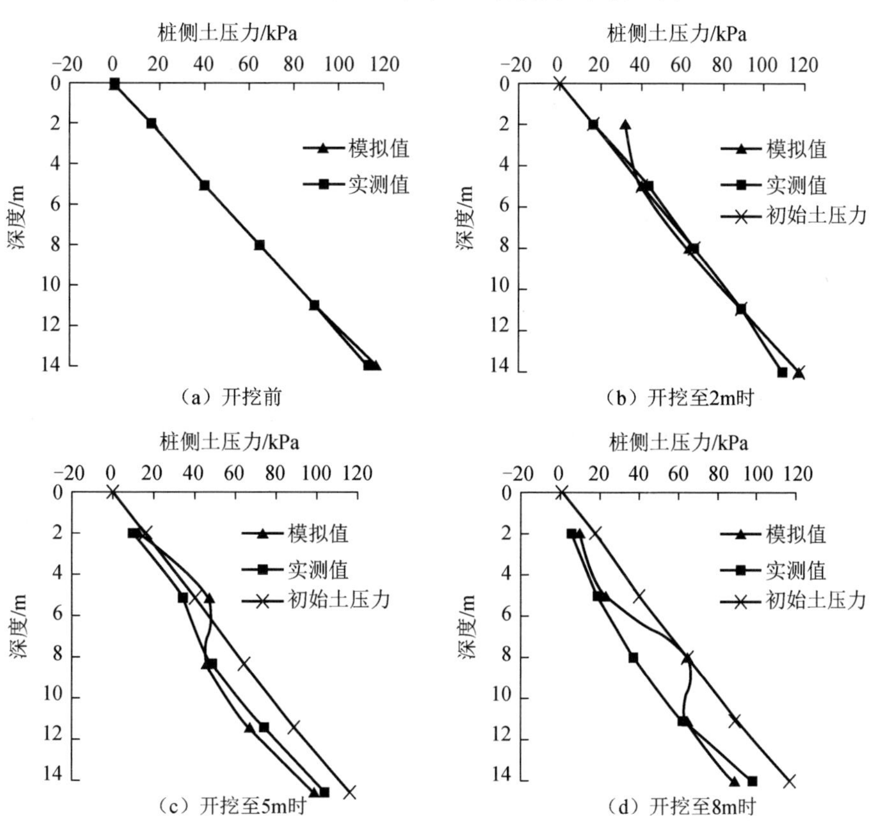


图 7.16　开挖至不同深度时桩侧的土压力

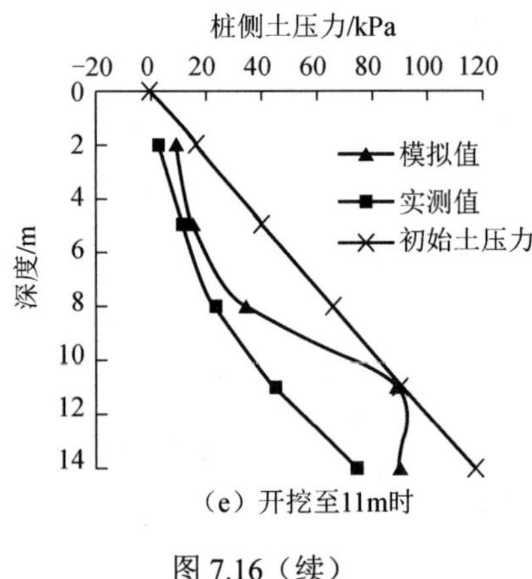

(e) 开挖至11m时

图 7.16（续）

由表 7.5、表 7.6 及图 7.16 可以看出：

1）由静止土压力计算公式 $P_0 = K_0\gamma z$，其中 $K_0$ 为计算点处土的静止土压力系数，$\gamma$为土的容重（$kN/m^3$），$z$ 为计算点的深度（m），计算所得的桩侧静止土压力与 MIDAS/ GTS 软件模拟所得结果一致，仅在 14m 深度处土压力略有差别，分别为 114kPa 和 116.9kPa。

2）现场监测所得桩侧土压力沿深度方向由开挖前的线性分布演变为抛物线分布形式，且随着基坑开挖深度的增加，不同深度处土压力均逐渐减小，始终小于静止土压力；土压力模拟值在开挖面处有一突变值，这与孟燕[6]通过 MIDAS/GTS 软件模拟的结果一致。

3）总体而言，土压力的实测值与模拟值具有相似的变化规律，二者均随基坑开挖后围护结构水平位移的增大而减小，除了开挖面处以外，二者数值相差较小，数值模型能够较好地模拟土压力的实际变化情况。

### 7.4.2 膨胀力影响分析

关于膨胀土膨胀力的研究目前多数是利用室内模型试验，通过往模型中的膨胀土注水，改变土体含水率促使土体发生膨胀，用压力传感器测出土体的膨胀力。室内模型试验是一种既直接又可行的研究方法，在科学理论研究中具有非常重要的作用。然而，室内试验往往需要比较专业的研究人员来执行，同时还需要投入较多的时间和经费，在当前理论与实践并重的岩土工程基坑支护设计中，需要的是一种既省时间又较为合理的考虑膨胀力的方法。

基坑围护结构的安全除了与结构的材料性质有关以外，还与结构的受力特点有关。膨胀土与一般土体的区别也正在于其吸水膨胀时所产生的膨胀力。根据车站基坑勘察报告可知，车站区域内泥岩的膨胀力为 12.5～162.6kPa 时，若不考虑膨胀土吸水膨胀过程中黏聚力减小的影响，用数值模型将膨胀力通过某种方式施加于排桩围护结构上，即可近似地模拟膨胀力作用下基坑围护结构的内力和变形情况。

由朗肯土压力理论，当挡墙后填土表面有连续均布荷载时，均布荷载将对墙背产生附加土压力，计算时可将此均布荷载强度 $q$（kPa）变换为等效填土高度 $h$（m），即

$$h = q / \gamma \tag{7.1}$$

式中：$\gamma$ ——墙后的填土容重，kN/m³。

这样，作用于墙背 $z$ 深度处的土压力强度为

$$P_a = \gamma(z + h)K_a \tag{7.2}$$

式中：$K_a$ ——土体的侧压力系数。

因此，在墙后施加均布荷载 $q$ 之后，$q$ 将以大小为 $qK_a$ 的均布力作用于挡墙上，如图 7.17 所示。

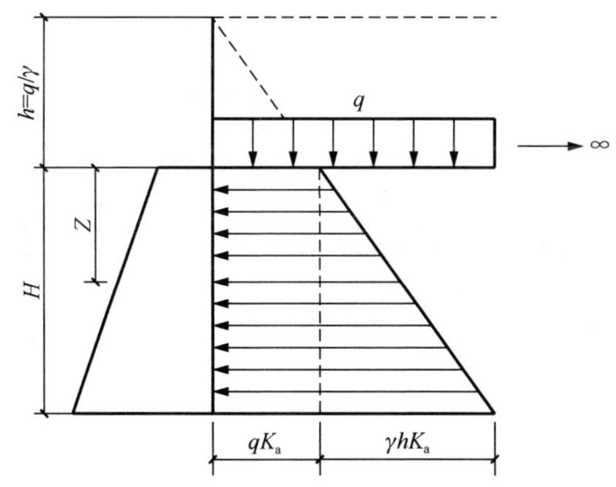


图 7.17　有连续荷载作用时的土压力

在把墙后填土表面的均布荷载 $q$ 等效转换为某一厚度 $h$ 的土层后，该均布荷载对墙背所产生的附加土压力 $qK_a$ 就具有一般土压力的特点，在模型中它会随着桩与土之间位移关系的变化而变化。蓝日彦[7]在室内模型试验中利用千斤顶对墙后填土进行加压，并分别用土压力盒和指示表量测土压力和桩体水平位移，由此研究排桩支护的土压力及变形关系。根据这一思路，本章将墙后均布荷载对墙背所产生的附加土压力近似看成泥岩的膨胀力，并利用有限元数值模型对不同附加土压力（膨胀力）作用下的排桩支护结构进行数值分析。该区域膨胀土的膨胀力为 12.5～162.6kPa，$⑦_{1-1}$ 层、$⑦_{1-3}$ 层、$⑦_{2-1}$ 层土体的侧压力系数分别为 0.42、0.35、0.40，全部按膨胀土考虑，将各土层侧压力系数近似取 0.40，最大膨胀力取 160kPa，即可换算出当膨胀力分别为 40kPa、80kPa、120kPa、160kPa 时，所需施加的均布荷载分别为 100kPa、200kPa、300kPa、400kPa。将均布荷载 $q_1$=100kPa、

$q_2$=200kPa、$q_3$=300kPa、$q_4$=400kPa 分别代入 MIDAS/GTS 软件数值模型中，如图 7.18 所示。保持其他条件不变，得到不同膨胀力作用下基坑开挖至坑底时的桩体水平位移和桩侧土压力，桩体水平位移和桩侧土压力分布曲线如图 7.19 和图 7.20 所示。

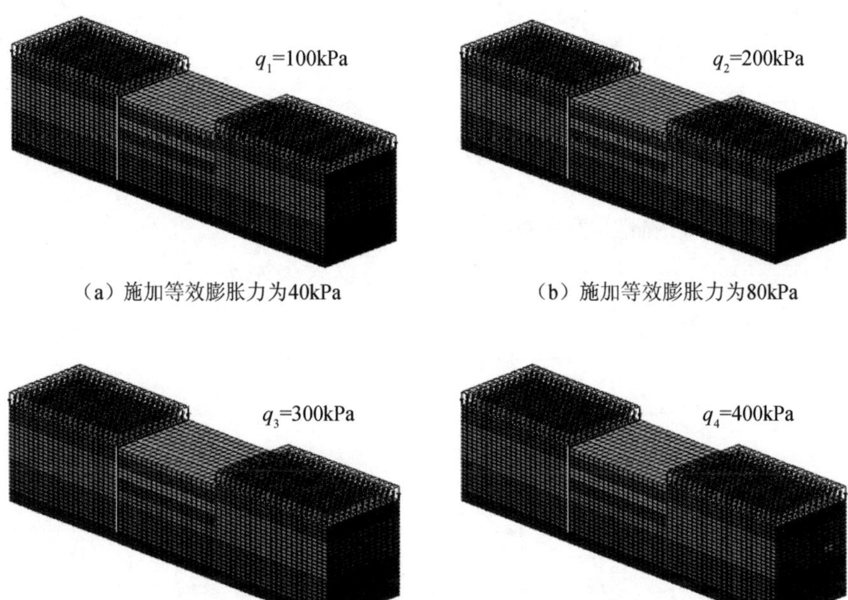


（a）施加等效膨胀力为40kPa　（b）施加等效膨胀力为80kPa

（c）施加等效膨胀力为120kPa　（d）施加等效膨胀力为160kPa

图 7.18　施加不同等效膨胀力时的均布荷载强度

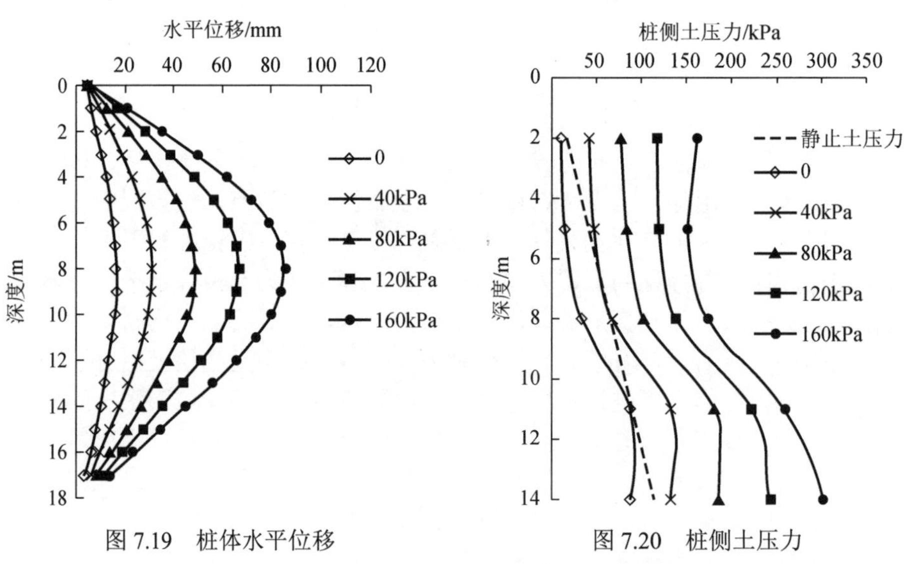


图 7.19　桩体水平位移　　图 7.20　桩侧土压力

由图 7.19 和图 7.20 可知，对顶部内支撑排桩支护结构，施加水平膨胀力对桩身变形规律影响不大，最大变形位置仍然是在距桩顶 8m 深度附近，但是膨胀力对桩体水平位移大小的影响非常明显。未施加膨胀力时，桩体最大位移才 16.17mm，每增加一级水平压力（40kPa），桩体最大水平位移分别增加 14.77mm、17.89mm、18.13mm、18.86mm。当水平膨胀力从 0 增大至 160kPa 时，桩体最大水平位移增大为原来的 5.3 倍。水平膨胀力与桩体水平位移之间符合线性关系，曲线方程为 $y$=0.440$x$+14.62，相关系数 $R^2$=0.998，相关性较好，如图 7.21 所示。

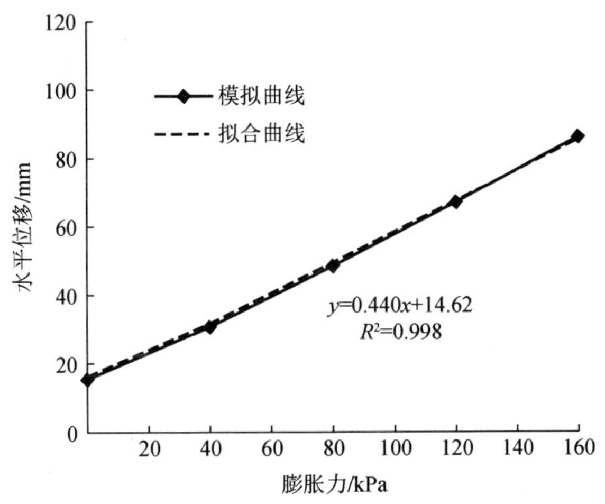


图 7.21　桩体最大水平位移与膨胀力的关系

由图 7.21 可知，未施加水平膨胀力时，因坑内土体卸载，桩侧土体发生水平位移引起桩侧土体应力释放，桩侧土压力均小于静止土压力。施加膨胀力后，桩侧土压力均大于静止土压力，且膨胀力每增加一级（40kPa），不同深度位置处桩侧土压力均有所增大，各级膨胀力作用下得到的桩侧土压力分布曲线为一组平行曲线。这说明在墙后施加均布荷载 $q$ 后，$q$ 确实是以某一均布力 $qK_a$ 作用于桩体上的，这与假设的土体均匀膨胀所产生的膨胀力分布特征基本一致，证明该方法可用来模拟膨胀土的膨胀力影响。在膨胀土地区进行基坑支护设计时，如没有准确的室内模型试验数据作为参考，可采用此法（适当增加地面超载）来考虑膨胀力的作用。

膨胀力 $P_e$ 分别为 0、40kPa、80kPa、120kPa、160kPa 时，围护结构的内力（弯矩）云图如图 7.22 所示。由图 7.22 可知，最大弯矩分别是 1536kN·m、2573kN·m、3800kN·m、5054kN·m、6532kN·m，当水平膨胀力从 0 增大至 160kPa 时，围护结构弯矩从 1536kN·m 增加到 6532kN·m，增大至原来的 4.3 倍。因此，水平膨胀力对围护结构的危害需引起重视。

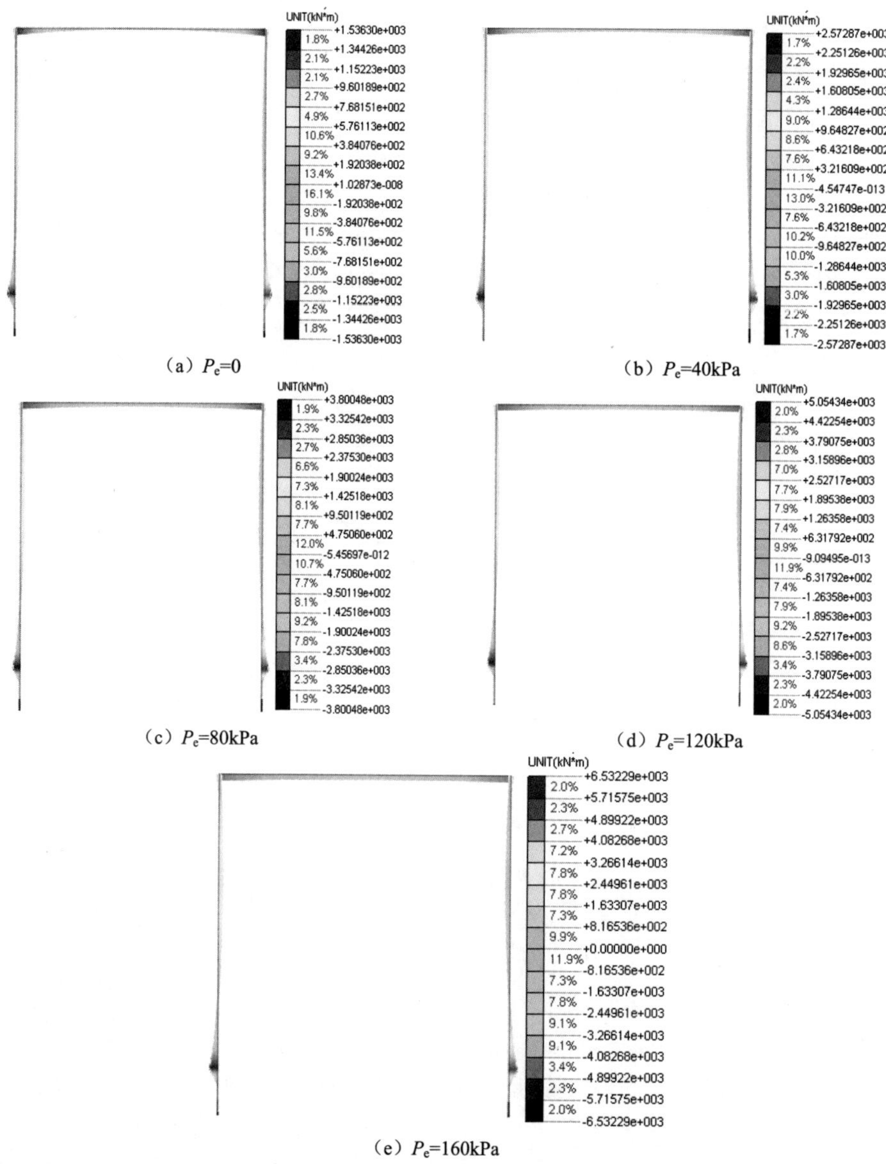

（a）$P_e$=0　（b）$P_e$=40kPa

（c）$P_e$=80kPa　（d）$P_e$=120kPa

（e）$P_e$=160kPa

图 7.22　不同膨胀力时围护结构的弯矩云图

## 7.5　本 章 小 结

本章结合南宁地铁火车东站基坑工程现场监测成果，对南宁膨胀土地区排桩支护结构桩土相互作用展开研究[8]。通过现场监测和有限元数值分析，得出以下结论[8]：

1）坑内土方开挖引起坑壁土体发生水平移动，桩侧土体发生应力释放，土压力减小。土压力的大小与围护桩的变形有关，桩体变形越大的位置，土压力减小得越厉害。在桩体位移小于 9mm 时，桩体位移与桩侧土压力变化量呈线性关系，当桩体位移大于 12mm 时，二者为二次曲线关系。这表明，桩体变形较小时，土体变形以弹性为主；桩体变形较大时，土体变形包括弹性变形和塑性变形两部分。

2）基坑开挖过程中，实测桩侧土压力大小多数介于朗肯主动土压力与静止土压力之间，部分桩体变形较大处土压力小于朗肯主动土压力。

3）根据土体的竖向位移监测结果可知，无论是基坑开挖过程还是开挖完成之后，基坑侧壁土体均发生缓慢膨胀。土体膨胀所产生的胀切力导致围护桩上升，桩体上升量小于土体上升量，桩体的上升止于基坑底板和中板的施工完成。

4）基坑开挖过程中，虽然泥岩由于受到大气环境的影响发生缓慢的膨胀，但是由于基坑开挖过程时间相对较短，桩侧土体在短时间内向基坑内发生较大的水平位移，总体上桩侧土压力因发生应力释放而小于静止土压力，该过程中泥岩的膨胀力对围护结构无多大威胁。在基坑内中板等结构施工完成后，桩体水平位移受到约束，桩体变形趋于稳定，桩侧土压力出现反弹增大的趋势，大部分土压力大于静止土压力。这表明，该地区新近系和古近系泥岩的膨胀力对围护结构的危害主要发生在主体结构施工完成之后，在该地区的基坑设计中应予以重视。

5）采用 MIDAS/GTS 软件建立有限元模型进行基坑开挖分析，以挡墙背后均布荷载所产生的水平向附加土压力模拟膨胀力的影响，当水平向膨胀力分别为 40kPa、80kPa、120kPa、160kPa 时，其所对应的桩侧土压力曲线为一组平行曲线，对特定的围护结构，膨胀力的增加会显著增大其内力和变形。

## 参 考 文 献

[1] 王年香，顾荣伟，章为民，等. 膨胀土中单桩性状的模型试验研究[J]. 岩土工程学报，2008，30（1）：56-60.

[2] 高忠，熊仲明. 膨胀土中桩的胀切力计算研究[J]. 西安建筑科技大学学报（自然科学版），2003，35（4）：412-415.

[3] 李颖，何向玲，周嘉宾. 基坑周边超载作用对地表沉降的影响分析[J]. 工程建设与设计，2011（3）：95-99，103.

[4] 刘岩. 基坑设计时坑边超载取值问题的探讨[J]. 工程勘察，2010（S1）：395-399.

[5] 张小彦，周嘉宾. 基坑周边超载作用位置对基坑变形的影响[J]. 天津城市建设学院学报，2011，17（1）：30-33.

[6] 孟燕. 基坑围护结构土压力与变形分析[D]. 北京：北京交通大学，2012.

[7] 蓝日彦. 深基坑排桩支护土压力及变形的试验研究[D]. 南宁：广西大学，2002.

[8] 陈建文. 南宁第三系泥岩排桩支护结构桩土相互作用实验研究[D]. 南宁：广西大学，2013.

# 第 8 章　地铁盾构壁后注浆材料的研究

盾构法对周围环境影响小，施工速度快，机械化程度高，对软弱地层适应能力强，是城市地铁等各类地下工程建设中广泛应用的方法。城市地铁隧道绝大部分采用盾构法施工，促进了盾构法施工技术的丰富和完善。越来越成熟的盾构法施工技术将在城市地铁等各类地下工程建设中得到广泛应用和推广[1]。

壁后注浆是盾构法施工过程的一个重要环节，起到控制地表沉降、增强隧道抗渗性和稳定性的作用[2-3]。注浆材料如何均匀地填充空隙，同时又具有良好的施工性能，起到加固地层、减小地层位移损失的作用，是盾构隧道设计及施工人员共同关注的问题。近几十年来，国内外许多专家学者就盾构同步注浆这一问题进行了深入的研究，主要是针对特定地层，如成都富水砂卵地层、上海软土地层、穿黄隧道富水地层等开展的，这些注浆材料都可以达到良好的施工性能，并能满足特定地层的要求。穿越膨胀土地区的盾构管片结构将受到特殊岩土膨胀变形的影响，而针对膨胀土地区盾构壁后注浆材料的研究并不多。

随着盾构施工技术的广泛应用，壁后注浆材料性能的研究日益受到人们的重视。注浆浆液性能如果不能适应地层条件和施工环境，将会导致地表沉降过大、隧道渗漏、隧道不稳定等病害发生，给隧道施工及日后地铁运营带来不良影响，甚至留下安全隐患。目前，国内对管片壁后注浆材料的研究主要是针对某一工程的地质条件和工况开展的，局限性比较大，很难在其他工程推广应用；另外，膨胀土吸水膨胀、失水收缩的性质，对隧道结构是极为不利的，而且这种破坏作用常常具有多次反复性、长期潜伏性。因此，开展膨胀土区域盾构壁后注浆材料的研究迫在眉睫。本章针对南宁膨胀土的工程特性，对盾构管片壁后注浆材料与膨胀土力学作用特性开展试验研究。

## 8.1　盾构壁后注浆材料

### 8.1.1　膨胀土地区盾构壁后注浆材料要求

浆液材料的选取是决定注浆成败的关键之一，所选注浆材料的性能要与地层条件相适应，才能充分发挥注浆的作用。实际工程中，地质条件千变万化，再加上施工条件的复杂性，照搬其他工程的注浆材料来达到好的注浆效果是不实际的，仅能参考，还需根据地质条件加以研究。

注浆原材料的选用应按地层条件及施工条件、材料来源合理选定。浆液必须满足工程使用要求，一般要求如下：

1）注浆作业不产生离析。

2）具有较好的流动性，易于注浆施工。

3）压注后浆液固化收缩率小。

4）有较好的不透水性能。

5）压注后强度能很快超过土层。

通过搜集各地盾构壁后注浆资料得知，上述要求的主要指标为流动度、凝结时间、泌水率、强度。流动度是为了满足泵送要求，流动性好的浆液填充效果好，但是流动度过大，易使隧道管片壁后最重要的上顶部分出现无浆填充的现象。注浆材料的凝结时间根据地层条件确定，根据长年施工经验，在稳定性好的地层，如黏土层，注浆材料的凝结时间可以适当延长，但不宜大于 18h；如穿越砂层、砾石层等稳定性差的地层，注浆材料的凝结时间不宜大于 8h。在试验方法上，泌水率虽不同于浆液固化收缩率，但也可体现浆液的固化收缩率，泌水率小的浆液其固化后体积收缩率小。注浆结束后，希望其强度尽早大于原状土强度；另一方面，若壁后浆液的早期强度过高，其流动性会变差，则会妨碍填充性。这就是说，必要的早期强度与充填性是相互矛盾、相互制约的。目前，单液型浆液的早期强度较低，但在壁后注浆的现状调查与分析结果中，尚未发现其沉降过大（与早期强度极高的瞬凝固结性浆液相比）的调查报告[3]。

膨胀土吸水产生膨胀变形，当岩土体变形受到约束时就会产生膨胀力。《岩土工程基本术语标准》（GB/T 50279—2014）对膨胀力有如下描述：土体在不允许侧向变形而充分吸水，使其保持不发生竖向膨胀所需施加的最大压力值。因膨胀效应而实际作用在结构上的力与膨胀力不是一个概念，通常称之为膨胀接触压力，可以理解为结构横向变形稳定后作用在结构上的压力值。所谓膨胀效应即考虑了变形对结构受力的影响，此种情况下的膨胀力可以定义为广义膨胀力（或是自然膨胀力）。

广义膨胀力与膨胀变形量有关，相关研究较为丰富。刘静德等[4]对南水北调线强膨胀土重塑样进行了控制应变的广义膨胀力试验，推导出广义膨胀力-膨胀应变经验公式，得出微小变形会引起广义膨胀力的大幅减小的结论。张玉军和唐仪兴[5]对山西万家寨引黄工程南干线某地膨胀土的研究也得出了相同结论。李献民等[6]对湖南邵阳膨胀土工程变形特性进行了试验研究，得出不同压力下的膨胀量曲线，指出膨胀量与压力呈指数关系。谢云等[7]对南阳重塑膨胀土做三轴膨胀力试验，试验结果表明，广义膨胀力与位移呈对数关系，微小的位移可以使膨胀力大大降低。本课题组对南宁膨胀土重塑样微变形与膨胀力的关系进行了研究，当微变形为5%时，广义膨胀力仅为膨胀力的35%。

由此看来，针对膨胀土地区的工程建设，采用柔性材料可以大大减小膨胀力对结构的不利影响，国内膨胀土隧道的成功建设经验已充分证实了这一点。

结合上述分析，膨胀土地区的注浆材料要求主要从以下3个方面考虑：

1）满足常规浆液指标。膨胀土水稳定性差，施工时容易发生流砂等局部坍塌现象，施工时应保证隧道稳定及安全。关于浆液施工参数的研究较多，对施工最重要的两个因素是流动度和凝结时间，此外还要控制浆液的泌水率。流动度满足泵送要求即可，一般要求初始流动度大于24cm[3]；浆液的凝结时间比较灵活，根据地层稳定性确定，对于自稳性差的地层，凝结时间一般控制在6h内，不宜超过8h；泌水率一般小于5%。

2）满足强度指标。浆液硬化后应具有一定的强度，浆液的长期强度应约等于原状土的强度，通过观测知道，一般浆液长期强度达到1～2MPa时效果比较好[3]。根据南宁地铁1号线沿线膨胀土抗压强度统计结果，单轴抗压强度为0～2.92MPa，浆液长期强度不宜低于2.92MPa，能和周围土体共同承受上部荷载。

3）韧性要优于普通注浆材料。考虑到膨胀力对隧道结构的危害，注浆材料应具有适应或是降低这种危害的性能。盾构施工中，管片和注浆层构成了隧道结构。注浆层位于膨胀土与盾构管片之间，应能起到很好的缓冲效果，具有较好的变形能力，为膨胀力释放提供空间，同时具有较好的韧性，发生较大位移时不至于破坏。

### 8.1.2　纤维注浆材料力学试验

纤维注浆材料中掺入的纤维使混凝土、砂浆的力学性能得到改善，较普通混凝土、砂浆和纤维混凝土、砂浆具有更高的抗拉、抗弯强度，变形能力也得到增强。影响纤维注浆材料力学性能的因素主要有基体、纤维、纤维-基体界面特性，本章试验研究基体强度、纤维掺量对注浆材料抗压、抗拉及抗折强度的影响，选择水胶比、纤维掺量为变量因素进行试验。

浆液由水泥、中细砂、粉煤灰、膨润土、水及添加剂（本章试验采用减水剂）等，外掺纤维拌制而成，其各组分各自发挥着不同的作用。

（1）水泥

本章试验采用海螺牌P·O42.5水泥，即普通硅酸盐水泥。普通硅酸盐水泥是由硅酸盐水泥熟料、0～5%的石灰石或粒化高炉矿渣、适量石膏磨细制成的水硬性胶凝材料，在浆液中起胶结作用，是重要的材料。在浆液中，水泥与水形成的水泥浆包裹在砂粒表面并填充砂粒间的空隙而形成水泥浆液，随着时间的延迟，水泥浆逐渐硬化，从而成为具有一定强度的固体。

（2）砂

砂即通常所说的细骨料，在浆液中起骨架作用。试验采用本地的中细砂，过 5mm 筛，含水率小于 5%。

（3）粉煤灰

粉煤灰又称飞灰，在燃煤过程中，煤中的大部分矿物，如黏土、石英、长石等在高温区熔融，熔融物到低温区时呈球状或多孔玻璃体，大部分的玻璃体采用静电除尘的方法收集，就得到了粉煤灰，它是燃煤电厂排出的主要固体废物。粉煤灰的主要成分是 $SiO_2$、$Al_2O_3$ 和 $Fe_2O_3$，其总量约占粉煤灰的 85%，还有少量的 CaO，具有较高的活性，它对胶凝体的形成是有利的。因此，粉煤灰可以作为浆液的掺和料，在浆液中掺入粉煤灰代替部分水泥或细骨料，不仅能降低成本，而且能提高浆液的和易性和早期强度。

（4）膨润土

膨润土是一种黏土岩，也称蒙脱石黏土岩，具有很强的吸湿性和膨胀性，能吸附相当于自身体积 8～15 倍的水，体积膨胀可达数倍，具有一定的黏滞性、触变性、润滑性，可提高浆液的保水性。

（5）减水剂

本章试验采用海韵牌 BT-4012 型引气减水剂。在注浆材料中加入减水剂，使水泥颗粒表面带有相同电荷而排斥分开，与水均匀拌和，增大水泥颗粒的水化面积，提高浆液的强度；减水剂吸附于水泥颗粒表面，形成一层稳定的水膜，减小颗粒之间的摩擦力，起到润滑作用，提高浆液的流动性。此外，掺入减水剂后还可改善浆液的泌水、离析现象，延长浆液凝结时间。

（6）聚丙烯纤维

纤维种类繁多，如天然纤维、矿物纤维、金属纤维、人造有机纤维（合成纤维）等。其中聚丙烯纤维（合成纤维的一种）因价格优廉、性能好，应用最为广泛。本章试验采用凯乐牌聚丙烯纤维，长度为 19mm，直径为 30μm，其主要技术指标如表 8.1 所示。

**表 8.1　纤维的主要技术指标**

| 抗拉强度/MPa | 弹性模量/MPa | 密度/（$g/cm^3$） | 熔点/℃ | 断裂延伸率/% |
|---|---|---|---|---|
| 350 | 3500 | 0.91 | 160～170 | 8～30 |

单丝或束状聚丙烯纤维的掺量一般为 0.5～1.5$kg/m^3$，不宜超过 2$kg/m^3$，否则将影响纤维的分散性和混凝土抗压强度。低掺量聚丙烯纤维对拌和物工作性能影响很小，当掺量小于 2$kg/m^3$ 时，不必对混凝土或砂浆各组成材料原有配比做任何调整。

根据资料显示，工程常用水胶比为 0.6～0.8，通过前期室内试验，得到了 3 组配比，初始流动度大于 24cm，凝结时间小于 8h，泌水率小于 5%，满足施工要求，具体参数如表 8.2 所示。以 3 组配比为基本配比（以下简称基配），分别掺入 0、0.9kg/m$^3$、1.5kg/m$^3$、2kg/m$^3$ 的聚丙烯纤维进行试验，试验安排如表 8.2～表 8.4 所示。

**表 8.2　基本配比施工参数**

| 基本配比 | 凝结时间/h | 流动度/cm | | | | 泌水率/% |
|---|---|---|---|---|---|---|
| | | 0 | 2h | 4h | 6h | |
| 1 | 4.05 | 26.7 | 23.8 | 21.6 | 20.5 | 3.60 |
| 2 | 5.97 | 27.4 | 25.8 | 23.2 | 22.2 | 3.90 |
| 3 | 7.42 | 28.2 | 26.4 | 24.1 | 22.7 | 4.30 |

**表 8.3　试验配比设计**

| 试验组 | 水胶比 | 胶砂比 | 膨水比 | 粉灰比 | 减胶比 | 纤维掺量/（kg/m$^3$） |
|---|---|---|---|---|---|---|
| 1 | 0.6 | 0.64 | 0.2 | 1.6 | 0.004 | 0 |
| 2 | 0.6 | 0.64 | 0.2 | 1.6 | 0.004 | 0.9 |
| 3 | 0.6 | 0.64 | 0.2 | 1.6 | 0.004 | 1.5 |
| 4 | 0.6 | 0.64 | 0.2 | 1.6 | 0.004 | 2 |
| 5 | 0.7 | 0.64 | 0.2 | 1.6 | 0.004 | 0 |
| 6 | 0.7 | 0.64 | 0.2 | 1.6 | 0.004 | 0.9 |
| 7 | 0.7 | 0.64 | 0.2 | 1.6 | 0.004 | 1.5 |
| 8 | 0.7 | 0.64 | 0.2 | 1.6 | 0.004 | 2 |
| 9 | 0.8 | 0.64 | 0.2 | 1.6 | 0.004 | 0 |
| 10 | 0.8 | 0.64 | 0.2 | 1.6 | 0.004 | 0.9 |
| 11 | 0.8 | 0.64 | 0.2 | 1.6 | 0.004 | 1.5 |
| 12 | 0.8 | 0.64 | 0.2 | 1.6 | 0.004 | 2 |

注：“水”指用水量，“胶”指水泥与粉煤灰用量，“砂”指用砂量，“膨”指膨润土用量，“减”指减水剂用量。

**表 8.4　单位体积材料用量**　　（单位：kg/m$^3$）

| 试验组 | 水泥 | 粉煤灰 | 膨润土 | 砂 | 水 | 减水剂 | 纤维 |
|---|---|---|---|---|---|---|---|
| 1 | 232.69 | 372.30 | 72.60 | 945.29 | 362.99 | 2.42 | 0 |
| 2 | 232.69 | 372.30 | 72.60 | 945.29 | 362.99 | 2.42 | 0.9 |
| 3 | 232.69 | 372.30 | 72.60 | 945.29 | 362.99 | 2.42 | 1.5 |
| 4 | 232.69 | 372.30 | 72.60 | 945.29 | 362.99 | 2.42 | 2 |
| 5 | 218.45 | 349.52 | 79.51 | 887.44 | 397.57 | 2.27 | 0 |
| 6 | 218.45 | 349.52 | 79.51 | 887.44 | 397.57 | 2.27 | 0.9 |

续表

| 试验组 | 水泥 | 粉煤灰 | 膨润土 | 砂 | 水 | 减水剂 | 纤维 |
|---|---|---|---|---|---|---|---|
| 7 | 218.45 | 349.52 | 79.51 | 887.44 | 397.57 | 2.27 | 1.5 |
| 8 | 218.45 | 349.52 | 79.51 | 887.44 | 397.57 | 2.27 | 2 |
| 9 | 205.18 | 328.28 | 93.89 | 833.52 | 426.76 | 2.13 | 0 |
| 10 | 205.18 | 328.28 | 93.89 | 833.52 | 426.76 | 2.13 | 0.9 |
| 11 | 205.18 | 328.28 | 93.89 | 833.52 | 426.76 | 2.13 | 1.5 |
| 12 | 205.18 | 328.28 | 93.89 | 833.52 | 426.76 | 2.13 | 2 |

试验项目包括抗压强度、劈裂抗拉强度、抗折强度。抗压与抗折强度试验参照《公路工程水泥及水泥混凝土试验规程》(JTG E30—2005)，劈裂抗拉试验参照《普通混凝土力学性能试验方法标准》(GB/T 50081—2002)。

首先将水泥、粉煤灰、膨润土、砂及纤维搅拌均匀，将减水剂均匀溶于水中，加入干料中搅拌均匀，试模内事先涂刷一层机油；然后装模、振捣，将试块表面磨平后放置一昼夜，进行拆模并编号；最后放入标准养护室进行养护。浆液搅拌及试块制作如图 8.1 和图 8.2 所示。

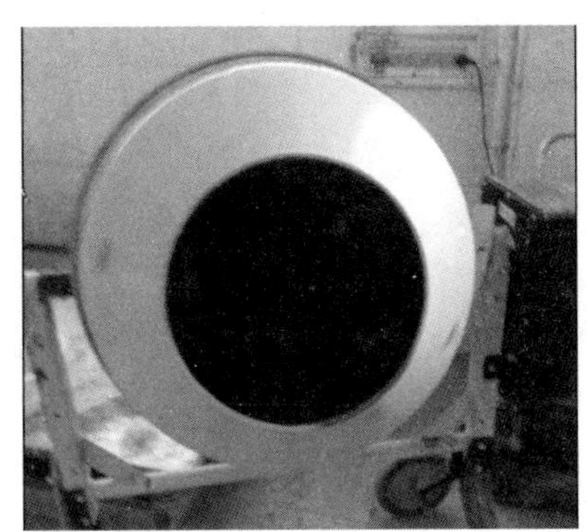

图 8.1　浆液搅拌

图 8.2　试块制作及编号

1. 抗压强度

试块尺寸为100mm×100mm×100mm，每组3个试件，养护28d后进行强度测试，如图8.3和图8.4所示。试验过程中应连续而均匀加载，加载速度为0.5～5kN/s（砂浆强度为5MPa及以下时，取下限为宜；砂浆强度为5MPa以上时，取上限为宜），保持试验机油门，直至试件破坏。试块抗压强度计算如下：

$$f_{\mathrm{m,cu}} = \frac{F_{\mathrm{u}}}{A} \tag{8.1}$$

式中：$f_{\mathrm{m,cu}}$——砂浆立方体抗压强度，MPa；

$F_{\mathrm{u}}$——破坏荷载，N；

$A$——试件承压面积，$\mathrm{mm}^2$。

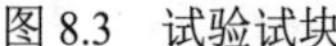
图8.3 试验试块

图8.4 试验过程

试件抗压强度计算精确到0.1MPa，取每组3个试块强度的算术平均值作为该组试块的抗压强度，3个试块强度值中的最大值或最小值若有一个超过中间值的15%，则取中间值作为该组试块强度值，若最大值与最小值均超过中间值的15%，则该组试验结果无效。

2. 劈裂抗拉强度

试块尺寸为100mm×100mm×100mm，3个试块为1组，养护28d后进行劈裂抗拉强度测试。试验装置除了压力机，还需劈裂钢垫条和三合板垫层（或纤维板垫层），如图8.5和图8.6所示。试验前，先在试块中部画出劈裂线位置，以保证安放试件、劈裂钢垫条及垫层时，试块与垫条几何对中，如图8.7和图8.8所示。

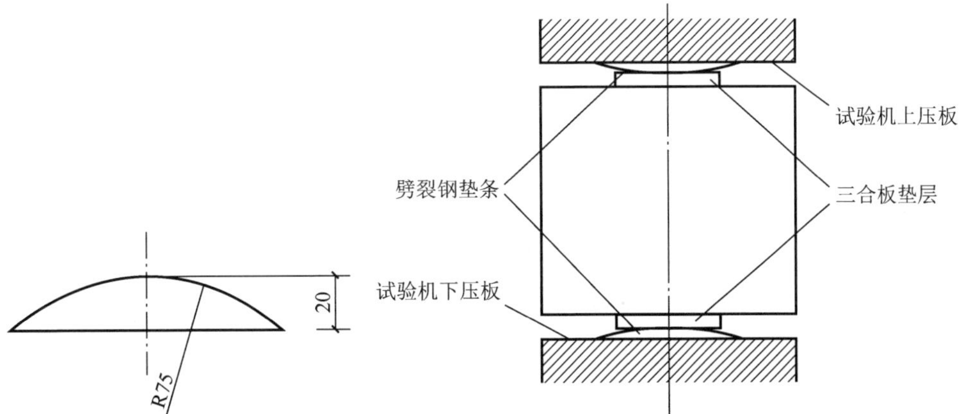


图 8.5　劈裂钢垫条（单位：mm）　　图 8.6　劈裂抗拉试验装置示意图

图 8.7　画出试块几何中线

图 8.8　试块与垫条几何对中

试验过程中应连续而均匀加载，当混凝土强度等级小于 C30 时，加载速度每秒钟 0.02～0.05MPa，考虑砂浆强度很低，可以降低加载速度。保持试验机持续运转，直至试件破坏。试块抗拉强度计算如下：

$$f_{ts}=\frac{2F_u}{\pi A}=0.637\frac{F_u}{A} \tag{8.2}$$

式中：$f_{ts}$——砂浆立方体劈裂抗拉强度，MPa。

劈裂抗拉强度计算精确到 0.01MPa，测定值的计算及异常数据的取舍原则同抗压强度试验。本章试验采用的非标准试块，计算结果应乘以系数 0.85。

### 3. 抗折强度

试块尺寸为 40mm×40mm×160mm，3 个试块为 1 组，养护 28d 后进行抗折强度测试。试验采用三点弯曲方法进行测试，试块两端距支座各 30mm，加载点距支座 50mm，试验装置如图 8.9 所示。由于试块为脆性材料，弯曲变形小，为了获得荷载-挠度曲线，加载方式为位移控制，加载速度为 0.005mm/s。

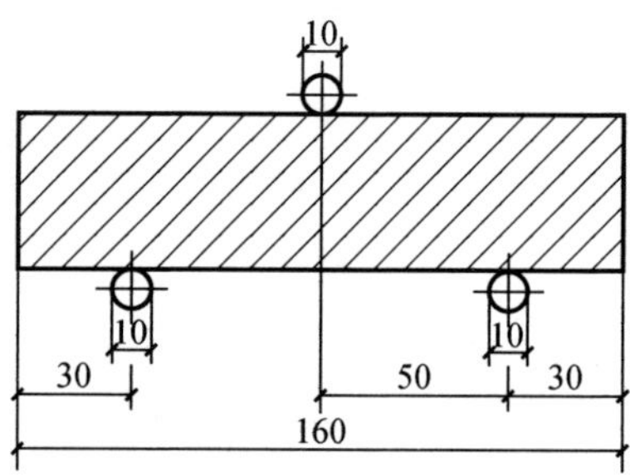


图 8.9　试验装置（单位：mm）

试块抗折强度计算如下：

$$R_{\mathrm{f}}=\frac{1.5F_{\mathrm{f}}L}{b^3} \tag{8.3}$$

式中：$R_{\mathrm{f}}$——砂浆立方体抗折强度，MPa；

$F_{\mathrm{f}}$——破坏荷载，N；

$L$——支撑圆柱中心距，mm；

$b$——试件断面正方体的边长，为 40mm。

抗折强度计算精确到 0.1MPa，抗折强度结果取 3 个试件结果的平均值，若 3 个强度值中有超过平均值±10%的，应剔除后再取平均值。

### 8.1.3　纤维浆液力学试验结果及分析

抗压、劈裂抗拉、抗折试验结果整理如表 8.5 所示。

**表 8.5　试验结果整理**

| 分组 | 编号 | 水胶比 | 纤维掺量/（kg/m³） | 力学试验/MPa | | |
|---|---|---|---|---|---|---|
| | | | | 抗压强度 | 劈拉强度 | 抗折强度 |
| Ⅰ组 | 1 | 0.6 | 0 | 9.96 | 0.90 | 3.31 |
| | 2 | 0.6 | 0.9 | 10.01 | 0.91 | 3.48 |
| | 3 | 0.6 | 1.5 | 9.99 | 0.91 | 3.57 |
| | 4 | 0.6 | 2.0 | 9.38 | 0.89 | 2.31 |
| Ⅱ组 | 5 | 0.7 | 0 | 7.65 | 0.68 | 1.54 |
| | 6 | 0.7 | 0.9 | 7.70 | 0.73 | 2.21 |
| | 7 | 0.7 | 1.5 | 7.55 | 0.72 | 2.08 |
| | 8 | 0.7 | 2.0 | 7.59 | 0.66 | 2.09 |
| Ⅲ组 | 9 | 0.8 | 0 | 5.57 | 0.43 | 1.79 |
| | 10 | 0.8 | 0.9 | 6.06 | 0.50 | 1.87 |
| | 11 | 0.8 | 1.5 | 5.07 | 0.47 | 1.79 |
| | 12 | 0.8 | 2.0 | 4.88 | 0.41 | 2.18 |

为了更好地研究纤维对注浆材料力学性能的影响规律，现按水胶比将试验组分为 3 组，即水胶比为 0.6、0.7、0.8 分设为Ⅰ组、Ⅱ组、Ⅲ组，将各组试块抗压试验结果整理如图 8.10 所示，试验的荷载-位移关系图如图 8.11 所示。

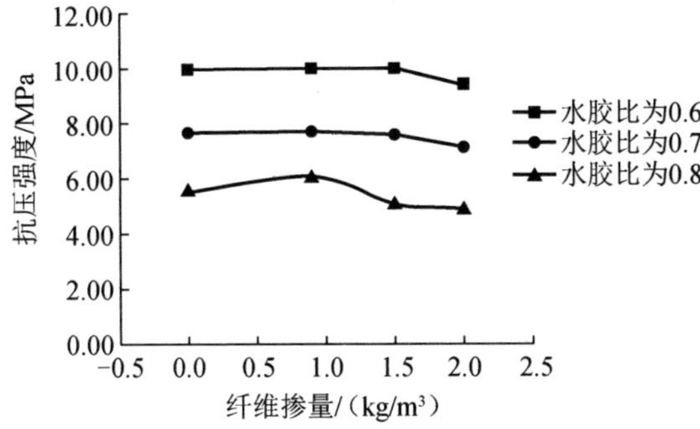


图 8.10　抗压强度随纤维掺量变化关系图

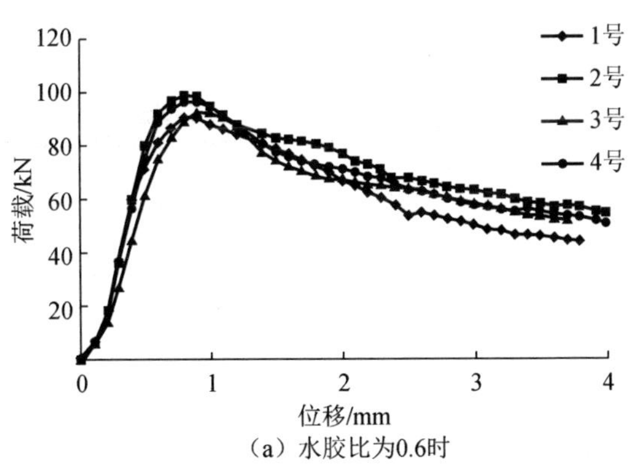


（a）水胶比为0.6时

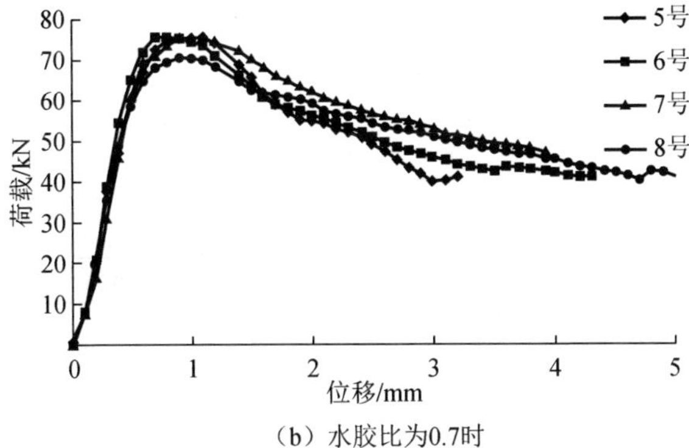


（b）水胶比为0.7时

图 8.11　水胶比分别为 0.6、0.7、0.8 时各组荷载-位移关系图（抗压试验）

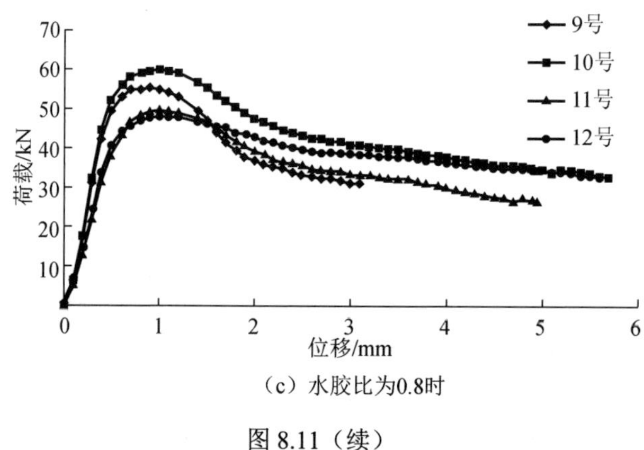


（c）水胶比为0.8时

图 8.11（续）

由图 8.10 可以看出，试块的抗压强度受水胶比影响显著，相同条件下，抗压强度随水胶比的增大而减小，水胶比增加 0.1，抗压强度下降约为 2.0MPa。相同水胶比条件下，纤维掺量对试块抗压强度影响较小，相比基配，当纤维掺量为 0.9kg/m$^3$时，1 号、2 号、3 号试块的抗压强度分别增加 0.5%、0.7%、8.9%；当纤维掺量为 1.5kg/m$^3$时，1 号试块的抗压强度增加 0.3%，2 号、3 号试块的抗压强度分别下降 0.8%、8.9%；当纤维掺量为 2.0kg/m$^3$时，1 号、2 号、3 号试块的抗压强度分别下降 5.8%，7.1%、12.4%。当纤维掺量为 0.9kg/m$^3$时，各组试块强度有不同程度的提高，尤其是基体强度较低的 3 号组，增长幅度较大，基体强度较高的 1 号、2 号，增长幅度不明显；当纤维掺量超过 0.9kg/m$^3$时，各组试块强度有不同的下降趋势，而且随着纤维掺量增加，试块强度下降幅度增大。

由图 8.11 看出，纤维的掺入提高了试块的韧性，尤其在峰值之后表现明显，3 组基配（1、5、9）在峰值后，曲线下降较陡，承载力急剧下降，呈脆性破坏，掺入纤维的试块在峰值后，曲线下降较缓，具有更好的变形能力。

聚丙烯纤维的弹性模量低，属于低弹模纤维，掺入注浆材料中具有一定的增稠作用和弱界面效应，都是对注浆材料不利的因素，但由于聚丙烯纤维常用的掺量很低，以上不利因素并不显著。许多文献也提出，掺入聚丙烯纤维对混凝土（砂浆）的强度无显著影响，或是使其强度略微降低。但在基体开裂后，纤维注浆材料比普通注浆材料有较大的残余强度和韧性，这是由于纤维与基体的黏结作用，结构仍能保持较好的整体性和一定的承载力。

从图 8.12 看出，试块的劈裂抗拉强度受水胶比影响显著，水胶比增加 0.1，劈裂抗拉强度下降 0.2～0.3MPa。相同水胶比条件下，劈裂抗拉强度随纤维掺量的增加呈先增大后减小的趋势，纤维掺量为 0.9kg/m$^3$时，抗拉强度增长幅度最大。对基配试块分析，当纤维掺量为 0.9kg/m$^3$时，1 号、2 号、3 号试块的劈裂抗拉强度分别增加 0.8%、7.3%、14.6%；当纤维掺量为 1.5kg/m$^3$时，1 号、2 号、3 号试块的劈裂抗拉强度分别增加 1.5%、5.3%、9.4%；当纤维掺量为 2.0kg/m$^3$ 时，1 号、2 号、3 号试块的劈裂抗拉强度分别下降 1.5%、2.6%、6.3%。基配试块破坏后直接裂成两半，纤维试块破坏后，由于纤维与基体之间的黏结作用，还能继续承载，呈现劈裂但不断状态，如图 8.13 和图 8.14 所示。

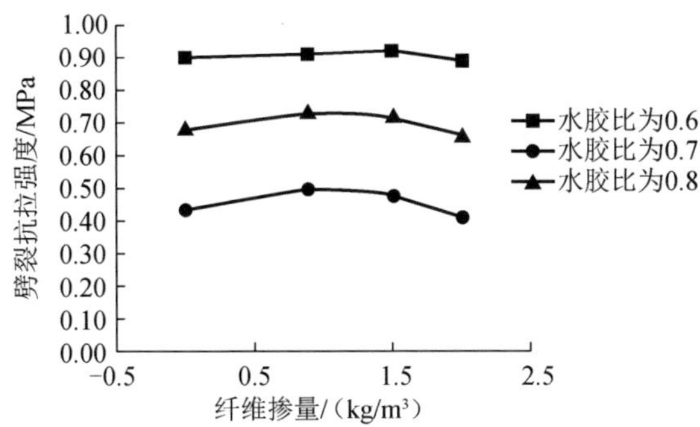


图 8.12　劈裂抗拉强度随纤维掺量变化关系图

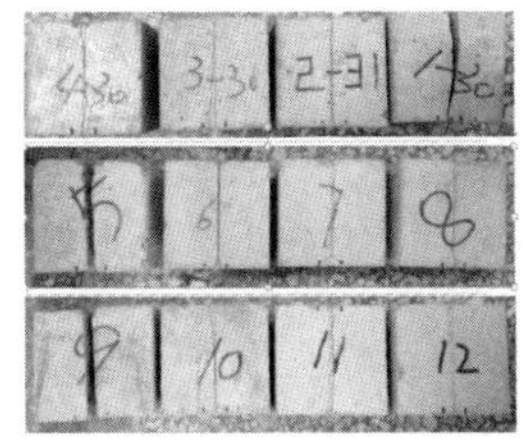

图 8.13　各组劈裂破坏后试块

图 8.14　素砂浆试块劈裂破坏形态

当纤维掺量为 1.5kg/m$^3$ 时，试块劈裂抗拉强度增长幅度小于掺量 0.9kg/m$^3$ 的；当纤维掺量为 2.0kg/m$^3$ 时，抗拉强度反而下降。这是由于纤维的掺量不是无限量的，只有在合适掺量时才能起到理想的增强效果，纤维掺量过大时，很难均匀地分散在基体中，从而增加了纤维-基体界面的缺陷，纤维砂浆的强度难以继续增大，甚至有所降低，抗折实验结果如图 8.15 和表 8.6 所示。

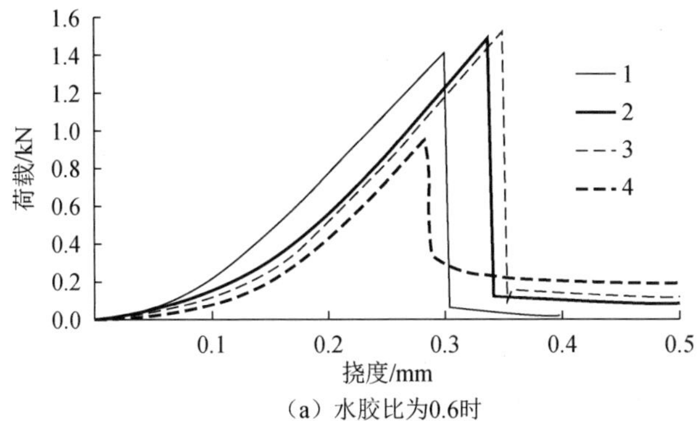


（a）水胶比为0.6时

图 8.15　水胶比分别为 0.6、0.7、0.8 时各组荷载-挠度曲线（抗折试验）

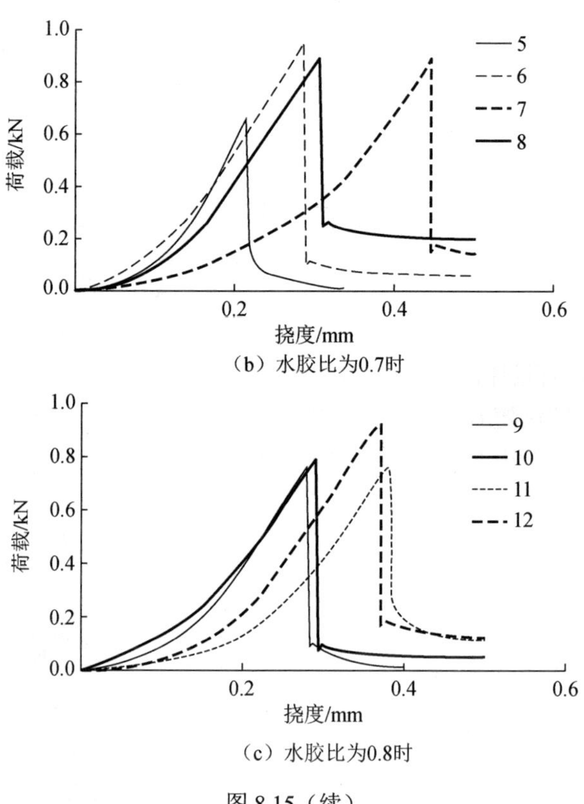


（b）水胶比为0.7时

（c）水胶比为0.8时

图 8.15（续）

**表 8.6　各组最大荷载处挠度值及比较**

| 纤维掺量/（$kg/m^3$） | 水胶比 | | | 挠度值相比基体增加幅度/% | | |
|---|---|---|---|---|---|---|
| | 0.6 | 0.7 | 0.8 | | | |
| 0 | 0.300mm | 0.216mm | 0.279mm | — | — | — |
| 0.9 | 0.338mm | 0.286mm | 0.290mm | 12.7 | 32.4 | 3.9 |
| 1.5 | 0.349mm | 0.445mm | 0.378mm | 16.3 | 106.0 | 35.5 |
| 2.0 | 0.283mm | 0.307mm | 0.369mm | −5.7 | 42.1 | 32.3 |

低强度的脆性材料通过抗折试验来反映其韧性大小。抗折试验中采集的荷载-挠度曲线反映材料抵抗断裂的能力，是材料韧性的体现，材料断裂所需能量可近似用荷载-挠度曲线所包围面积表示。从图 8.15 可以看出，纤维的掺入增加了材料的断裂伸长值，使材料的变形能力得到提高，抗折强度也得到了一定增长。表 8.6 给出了各组试块基体初裂时的挠度值，相比基配试块，纤维的掺入增加了基体初裂时的挠度，使试块有更好的变形能力。当纤维掺量为 1.5$kg/m^3$ 时，各试块增韧效果最明显，最大达到 106%；当纤维掺量大于 1.5$kg/m^3$ 时，除 1 号试块外，挠度增加均在 30%以上，由于 1 号为人工搅拌，即纤维掺量大时，不易使其均匀分散，

影响其增韧效果，属试验误差；当纤维掺量为 2.0kg/m$^3$ 时，增韧效果已不明显，略低于掺量为 1.5kg/m$^3$ 时。原因是，当纤维掺量大时，分散性变差，其很难均匀地分布在浆液中，抱团的纤维会引起试块的内部缺陷（如孔洞），容易形成多孔隙微界面。图 8.16 为纤维掺量为 2.0kg/m$^3$ 的试块，可清晰看到表面的孔洞。

对于普通注浆材料试块，达到峰值时直接断裂，呈脆性破坏，已无承载能力。对于纤维注浆材料试块，基体发生初裂后，应力主要由聚丙烯纤维承担，随着拉应力的增大，纤维从基体中拉出或拔断，图 8.16 清晰地展现了这一现象。图 8.17 为 III 组试块（9～12 号试块，水胶比为 0.8，纤维掺量分别为 0、0.9kg/m$^3$、1.5kg/m$^3$、2.0kg/m$^3$）破坏后的照片，不掺纤维的 9 号试块破坏后呈断裂状态，10 号试块、11 号试块、12 号试块随着纤维掺量的增加，破坏时裂缝明显变小。由于聚丙烯纤维弹性模量较大，对裂缝扩展的控制力较强，受拉区原先由基体承担的拉应力很快向纤维过渡，参与受力的纤维随中和轴高度的增加而增多，相当多的纤维发挥抗拉作用，试块的承载能力随变形的增加基本保持不变。掺入砂浆中的纤维的主要作用是阻裂和吸收能量，荷载与挠度呈非线性变化，掺入纤维试块的测试曲线有稳定的下降段，这表明纤维试块初裂后仍有相当的剩余承载力，充分说明了聚丙烯纤维在砂浆中的增韧效果。

图 8.16　纤维掺量为 2.0kg/m$^3$ 试块照片

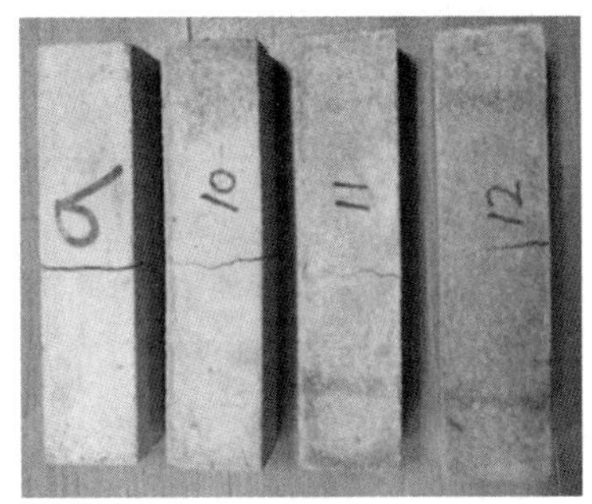


图 8.17　III组试块破坏后照片

综上所述，当纤维掺量为 1.5kg/m$^3$ 时，纤维对注浆材料的抗压强度影响很小，对劈裂抗拉强度有提高，增大了试块初裂时的挠度，增韧效果最明显，因此，本章试验认为纤维掺量为 1.5kg/m$^3$ 时为最优掺量。当水胶比为 0.6 时，注浆材料长期抗压强度达到 9.96MPa；当水胶比为 0.7 时，注浆材料长期抗压强度达到 7.65MPa；当水胶比为 0.8 时，注浆材料长期抗压强度达到 5.57MPa。结合注浆材料强度要求（不低于 2.92MPa），选取水胶比 0.8 时的配合比及最优纤维掺量进行下一步试验研究。

### 8.1.4　纤维在注浆材料中的作用机理

纤维使材料的抗压强度提高很小甚至有可能降低，而使抗拉、抗折强度均有不同程度的提高，不同试验得出的数据不尽相同，但结论都是一致的，加入纤维后材料的断裂能和韧性有显著提高。纤维掺入注浆材料中，数以千万计的纤维单丝与注浆材料连为一体，减小了由收缩等原因产生的原生裂隙的数量和尺度，提高了材料介质的连续性[8]，这对于盾构隧道受力是有利的。纤维的掺入使注浆材料的韧性得以提高，从微观来看，增韧作用体现在裂缝扩展过程。注浆材料凝固后，握裹水泥的聚丙烯纤维丝粘连成致密的乱向分布的网状系统，在受膨胀力作用时，纤维与水泥共同受力变形，聚丙烯纤维在裂缝扩展中伸长量非常大，使注浆材料的纵向变形增大，为膨胀变形提供空间，从而使膨胀力衰减。在裂缝扩展过程中，纤维注浆材料的变形大部分为弹性，可以适应膨胀力反复作用。随着裂缝的扩展，基体开始断裂，纤维的桥联作用使注浆材料裂而不断并能进一步承受膨胀力作用[8]。

材料破坏后纤维注浆材料的韧性才逐渐得以体现，说明聚丙烯纤维对基体韧性的提高主要表现在达到峰值应力后材料开始进入破坏阶段，这点从 8.1.3 节抗压试验荷载-位移关系图可以看出。中国科学院力学研究所唐春安等[9]利用材料破坏过程分析程序 MFPA2D 对纤维增强复合材料静力破坏进行了数值模拟，得到的荷载-加载步曲线如图 8.18 所示。其中模型 1 为不含纤维的基体材料，模型 2 为掺入低弹模纤维材料，从图 8.18 中不难看出，材料破坏前期，纤维的增韧效果不明显，模型 1 破坏后几乎没有变形能力，模型 2 却保持了较好的变形能力。

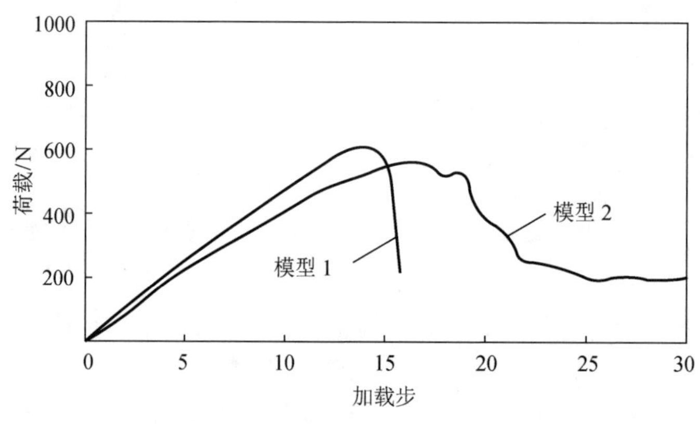


图 8.18　荷载-加载步曲线

## 8.2　盾构壁后注浆材料的模型试验研究

膨胀土遇水膨胀，在膨胀变形受到限制时产生膨胀力，膨胀力的大小与其膨胀过程中的变形量有密切关系，当膨胀变形完全受到限制时膨胀力最大，膨胀变形的出现会引起膨胀力衰减，衰减幅度随膨胀变形量的增加而增大。由此可见，作用在结构物上膨胀接触压力的大小取决于它们之间的变形量。通过对试验结果进行分析，选出满足要求配比的注浆材料，自行设计装置开展注浆材料模型试验研究，分析两种盾构注浆材料与膨胀土的相互作用规律，验证膨胀土地区纤维浆液的适应性，同时采用数值模拟计算分析两种材料对衬砌管片的影响。

## 8.2.1　模型试验设计

为了研究膨胀土与普通注浆材料、纤维注浆材料的相互作用，设计试验装置图如图 8.19 所示。

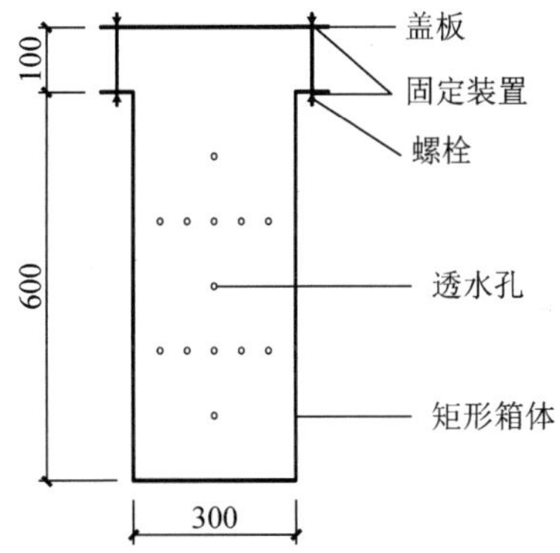


图 8.19　试验装置图（单位：mm）

试验装置由矩形箱体及固定装置组成，采用 5mm 厚钢板焊制而成。矩形箱体尺寸，即长×宽×高为 300mm×100mm×600mm，固定装置由盖板和螺栓组成，盖板尺寸与矩形箱顶面尺寸相同。试验装置安装过程如图 8.20 所示。

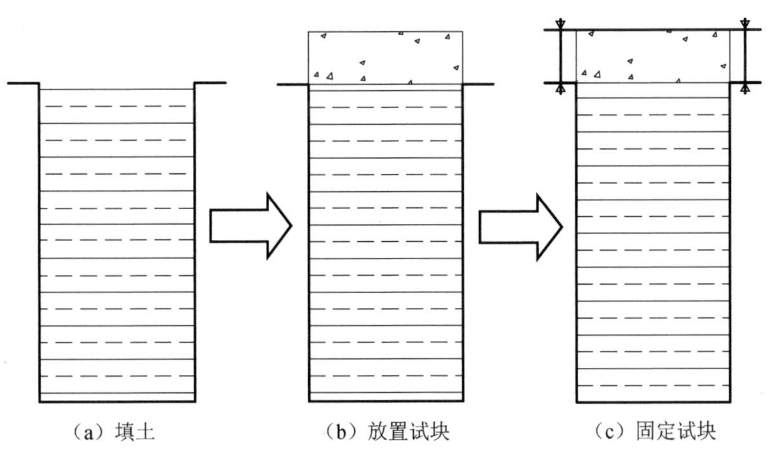

（a）填土　（b）放置试块　（c）固定试块

图 8.20　试验装置安装过程

通过改变土体含水率获得膨胀力，本章试验采用透水法，即在矩形箱体 4 个侧面钻透水孔，分别在前、后侧面高度 1/3 处、2/3 处水平方向间隔 50mm 钻孔，在高度方向沿中线间隔 100mm 钻孔，在左、右侧面高度方向沿中线间隔 100mm 钻孔，如图 8.21 所示。

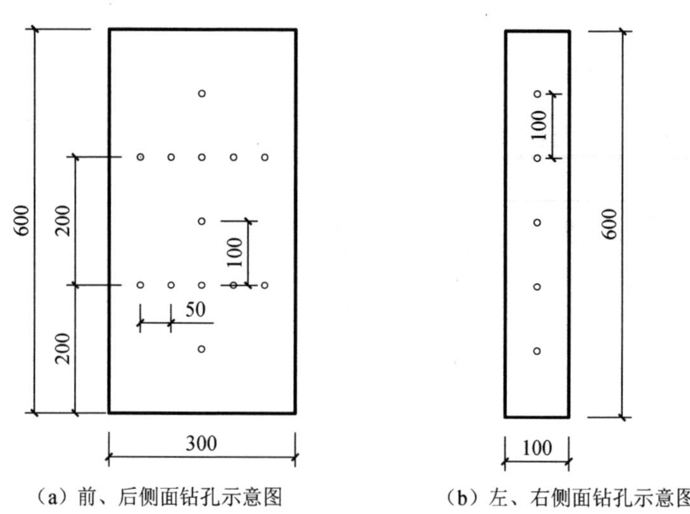

（a）前、后侧面钻孔示意图　（b）左、右侧面钻孔示意图

图 8.21　箱体钻孔示意图（单位：mm）

## 8.2.2　模型试验过程

根据 8.2.1 节试验结果，选取两组配比进行对比试验，配比参数及材料用量如表 8.7 和表 8.8 所示。

**表 8.7　试验配比设计**

| 试验组 | 水胶比 | 胶砂比 | 膨水比 | 粉灰比 | 减胶比 | 纤维掺量/（kg/m³） |
|---|---|---|---|---|---|---|
| 1 | 0.8 | 0.64 | 0.2 | 1.6 | 0.004 | 0 |
| 2 | 0.8 | 0.64 | 0.2 | 1.6 | 0.004 | 1.5 |

**表 8.8　单位体积材料用量**　（单位：kg/m³）

| 试验组 | 水泥 | 粉煤灰 | 膨润土 | 砂 | 水 | 减水剂 | 纤维 |
|---|---|---|---|---|---|---|---|
| 1 | 205.18 | 328.28 | 93.89 | 833.52 | 426.76 | 2.13 | 0 |
| 2 | 205.18 | 328.28 | 93.89 | 833.52 | 426.76 | 2.13 | 1.5 |

试验步骤同 8.2.1 节，试块尺寸，即长×高×宽为 300mm×100mm×100mm，在标准养护条件下养护 28d，然后进行试验。

膨胀土体的干密度和含水率是影响膨胀力大小的主要因素。试验所用膨胀性泥岩土料取自南宁地铁火车东站，土样的物理力学指标如表 8.9 所示。

**表 8.9　土样的物理力学指标**

<table>
<tr><td colspan="3">土的物理性质</td><td colspan="3">界限含水率</td><td colspan="2">直剪试验</td></tr>
<tr><td>含水率/%</td><td>湿密度/（g/cm³）</td><td>干密度/（g/cm³）</td><td>液限/%</td><td>塑限/%</td><td>塑性指数</td><td>黏聚力/kPa</td><td>内摩擦角/（°）</td></tr>
<tr><td>16.40</td><td>2.21</td><td>1.9</td><td>36.9</td><td>17.2</td><td>19.7</td><td>166.6</td><td>20.9</td></tr>
<tr><td colspan="2">收缩试验</td><td colspan="4">不同压力下的膨胀率/%</td><td rowspan="2">膨胀力/kPa</td><td rowspan="2">自由膨胀率/%</td></tr>
<tr><td>缩限/%</td><td>收缩系数</td><td>0</td><td>50kPa</td><td>100kPa</td><td>200kPa</td></tr>
<tr><td>9.33</td><td>0.36</td><td>7.11</td><td>1.72</td><td>1.11</td><td>0.64</td><td>117.4</td><td>51</td></tr>
</table>

一般膨胀岩（土）体的干密度和含水率是影响膨胀力大小的主要因素，根据勘察报告统计资料，膨胀土的平均含水率为 16.5%，平均密度为 1.80g/cm$^3$，试验过程中以此为控制目标。土样含水率根据《土工试验方法标准（2007 版）》（GB/T 50123—1999）[10]制备，配置参数如表 8.10 所示。土料制备时应分层配制，每层土料均匀摊开，尽量薄薄一层，试验采用筛子，每次取土 1kg，均匀摊平，然后根据摊土量，计算用水量，采用喷壶以水雾形式均匀喷洒，再进行土料摊平、洒水，依次重复。待土样配置完毕后，用塑料薄膜覆盖、密封闷制，12h 后进行翻拌，再闷料 12h 待用。

**表 8.10　土样含水率配制参数**

| 土料初始含水率/% | 目标含水率/% | 实配含水率/% | 应加水量/kg | 实际含水率/% |
|---|---|---|---|---|
| 3.67 | 16.50 | 17.50 | 0.134 | 16.22 |

模型填筑的要点是控制土体密度，试验取统计资料的密度平均值 1.8g/cm$^3$。土样压密借助压力机，分层压实。压实装置上准确标出刻度，以便在压实过程中控制压实厚度。为了避免在泡水过程中模型土体从注水孔流失，在矩形箱外面包裹一层土工纱布，土工纱布整体难以与模型表面紧贴，将注水孔周围纱布整平，采用防水胶将其固定，保证纱布与孔紧贴。试验前在矩形箱内壁均匀涂刷润滑油，减小内壁摩擦对膨胀力的影响。根据所需填筑高度，称取每层所需土量，压实至相应高度。由于填土过程中要埋设土压力盒，每层填土高度不是定值，视情况而定。填土过程及位移控制如图 8.22 和图 8.23 所示。

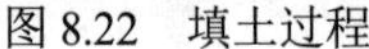

图 8.22　填土过程

图 8.23　填土位移控制

试验采用 DZ 微型系列电阻应变式土压力盒进行膨胀力监测，直径为 17mm，高度为 7mm，量程为 1.0MPa，土压力数据采集设备采用电阻应变仪。

为了更真实地测出作用在试块底面处的膨胀力，在距离试块顶部 50mm 处埋设土压力盒，每个模型共埋设 3 只土压力盒，土压力盒之间间距为 200mm，如图 8.24 和图 8.25 所示。

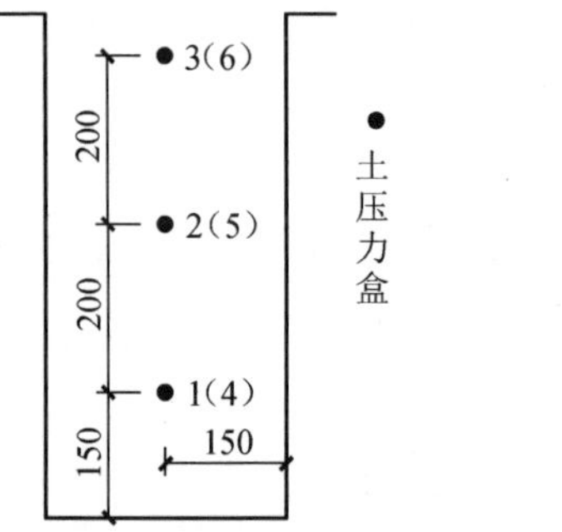


图 8.24　土压力盒埋设正立面图(单位: mm)

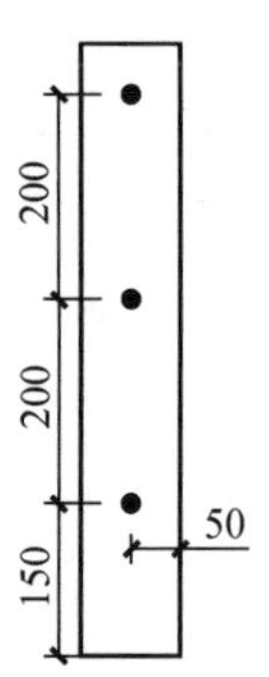


图 8.25　土压力盒埋设侧立面图(单位: mm)

在试块与土体接触的底面中部粘贴电阻应变计，监测其应变变化。应变计型号为 BX120-100AA，栅长为 100mm，栅宽为 3mm。按以下步骤进行粘贴：

1）贴片前先将试块表面贴片部位用细砂纸打磨去除氧化层，打磨方向与应变片电阻丝栅方向约成 45° 角；然后用无水乙醇将贴片部位及应变片粘贴面擦洗干净。

2）用快干胶（502）将应变片粘贴至相应部位，稳固后在应变片上面盖一张聚乙烯薄膜，用手指均匀地滚压，将多余的黏结剂和气泡挤出，防止应变片在实验过程中受潮。

应变片粘贴好后，进行接线测试，检查其读数是否稳定，若无异常，进行下一步试验。

### 8.2.3　试验结果分析

将试块放置于土体表面，盖上盖板，用螺栓将盖板与模型紧密连接在一起。

土压力盒及应变片的导线分别接到应变仪相应通道上，进行自平衡，记下初始读数。将两个模型放置泡水容器中，开始注水，直至漫过最上方的注水孔，开始对土压力、应变进行数据采集。试验初期阶段，每 30min 采集 1 次；待数据变化较快时，每 15min 采集 1 次；后期较稳定时，每 2h 采集 1 次。现将数据结果整理如图 8.26 所示，其中试验组 1 号为普通注浆材料，试验组 2 号为纤维注浆材料，测点 1、测点 2、测点 3 分别位于试验组 1 号模型的底部、中部、顶部，测点 4、测点 5、测点 6 分别位于试验组 2 号模型的底部、中部、顶部。

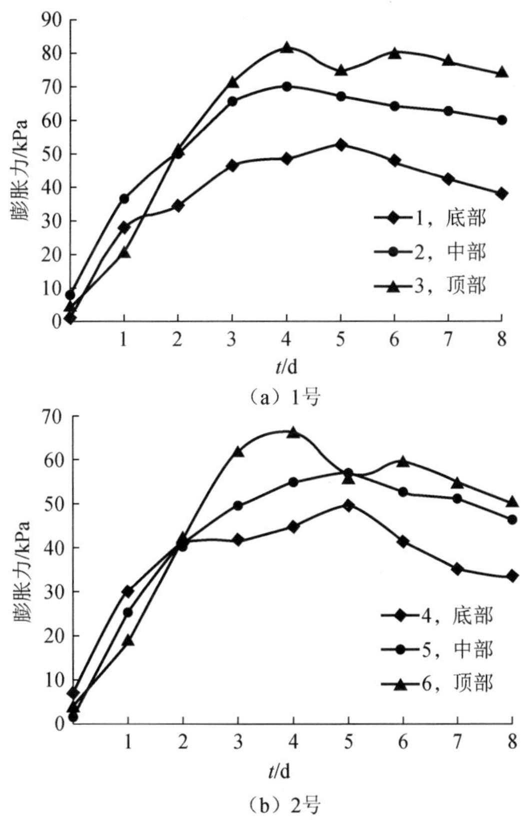


图 8.26　试验组 1 号、2 号各测点膨胀力变化图

由图 8.26～图 8.28 看出，随着水分不断渗入膨胀土体中，各测点膨胀力逐渐增大；5d 后，随着泡水时间的增加，各测点膨胀力有下降趋势。图 8.27 为试块 1 与试块 2 底部膨胀力对比图。1d 前，试块 1、2 的底部膨胀力基本相同，随着泡水时间的延长，试块 1 膨胀力的增长趋势逐渐大于试块 2，之后趋于稳定，最后试块 2 膨胀力较试块 1 小 23.6kPa，相对于试块 1，膨胀力衰减 32%。图 8.28 为试块与膨胀土接触底面应变对比图，随时间的增加，两个试块应变均呈增长趋势。1d 前，试块 1 与试块 2 应变变化趋势基本一致，之后试块 2 的应变增长趋势大于

试块 1。

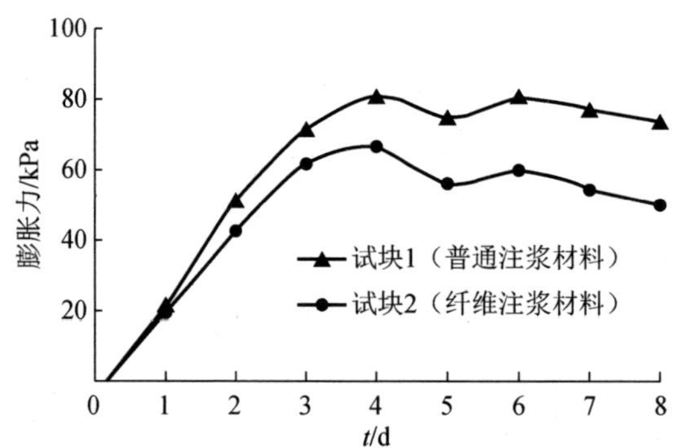


图 8.27　底部膨胀力对比图

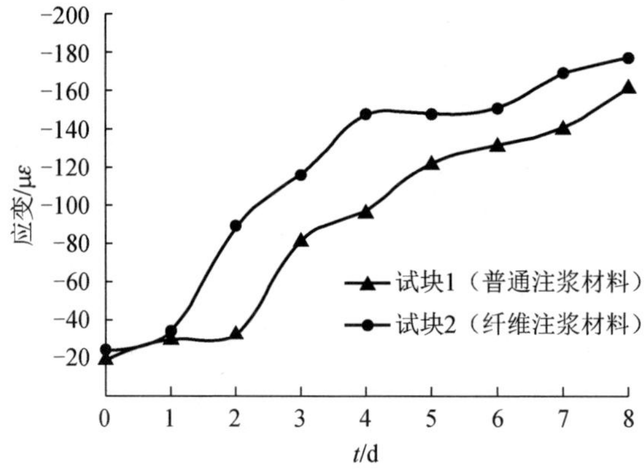


图 8.28　试块底部应变对比图

试验中注浆材料底部与土体紧密接触，且无相对位移，土体与注浆材料具有相同的变形。根据所测膨胀力及应变拟合出两种注浆材料的膨胀力-膨胀应变模型及膨胀力-膨胀应变关系图，如图 8.29 所示。

普通注浆材料膨胀力-膨胀应变模型为

$$P_1=45.286\ln（10^{-6}\varepsilon）-125.49 \tag{8.4}$$

相关系数为

$$R^2=0.888$$

纤维注浆材料膨胀力-膨胀应变模型为

$$P_2=33.123\ln（10^{-6}\varepsilon）-99.839 \tag{8.5}$$

相关系数为

$$R^2=0.980$$

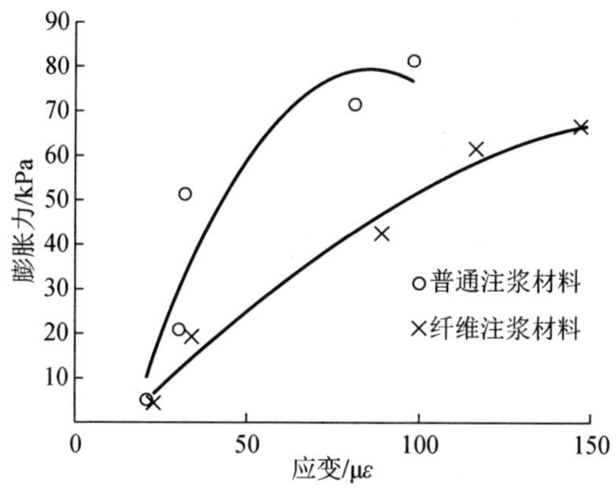


图 8.29　膨胀力-膨胀应变关系图

由图 8.29 看出，普通注浆材料随膨胀力增大，变形较小；纤维注浆材料随膨胀力增大，变形较大。与普通注浆材料相比，纤维注浆材料的变形能力更好，更能适应膨胀土地层。当作用力大小相同时（假设不考虑膨胀力的衰减），纤维浆液的变形量大于普通浆液，由于膨胀力随变形增大而衰减的性质，产生相同变形量时，纤维浆液比普通浆液需要的力小。由式（8.4）和式（8.5）可以得出纤维浆液、普通浆液与膨胀土作用衰减后的膨胀力大小，如表 8.11 所示。

**表 8.11　同等条件下普通注浆材料、纤维注浆材料膨胀力值**

| 注浆材料 | 普通注浆材料 | 纤维注浆材料 |
| --- | --- | --- |
| 模型 | $P_1$=45.286ln（$10^{-6}\varepsilon$）−125.49 | $P_2$=33.123ln（$10^{-6}\varepsilon$）−99.839 |
| 相关系数 | $R^2$=0.888 | $R^2$=0.980 |
| 膨胀力/kPa | 0 | 0 |
|  | 40 | 21 |
|  | 80 | 50 |
|  | 120 | 79 |
|  | 160 | 109 |

## 8.3　膨胀力对盾构管片影响的数值分析

上述模型试验研究了膨胀土与注浆材料相互作用的规律，为了获得膨胀力经注浆材料后对盾构管片的影响，通过采用大型通用有限元软件 ANSYS 开展研究。

### 8.3.1　模型建立

盾构隧道外径为 6.28m，内径为 5.4m，管片厚度为 0.3m，注浆层厚度为 0.14m，管片混凝土强度等级为 C50。根据勘察资料，盾构穿越膨胀土工况较多，如盾构全部穿越膨胀土、盾构上半部分穿越膨胀土、盾构下半部分穿越膨胀土，对于整个管片来说，应力相对集中的区域出现在与 $X$ 轴夹角约 45° 范围内，且已有研究得出，当管片底部 90° 范围内分布膨胀土时对其内力影响是最不利的，此次数值计算以此为计算模型。模型概况建立如图 8.30 所示，各土层及结构模拟参数如表 8.12 所示。

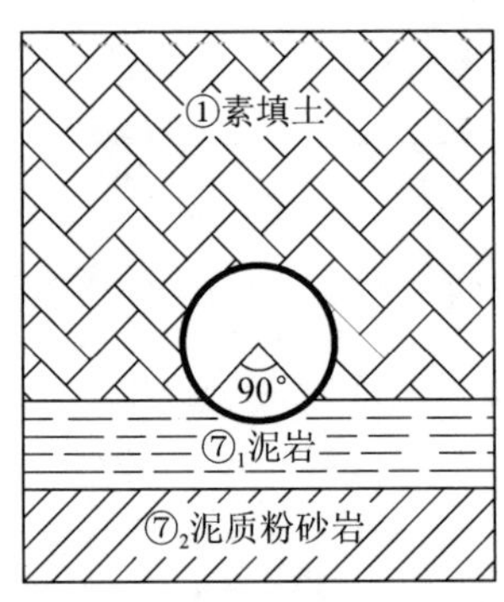


图 8.30　岩土层结构模型

**表 8.12　各土层及结构模拟参数**

| 土层或材料 | 厚度/m | 容重/（kN/m³） | 压缩模量/MPa | 泊松比 | 黏聚力/kPa | 内摩擦角/（°） |
|---|---|---|---|---|---|---|
| ①素填土 | 15.00 | 20.30 | 11.10 | 0.30 | 24.30 | 27.20 |
| ⑦$_1$泥岩 | 12.00 | 20.80 | 40.00 | 0.34 | 58.00 | 19.70 |
| ⑦$_2$泥质粉砂岩 | 18.00 | 20.40 | 50.00 | 0.29 | 57.00 | 20.00 |
| 管片（C50） | 0.30 | 25.00 | 34000 | 0.16 | — | — |
| 普通注浆层 | 0.14 | 21.00 | 912 | 0.20 | — | — |
| 纤维注浆层 | 0.14 | 21.00 | 700 | 0.20 | — | — |

隧道的纵向尺寸（长度方向）远远大于横向（垂直于长度方向）尺寸，属于平面问题，土层离隧道距离越远，对其影响就越小，即“边界效应”问题。因此，在计算中无须采用很大的边界条件，只需取其尺寸效应范围内的土层。一般隧道两侧的计算边界为其横向尺寸的 3～5 倍，上边界取至地表或是 2 倍隧道横向尺寸，下边界取隧道 2 倍横向尺寸[11]。本次土层计算深度取 45m，水平计算宽度取 60m。

## 8.3.2　计算结果与分析

根据南宁地铁 1 号线地质资料统计得到研究区段膨胀土的膨胀力变化范围为 0～162.6kPa，本次数值计算以 40kPa 为一个单位，从 0 到 160kPa 依次增加，分别作用在注浆层上。由于不考虑膨胀土与纤维注浆材料相互作用，施加在纤维注浆层的膨胀力为衰减后的膨胀力，其大小根据表 8.11 确定。计算过程如图 8.31 所示，计算结果如图 8.32～图 8.36 所示。

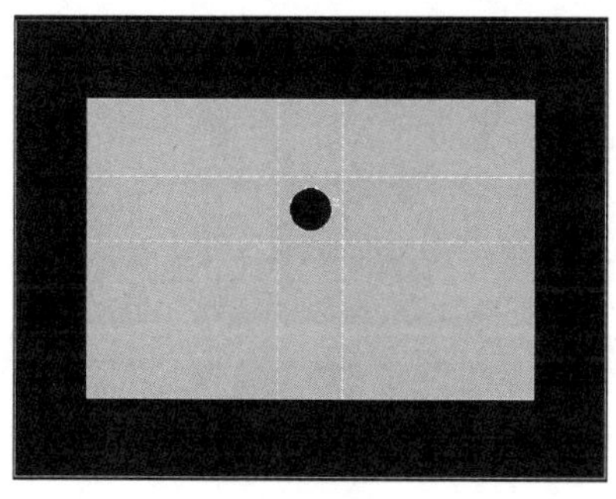

（a）模型建立

（b）网格划分

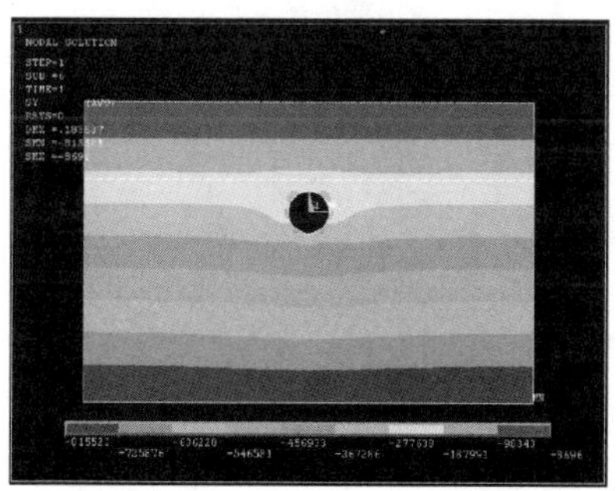

（c）自重应力场下SY应力云图（单位：Pa）

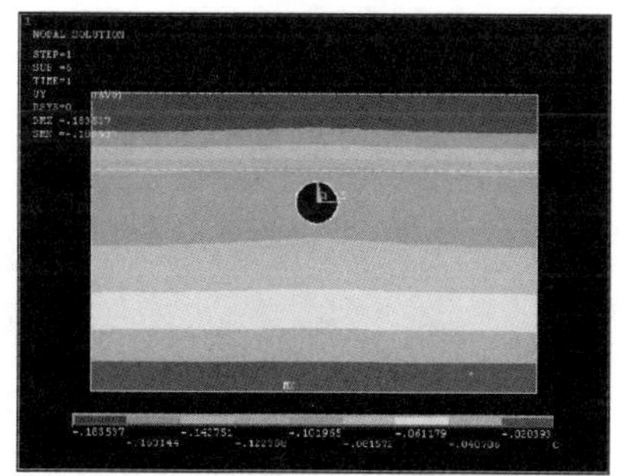

（d）自重应力场下UY应力云图（单位：m）

图 8.31　有限元模型计算过程

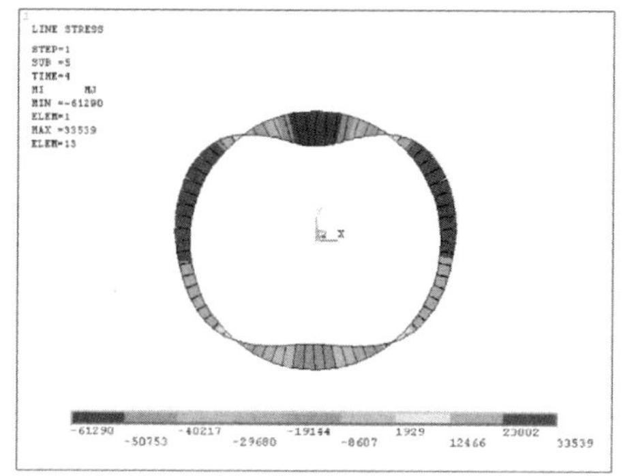


（a）普通注浆层

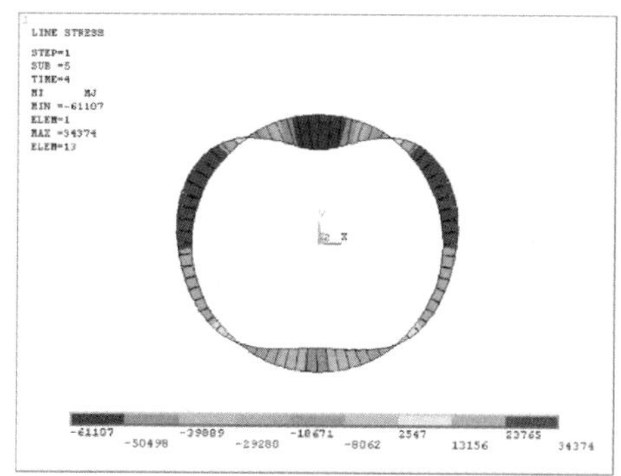


（b）纤维注浆层

图 8.32　0kPa 膨胀力管片弯矩图（单位：N • m）

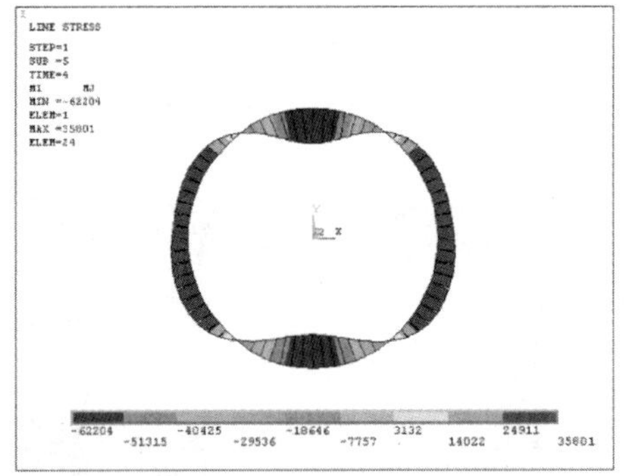


(a) 普通注浆层

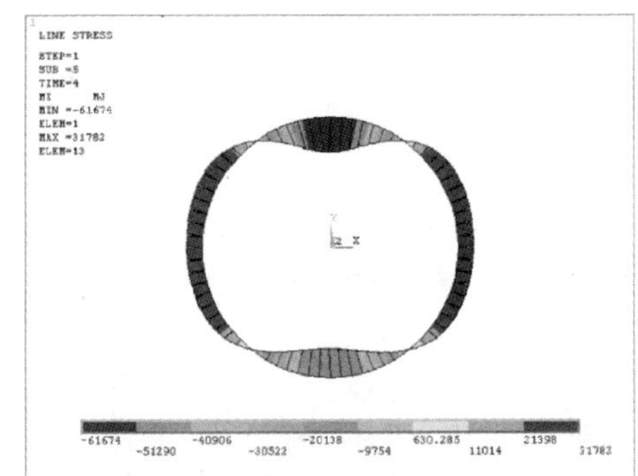


(b) 纤维注浆层

图 8.33　40kPa 膨胀力管片弯矩图（单位：N · m）

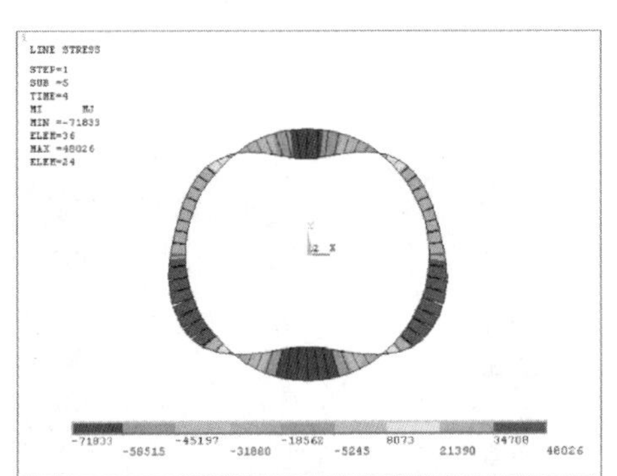


(a) 普通注浆层

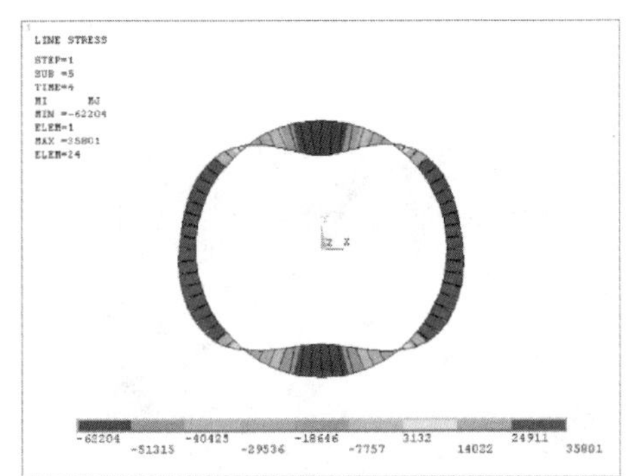


(b) 纤维注浆层

图 8.34　80kPa 膨胀力管片弯矩图（单位：N · m）

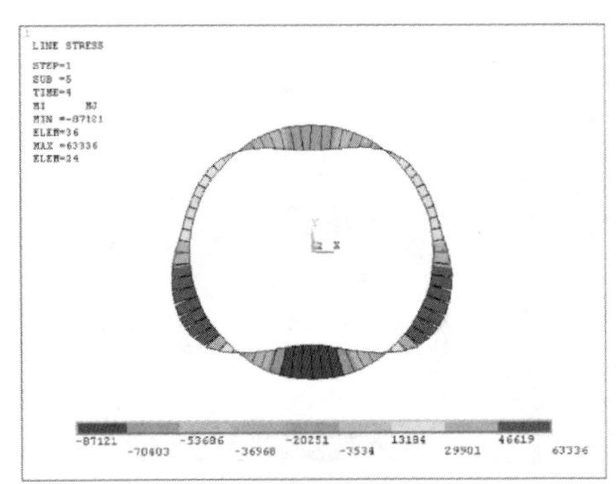


(a) 普通注浆层

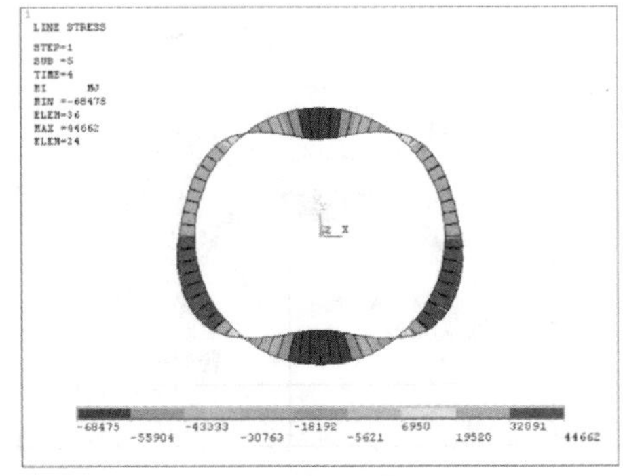


(b) 纤维注浆层

图 8.35　120kPa 膨胀力管片弯矩图（单位：N · m）

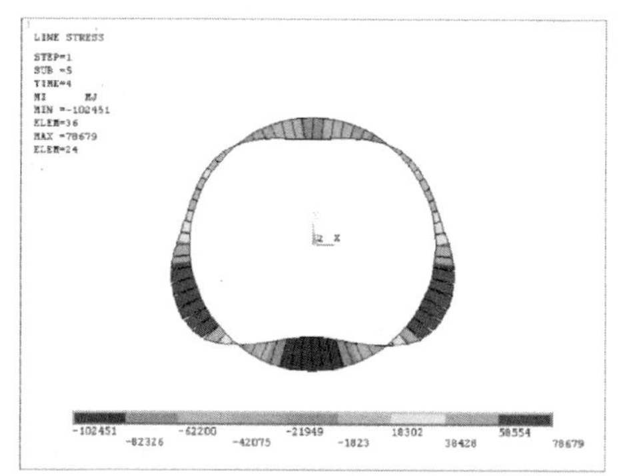


（a）普通注浆层

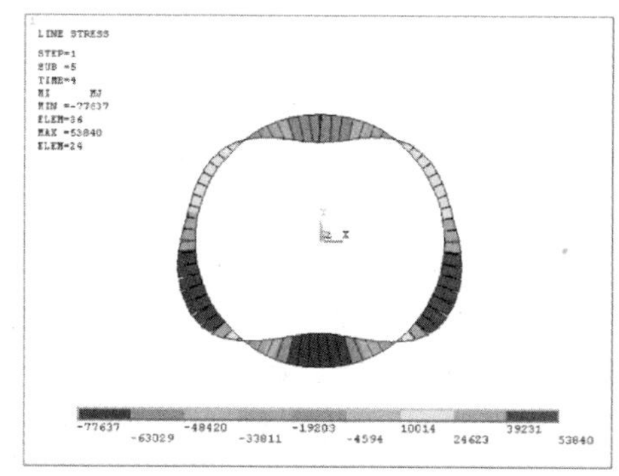


（b）纤维注浆层

图 8.36　160kPa 膨胀力管片弯矩图（单位：N · m）

由图 8.32～图 8.36 可知，在覆土重力作用下，盾构管片顶部所受负弯矩最大，管片上半部分两侧所受正弯矩最大；随着底部膨胀力的增加，管片受力逐渐均匀；之后管片底部出现最大负弯矩，管片下半部分两侧出现最大正弯矩。

对不同膨胀力作用下普通注浆层管片弯矩、纤维注浆层管片弯矩进行统计分析，如表 8.13 和表 8.14 所示。

**表 8.13　管片最大正弯矩统计表**

| 施加膨胀力/kPa | 最大正弯矩/（kN·m） | | 纤维注浆层较普通注浆层弯矩变化幅度/% |
|---|---|---|---|
| | 普通注浆层 | 纤维注浆层 | |
| 0 | 33.54 | 33.70 | 0.5 |
| 40 | 35.80 | 31.78 | 11.2 |
| 80 | 48.03 | 35.80 | 25.5 |
| 120 | 63.33 | 44.66 | 29.5 |
| 160 | 78.68 | 53.84 | 31.6 |

**表 8.14　管片最大负弯矩统计表**

| 施加膨胀力/kPa | 最大负弯矩/（kN·m） | | 纤维注浆层较普通注浆层弯矩变化幅度/% |
|---|---|---|---|
| | 普通注浆层 | 纤维注浆层 | |
| 0 | −61.29 | −61.12 | 0.3 |
| 40 | −62.20 | −61.67 | 0.9 |
| 80 | −71.83 | −62.20 | 13.4 |
| 120 | −87.12 | −68.48 | 21.4 |
| 160 | −102.45 | −77.64 | 24.2 |

由表 8.13 和表 8.14 可以看出，管片弯矩随膨胀力增大而增大。就最大正弯矩而言，在覆土自重作用下，纤维注浆层管片弯矩较普通注浆层管片弯矩增加 0.5%，影响很小；当膨胀力增至 40kPa 时，纤维注浆层管片弯矩较普通注浆层管片弯矩减小 11.2%；当大于 40kPa 时，弯矩减小幅度分别为 25.5%、29.5%、31.6%。对于负弯矩，随着膨胀力增大，纤维注浆层管片弯矩较普通注浆层管片弯矩的减小幅度逐渐增加，当膨胀力增至 160kPa 时，减小幅度为 24.2%。由此可见，纤维注浆材料比普通注浆材料更能适应膨胀土地层。

本章通过开展壁后纤维注浆材料性能的室内试验，获取一组纤维注浆材料的配比，进而开展膨胀土与注浆材料模型试验，并采用数值模拟分析两种浆液对盾构管片的影响，获得的主要结论如下：

1）纤维对注浆材料抗压强度的提高作用很小，甚至会降低其强度；相同水胶比条件下，劈裂抗拉强度随纤维掺量的增加呈先增大后减小的趋势；纤维对注浆材料的抗折强度影响甚微，对其韧性增强作用明显。这表明掺入一定量的纤维对注浆材料的抗拉和变形能力有提高作用，尤其是提高其韧性显著，而对其抗压强度影响较小。

2）在与膨胀土相互作用过程中，纤维注浆材料较普通注浆材料使膨胀力衰减 32%。纤维浆液在与膨胀土相互作用时较普通浆液具有更好的变形能力。

3）纤维注浆层使管片受到的弯矩减小。对于最大正弯矩，膨胀力增至 160kPa 时，纤维注浆层管片弯矩较普通注浆层管片弯矩减小幅度为 31.6%；对于最大负弯矩，纤维注浆层管片弯矩较普通注浆层管片弯矩减小幅度为 24.2%。由此可见，纤维注浆材料比普通注浆材料更能适应膨胀土地层。

## 8.4 本 章 小 结

本章通过分析南宁膨胀土特性及南宁地铁 1 号线中膨胀土的物理力学及膨胀性指标，总结、借鉴矿山法膨胀岩隧道建设的经验，提出膨胀土地区盾构壁后注浆材料的要求，开展膨胀土与注浆材料模型试验，并采用数值模拟分析两种浆液对盾构管片的影响，获得的主要结论如下：

1）常用注浆材料都可以达到良好的施工性能并满足注浆材料的一般要求，但未考虑膨胀土的危害作用，若是应用于膨胀土地区则可能会影响结构稳定。柔性支护已在膨胀土隧道建设中广泛应用，效果良好。膨胀土地区的注浆材料要求从常规浆液指标（包括流动度、凝结时间等）、抗压强度、良好的韧性等方面考虑。

2）纤维对注浆材料抗压强度的提高作用很小，甚至会降低其强度，当纤维掺量为 0.9kg/m$^3$时，相比基配试块，强度略有提高；当纤维掺量超过 0.9kg/m$^3$时，抗压强度随掺量增加呈下降趋势。相比基配试块，纤维试块具有较好的变形能力，在试块破坏后，有较高的残余强度和韧性，能吸收更多能量；纤维对注浆材料的劈裂抗拉强度有增大作用。纤维对注浆材料的抗折强度影响甚微，对其韧性增强作用明显，当纤维掺量为 1.5kg/m$^3$时，增韧效果最明显；相比基配试块，当纤维掺量为 1.5kg/m$^3$及以上时，挠度增加均在 30%以上。

3）纤维注浆层在与膨胀土相互作用时较普通注浆层具有更好的变形能力，相同条件下，测得纤维注浆层与膨胀土的膨胀力比普通注浆层小 23.6kPa，相对于普通注浆层，其使膨胀力衰减 32%且管片弯矩增幅变小，而当膨胀力增至 160kPa 时，纤维注浆层管片弯矩比普通注浆层管片弯矩减小约 30%。

4）纤维掺入注浆材料中，与胶凝材料粘连成为致密的乱向分布的网状系统，共同受力，提高了注浆材料的韧性，在与膨胀力相互作用时，为膨胀力释放提供空间，使膨胀力衰减，从而减小对盾构隧道的危害作用。

## 参 考 文 献

[1] 杨书江，孙谋，洪开荣.富水砂卵石地层盾构施工技术[M]. 北京：人民交通出版社，2011.

[2] 鲍绥意. 盾构技术理论与实践[M]. 北京：中国建筑工业出版社，2012.

[3] 张凤祥，傅德明，杨国祥，等. 盾构隧道施工手册[M]. 北京：人民交通出版社，2005.

[4] 刘静德，李青云，龚壁卫. 南水北调中线膨胀岩膨胀特性研究[J]. 岩土工程学报，2011，33（5）：826-830.

[5] 张玉军，唐仪兴. 李家窑膨胀岩膨胀性能的试验研究[J]. 岩土力学，1999，20（3）：35-40.

[6] 李献民，王永和，杨果林，等. 击实膨胀土工程变形特征的试验研究[J]. 岩土力学，2003，24（5）：826-830.

[7] 谢云，陈正汉，孙树国，等. 重塑膨胀土的三向膨胀力试验研究[J]. 岩土力学，2007，28（8）：1636-1642.

[8] ZHANG J, STANG H, LI VC. Experimental study on crack bridging in FRC under uniaxial fatigue tension [J]. Journal of material in civil engineering, 2000, 12(1): 66-73.

[9] 唐春安，傅宇方，林鹏，等. 短纤维增强复合材料破坏过程的数值模拟[J]. 力学学报，2000，32（3）：373-378.

[10] 国家质量技术监督局，中华人民共和国建设部. 土工试验方法标准（2007 版）：GB/T 50123—1999[S]. 北京：中国计划出版社，1999.

[11] 李围，等. 隧道及地下工程 ANSYS 实例分析[M]. 北京：中国水利水电出版社，2007.